DES AC..

DES PRO...

CERTIFICATS, DÉCLARATIO...

A L'USAGE DES SECRÉTAIRES DE MAIRIE
ET DES ÉLÈVES DES ÉCOLES NORMALES PRI...

PAR A. GRÜN

CINQUIÈME ÉDITION

MISE AU COURANT DE LA LÉGISLATION

PARIS

LIBRAIRIE HACHETTE ET Cie

79, BOULEVARD SAINT-GERMAIN, 79

1881

GUIDE ET FORMULAIRE

POUR LA RÉDACTION

DES ACTES DE L'ÉTAT CIVIL

GUIDE ET FORMULAIRE

POUR LA RÉDACTION

DES ACTES DE L'ÉTAT CIVIL

DES PROCÈS-VERBAUX

CERTIFICATS, DÉCLARATIONS ET ACTES DIVERS

A L'USAGE DES SECRÉTAIRES DE MAIRIE, DES INSTITUTEURS
ET DES ÉLÈVES DES ÉCOLES NORMALES PRIMAIRES

PAR A. GRÜN

CINQUIÈME ÉDITION
MISE AU COURANT DE LA LÉGISLATION

PARIS

LIBRAIRIE HACHETTE ET Cie
79, BOULEVARD SAINT-GERMAIN, 79

1881

GUIDE ET FORMULAIRE

POUR LA RÉDACTION

DES ACTES DE L'ÉTAT CIVIL

DES PROCÈS-VERBAUX, ETC.

CHAPITRE PREMIER

DES SECRÉTAIRES DE MAIRIE

---

§ 1. — *Leur caractère, leur nomination et leur révocation.*

1. Les secrétaires de mairie doivent, avant tout, se faire une idée exacte de leur situation et de leur caractère légal. Ils se tromperaient en se considérant comme des fonctionnaires proprement dits, ayant des attributions attachées par la loi à la nature de leur place. Leur existence est bien reconnue par le gouvernement et par l'administration; mais le gouvernement et l'administration ne voient en eux que des employés de la mairie, des collaborateurs du maire, appelés par lui pour l'aider dans la rédaction des actes, dans le travail des bureaux, dans la garde des archives; ils écrivent pour le maire et en son nom, mais ils ne signent rien en leur nom personnel; ils ne peuvent, par eux-mêmes, donner aucune authenticité aux actes qu'ils délivrent.

S'il a pu s'élever quelques doutes à ce sujet, ils sont levés depuis longtemps. L'arrêté du gouvernement du 8 messidor an VII reconnaît l'existence des secrétaires de mairie et leur attribue un costume dans les villes de 5000 âmes et au-dessus; une circulaire du ministre de l'Intérieur, du 6 nivôse an IX, a recommandé d'en créer dans toutes les localités; mais cet arrêté et cette circulaire ne confèrent aucun caractère public. La question s'étant élevée devant le Conseil d'État, à l'occasion des actes de l'état civil, le Conseil a exprimé, le 2 juillet 1807, l'avis « que les secrétaires de mairie n'ont point de caractère public; qu'ils ne peuvent rendre authentique aucun acte, aucune expédition ni extrait des actes des autorités, et qu'en général leur signature ne peut remplacer ni ne doit accompagner celle du maire dans les actes où cet administrateur est seul responsable. » Il suit de là qu'ils agissent au nom et sous la responsabilité du maire, excepté pour les objets que celui-ci peut leur déléguer, avec l'approbation de l'autorité supérieure.

2. Les secrétaires de mairie, étant employés des municipalités, sont, comme tels, à la nomination des maires, qui peuvent les suspendre ou les révoquer (loi du 18 juillet 1837, art. 12). La nomination et la révocation appartiennent au maire seul, sans le concours du conseil municipal. Toutefois, le conseil exerce nécessairement une influence indirecte sur le sort de ces employés. Comme il doit voter sur la dépense de leur traitement, dépense qu'il peut restreindre ou refuser, sauf décision de l'autorité supérieure, il est naturellement amené à examiner si la commune a besoin d'un ou plusieurs employés, si le traitement alloué est excessif ou insuffisant, si la personne choisie par le maire mérite d'assez graves reproches pour que l'on rejette l'allocation de ses appointements.

3. Le nombre des employés des mairies n'est pas limité par les lois; il n'y en a qu'un qui ait le titre de secrétaire. Dans les villes importantes, un secrétaire en chef dirige les travaux et les répartit entre plusieurs employés placés sous ses ordres; dans

les villes de 4 à 5 000 âmes, il y a ordinairement un secrétaire et un ou deux employés expéditionnaires. Même dans les plus petites communes, le maire a besoin d'un secrétaire pour exécuter les travaux intérieurs et de bureau que ses fonctions exigent, tels que lettres, écritures, états, rapports, tableaux, etc.

Le secrétaire de la mairie doit résider dans la commune; on a signalé, avec raison, comme un abus, l'usage où sont quelques maires d'employer le secrétaire d'une commune voisine. Le défaut de résidence du secrétaire laisse en souffrance le service de la commune et peut compromettre l'état civil des familles; car les actes sont alors rédigés sur des notes informes, qui ne peuvent suppléer qu'imparfaitement aux indications circonstanciées qui doivent être mentionnées dans les actes en présence des parties.

L'instituteur communal présente les garanties de résidence et de capacité; aussi est-il très fréquemment appelé aux fonctions de secrétaire. Une circulaire ministérielle du 27 décembre 1800 suppose que la même personne est à la fois maître d'école et secrétaire de la mairie. Depuis la loi du 28 juin 1833 sur l'instruction primaire, le gouvernement a encouragé les communes à choisir de préférence leurs instituteurs publics pour secrétaires. L'article 32 de la loi du 15 mars 1850 sur l'enseignement défend aux instituteurs communaux d'exercer aucune fonction administrative sans l'autorisation du conseil académique. Il résulte d'une explication donnée par la commission de l'Assemblée législative que cette autorisation est indispensable à l'instituteur communal qui voudra être secrétaire de la mairie.

4. Dans beaucoup de villes et de chefs-lieux, on forme, pour les employés des mairies, un fonds de retraite au moyen d'une retenue. Les droits à la pension de retraite et le taux de la pension sont alors réglés par le décret du 4 juillet 1806, concernant les

employés du ministère de l'Intérieur, décret déclaré applicable aux employés des administrations municipales par un avis du Conseil d'État, approuvé le 17 novembre 1811. La loi du 18 juillet 1837, art. 30, 9°, met au nombre des dépenses obligatoires des communes les pensions des employés, régulièrement liquidées et approuvées. Le ministre de l'intérieur engage aussi les villes à adopter le règlement basé sur le projet rédigé par un conseil municipal, et approuvé par ordonnance royale du 28 juin 1833, pour la fondation d'une caisse d'épargne destinée aux employés.

5. La suspension ou révocation ne serait pas toujours la seule punition d'un secrétaire de mairie qui aurait manqué à ses devoirs. Si l'infraction avait la gravité d'un crime ou délit, il serait traduit devant les tribunaux pour y subir la peine portée par les lois. On ne peut le regarder comme un fonctionnaire public, ni lui appliquer les peines infligées aux délits des fonctionnaires; mais il est un agent ou préposé d'une administration publique, et, comme tel, passible de l'application des articles 177 et 178 du Code pénal, ainsi conçus : « Tout fonctionnaire public de l'ordre administratif ou judiciaire, tout agent ou préposé d'une administration publique, qui aura agréé des offres ou promesses, ou reçu des dons ou présents pour faire acte de sa fonction ou de son emploi, même juste, mais non sujet à salaire, sera puni de la dégradation civique et condamné à une amende double de la valeur des promesses agréées ou des choses reçues, sans que ladite amende puisse être inférieure à 200 francs. La présente disposition est applicable à tout fonctionnaire, agent ou préposé de la qualité ci-dessus exprimée, qui, par offres ou promesses agréées, dons ou présents reçus, se sera abstenu de faire un acte qui était dans l'ordre de ses devoirs. Dans le cas où la corruption aurait pour objet un fait criminel emportant une peine plus forte que celle de la dégradation civique, cette peine

plus forte sera appliquée aux coupables. » D'après cette législation, le secrétaire d'une mairie, lequel a reçu des dons ou rétributions pécuniaires pour délivrance de passeports, doit être condamné, ainsi que l'a jugé un arrêt de la Cour de cassation du 17 juillet 1828.

§ 2. — *Fonctions générales et diverses des secrétaires de mairie.*

6. Le rôle du secrétaire de la mairie n'est que celui de conseiller officieux du maire dans les affaires donnant lieu à des actes qui ont des rédacteurs spéciaux. Ainsi les délibérations d'un conseil municipal sont écrites par celui des membres du conseil que ses collègues élisent à cet effet (loi du 5 mai 1855, art. 19) ; le secrétaire de la mairie ne peut pas faire partie du conseil car la loi en exclut tout agent salarié par la commune (loi du 5 mai 1855, art. 19). Ainsi encore, les jugements et les autres actes du tribunal de police municipale sont rédigés par le greffier ; ces fonctions sont remplies par un citoyen que le maire propose et qu'il fait assermenter, en cette qualité, au tribunal de police correctionnelle.

7. Les secrétaires de la mairie ne peuvent, ainsi que nous l'avons déjà dit, signer aucun acte, parce qu'ils n'ont aucune autorité propre ; toutefois une simple invitation, qui n'aurait rien d'officiel et qui n'entraînerait aucune conséquence préjudiciable pour la personne avertie de cette manière, pourrait être, ce semble, signée par un secrétaire.

8. Le cachet de la mairie doit être apposé auprès de la signature du maire, afin de faire reconnaître l'authenticité des actes délivrés (circulaires des 25 mars 1834, 15 mars 1836).

9. En général, nous ne craignons pas de le répéter, les travaux, les écritures du secrétaire se font au nom et sous la responsabilité du maire. Une des parties

les plus importantes du travail intérieur des municipalités, c'est la correspondance, soit avec les autorités, soit avec les citoyens. Celle qui a lieu avec les
administrations supérieures doit être suivie avec un
ordre rigoureux; autrement, la confusion s'introduirait
dans les services publics. Le secrétaire doit avoir soin
de traiter chaque objet dans une dépêche séparée; si
une lettre se rapporte à une autre lettre précédente,
ou à une affaire commencée, il doit rappeler clairement cette lettre ou cette affaire; si la mairie envoie
des pièces, il doit y joindre une lettre d'envoi contenant le détail de ces pièces, qui devront avoir été
numérotées. Il est bien entendu que toutes les lettres
seront revêtues de la signature du maire ou de l'adjoint qui le remplacera.

10. La municipalité doit accuser réception, à
l'autorité supérieure, des lettres ou ordres qu'elle
reçoit. Le secrétaire qui écrit un accusé de réception
doit rappeler la date de la dépêche, en indiquer sommairement l'objet, reproduire les annotations indiquant le bureau d'où elle émane et le numéro d'ordre
qu'elle porte. Il faut autant d'accusés de réception
que de dépêches différentes, quand même plusieurs
de ces dépêches auraient été reçues en même temps
ou à des intervalles rapprochés. Dans les arrondissements où il y a des porteurs de correspondance, il
n'est pas nécessaire que les accusés de réception se
fassent par des lettres; ils se donnent par un simple
émargement sur une feuille de tournée disposée à
cet effet.

11. Les maires peuvent déléguer à leur secrétaire le soin de remettre aux personnes intéressées
les copies ou expéditions des actes de la mairie, et de
faire signifier, par les agents compétents, tels que
les huissiers, les actes qui exigent cette formalité.
Le secrétaire doit veiller à ce que l'enregistrement,
s'il est requis par la loi, soit fait avant la délivrance
des copies ou expéditions, et à ce que toute pièce
soumise au timbre soit écrite sur papier timbré.

12. La tenue régulière des différents registres prescrits pour chaque mairie doit être l'objet des soins constants du secrétaire. Il y a un registre général, qui forme le journal de l'administration du maire. Il constate tout ce qu'a fait ce magistrat ; on doit y trouver, jour par jour, par ordre de dates, la réception des lois, ordonnances, arrêtés, décisions, lettres, ordres de l'autorité supérieure ; les arrêtés qu'il prend, les avis qu'il émet, les ordres qu'il donne, les actes qu'il passe, les passeports et certificats qu'il délivre, les procès-verbaux qu'il dresse, les déclarations, en un mot tous les actes de l'administration : une simple annotation suffit pour les actes qui doivent être transcrits en entier sur un des registres spéciaux.

Ces derniers registres, indépendamment de ceux qui concernent les conseils municipaux et les comités locaux d'instruction primaire, sont ceux de l'état civil dont nous parlerons en détail, des déclarations relatives aux nourrissons prescrites par la loi du 23 décembre 1874, de la population, de la correspondance, des mercuriales, des passeports et livrets.

13. On a distrait du registre général, qui est sur papier non timbré, celui qu'on nomme spécialement *répertoire* et qui doit être sur papier timbré. Le répertoire a pour objet la perception des droits de timbre et d'enregistrement [1] dus pour des actes de l'autorité municipale. Il doit être tenu à colonnes et renfermer jour par jour, sans blanc ni interligne, et par ordre de numéros, les actes soumis à l'enregistrement sur l'original même, à peine d'une amende de 5 francs pour chaque omission (loi du 22 frimaire an VII, art. 49). D'après la loi du 15 mai 1818, articles 78 et 82, le répertoire est destiné à la transcription des actes portant translation de propriété, d'usufruit et de jouissance, des adjudications et mar-

---

1. Voyez notre *Cours de législation usuelle.*

chés de toute nature, et des cautionnements relatifs
à ces actes. Quelquefois pour la plus grande facilité
du service, ce répertoire, bien que continuant à faire
partie des registres de la mairie, est tenu en fait par
le receveur de l'enregistrement.

Chacun des articles qui y sont inscrits doit contenir : 1° son numéro ; 2° la date de l'acte ; 3° sa nature ; 4° les noms et prénoms des parties et leur domicile ; 5° l'indication de la situation et du prix des
biens-fonds, s'il s'agit de cette espèce de propriétés ;
6° la relation de l'enregistrement. Voici un modèle
pour une page du répertoire :

NUMÉROS D'ORDRE	DATES DES ACTES	NATURE DES ACTES	NOMS, prénoms et domiciles des parties	INDICATION, situation, prix des biens	RELATION DE L'ENREGISTR.

Dans les dix premiers jours de chacun des mois de
janvier, avril, juillet et octobre, le maire est tenu
de faire présenter son répertoire au receveur de l'enregistrement de sa commune, pour que ce dernier y
appose son visa avec énonciation des actes inscrits
durant le trimestre, sous peine de 10 francs
d'amende.

En outre, il est tenu de le communiquer, à toute
réquisition, aux préposés de la régie qui se présen-
teraient pour le vérifier, à peine de 10 francs
d'amende en cas de refus. Ces communications ne
peuvent être exigées les jours de dimanche et de

fêtes légales ; les séances, dans chaque autre jour, ne peuvent durer plus de quatre heures, de la part des préposés, dans les dépôts où ils font leurs recherches (loi du 22 frimaire an VII, art. 51, 52, 54).

14. Les maires ont été autorisés à confier au secrétaire la tenue du répertoire ; mais des formalités rigoureuses ont été prescrites à cet égard. Le maire doit prendre un arrêté spécial, à la suite duquel le secrétaire doit écrire et signer son acceptation. Deux expéditions du tout, certifiées conformes par le maire, doivent ensuite être adressées par lui au sous-préfet, qui en transmet une au directeur de l'enregistrement, et l'autre au procureur impérial près le tribunal de première instance de l'arrondissement. Lorsque la délégation est ainsi faite, acceptée et notifiée, le secrétaire se trouve, en tout point, au lieu et place du maire, pour la tenue du répertoire et pour la responsabilité qui y est attachée (circulaire du 16 avril 1807).

La délégation, et l'acceptation qui doit être donnée à la suite de l'arrêté du maire, sont rédigées d'après les formules que voici :

Nous... (*nom et prénoms du maire*), maire de la commune de..., canton de..., département de..., avons délégué et déléguons par le présent arrêté le sieur (*nom et prénoms*), employé à la mairie de..., pour tenir en cette mairie le répertoire des actes soumis à l'enregistrement. Le sieur... se conformera, pour la tenue du répertoire, aux dispositions de la loi du 22 frimaire an VII (12 décembre 1798), et, en cas d'infraction de sa part, il sera personnellement responsable des amendes déterminées par les lois. Une double expédition, tant du présent arrêté que de l'acceptation et de la soumission inscrite à la suite, sera adressée à M. le sous-préfet, pour être transmise à qui de droit.

Fait à..., le.... 188....

LE MAIRE [*signature*] :

Je soussigné (*nom et prénoms*), employé de la mairie de..., déclare accepter la délégation qui m'est faite par l'arrêté ci-dessus de M. le maire, et me soumettre, sous ma responsabilité personnelle, à tout ce que prescrit la loi du 22 frimaire an VII (12 décembre 1798) pour la tenue du répertoire destiné à inscrire les actes d'administration sujets à l'enregistrement.

Fait à..., le.... 188....

[*Signature de l'employé.*]

Nota. La signature de l'employé doit être légalisée par le maire.

15. Les citoyens peuvent toujours demander, et les secrétaires ou employés des mairies doivent leur délivrer, des extraits ou expéditions des actes inscrits aux registres de la municipalité, ou déposés dans ses archives. S'il s'agit de décision de préfets, de sous-préfets, de maires, les premières expéditions sont délivrées gratuitement; les secondes et suivantes doivent être payées à raison de 75 centimes par acte; le même droit est perçu sur toute expédition de titres, pièces, renseignements déposés dans les bureaux ou archives. Dans le cas où il y a lieu à délivrer de doubles, de triples expéditions de pièces quelconques, le droit est de 75 centimes par rôle (loi du 7 messidor an II, art. 37; arrêt du Conseil d'État du 4 août 1807; arrêté ministériel du 4 mai 1808).

Les règles qui précèdent reçoivent exception pour les actes de l'état civil dont les expéditions sont soumises à des droits particuliers (*voyez* ch. II, § 2, n° 12).

16. Les maires et leurs employés n'ont aucun droit de propriété sur les registres, papiers et pièces relatifs à l'administration. Les lettres, décisions, bulletins des lois, instructions de l'autorité supérieure, appartiennent à l'autorité locale, qui doit toujours pouvoir les consulter pour s'y conformer. Le maire et son secrétaire doivent donc recueillir ces objets avec soin et les tenir enfermés dans un lieu particulier où ils soient hors de la portée de toute main étrangère.

L'article 173 du Code pénal punit des travaux forcés à temps les agents, préposés, commis, soit du gouvernement, soit des dépositaires publics, qui se rendent coupables de soustractions d'actes ou titres dont ils étaient dépositaires en cette qualité, ou qui leur auraient été remis ou communiqués à raison de leurs fonctions.

17. Le meilleur moyen de conserver de l'ordre dans les archives d'une mairie, c'est de tenir un registre ou répertoire de tout ce qui est envoyé par la préfecture, la sous-préfecture, ou d'autre part, avec classement par ordre de numéros ou par ordre alphabétique, et annotation des jours d'arrivée et de départ. Les papiers se rangent dans des cartons; dans les communes où il n'y en a pas, on en forme des liasses rangées par ordre alphabétique. On écrit sur chaque carton ou chaque liasse l'objet des papiers qui s'y trouvent; les principaux de ces titres sont :

Abreuvoirs.	Foires et marchés.
Actes judiciaires.	Forçats libérés.
Agricultures, récoltes.	Fours et cheminées.
Aliénés.	Garde champêtre.
Alignements.	Gendarmerie.
Amendes.	Hospices.
Armes, ports d'armes.	Jury.
Assemblées.	Logements militaires.
Baux.	Mendicité, vagabondage.
Bâtiments.	Mercuriales.
Biens communaux.	Noyés, asphyxiés.
Budget, comptabilité.	Octroi.
Caisse communale.	Parcours, pâturage.
Chasse, braconnage.	Poids et mesures.
Chemins, routes, rues, places.	Police, passeports, livrets.
Conscription des chevaux.	Population.
Conseil municipal.	Préfecture et sous-préfecture.
Correspondance.	Prisons.
Cultes, cures, fabriques.	Recrutement.
Délits.	Réquisitions militaires.
Délits forestiers et ruraux.	Répartition d'impôts.
Eaux.	Tribunal de police.
Écoles.	Voirie.
Élections.	

18. Le maire qui entre en fonctions doit exiger de son prédécesseur l'état et la remise des papiers municipaux et des registres.

Procès-verbal de remise des registres, papiers et effets mobiliers de la municipalité.

Cejourd'hui.... du mois de.... de l'an mil huit cent..., par-devant nous (*prénoms et nom*), nommé maire de la commune de.... par décret du président de la République en date du.... (*ou élu par le conseil municipal, suivant délibération en date du....*), s'est présenté M...., auquel nous succédons dans les fonctions de maire de la commune ; lequel, après nous avoir rendu un compte détaillé de la situation dans laquelle il laissait l'administration de la commune, et nous avoir présenté l'état des recettes et dépenses et des sommes restant dans les caisses de la commune, et montant à..., nous a fait la remise de tous les registres, papiers et pièces relatifs à son administration, qui sont : (*détailler tous les registres, papiers et pièces qui sont remis*), et nous a fait également ment la remise de tous les effets mobiliers de la municipalité qui avaient été confiés à sa garde, consistant en (*les détailler de même*) ; de laquelle remise il nous a demandé acte, que nous lui avons octroyé, et nous avons de tout ce que dessus rédigé le présent procès-verbal, que M.... a signé avec nous, et dont, à sa réquisition, il lui a été délivré expédition signée de nous pour sa décharge.

Fait à..., les jour, mois et an que dessus.

[Signature du maire.]

CHAPITRE II

DES ACTES DE L'ÉTAT CIVIL

19. L'état civil est la situation légale des citoyens dans la société ; suivant cette situation, ils ont
des droits à exercer, des devoirs à remplir : c'est
pourquoi il importe de bien constater l'état civil des
personnes, soit dans l'intérêt des individus, soit dans
celui des familles ou du gouvernement. Par exemple,
pour assurer l'exécution des lois sur le recrutement,
il faut que, dans chaque commune, on connaisse
exactement la naissance et l'âge des jeunes garçons ;
pour la transmission des successions, il faut que
l'on puisse constater la mort de la personne dont on
hérite, l'existence et la parenté de celle qui se présente comme héritier.

20. Les principaux faits de l'état civil sont la
naissance, la reconnaissance et la légitimation des
enfants naturels, le mariage, le décès. Ces faits sont
constatés par des écrits qu'on nomme actes de l'état
civil, inscrits sur des registres exclusivement consa-
crés à cet usage, par des fonctionnaires à qui la loi
a conféré cette mission.

§ 1er. — *Des officiers de l'état civil.*

21. On nomme ainsi les fonctionnaires chargés
de tenir les registres et de recevoir les actes de l'état
civil, c'est-à-dire de recueillir les déclarations, constater les faits, remplir les formalités légales, et signer. L'idée de recevoir un acte n'emporte pas celle

d'en faire soi-même la rédaction et le tracé matériel, distinction dont on va voir l'application.

22. Le Code civil ne dit pas quels sont les fonctionnaires investis du soin de recevoir les actes de l'état civil.

Mais, d'après les lois antérieures, qui n'ont point été abrogées, les maires et les adjoints sont, dans chaque commune, les officiers de l'état civil. Cette attribution, sur laquelle nous allons revenir, ne peut, en aucun cas et sous aucun rapport, appartenir au secrétaire de la mairie; il n'a pas qualité pour *recevoir* les actes; mais il les rédige, les inscrit sur les registres, en fait les expéditions, les copies ou les extraits, les soumet à la signature du maire ou adjoint, et veille à tout ce qui concerne la tenue matérielle et la conservation des registres. Ce résumé des fonctions des secrétaires de mairie, tel qu'il résulte de l'avis du Conseil d'Etat du 2 juillet 1807, en montre assez toute l'importance : car si, en droit, l'acte est censé l'œuvre et engage la responsabilité des officiers de l'état civil, en fait, il est l'œuvre du secrétaire, qui le présente tout préparé à la signature du maire ou adjoint; dont il a la confiance.

23. Les fonctions d'officiers de l'état civil sont gratuites; il ne leur est rien dû, non plus qu'aux secrétaires ou commis de mairies; pour la rédaction des actes et l'inscription sur les registres; il n'est accordé un droit que pour les expéditions ou extraits qui sont délivrés aux personnes qui les demandent (*voyez*, ci-après, § 3).

24. En règle générale, c'est le maire qui est l'officier de l'état civil de la commune. Lors donc que le maire n'est ni absent ni empêché, ou qu'il n'a pas fait de délégation à un adjoint, c'est par lui seul que le secrétaire doit faire recevoir et signer les actes. Ce serait une erreur de penser qu'il peut indifféremment s'adresser au maire ou aux adjoints; ces derniers n'exercent pas leurs fonctions concurremment avec le maire, mais seulement à son défaut ou par son autorisation expresse.

25. Voici donc les seuls cas où le secrétaire peut faire recevoir les actes de l'état civil par un adjoint :

1° S'il n'y avait point de maire en exercice, c'est-à-dire s'il n'en a pas été nommé encore depuis le décès, la révocation ou la démission du précédent, il faut, de toute nécessité, qu'il soit remplacé par l'adjoint.

26. 2° En cas d'absence ou d'empêchement, le maire est, de droit, remplacé dans toutes ses fonctions par l'adjoint disponible, le premier (s'il y en a plusieurs) dans l'ordre des nominations (loi du 5 mai 1855, art. 4).

La compétence de l'adjoint n'étant, dans ces deux premiers cas, déterminée que par l'impossibilité de l'exercice de celle du maire, le fait du défaut, de l'absence ou de l'empêchement doit être constaté en tête de l'acte reçu par l'adjoint, lequel devra commencer par ces mots :

L'an..., par-devant nous (*nom et prénoms*), adjoint au maire de la commune de..., canton de..., département de..., remplissant, à défaut du maire (décédé, ou suspendu, ou révoqué, ou démissionnaire, ou non encore nommé depuis la cessation des fonctions du précédent), ou bien en l'absence, ou, enfin, par suite de l'empêchement du maire, les fonctions d'officier de l'état civil de la commune de....

La loi ne prévoit pas, et ne pouvait pas prévoir, les causes d'empêchement qui peuvent, dans une foule de circonstances, faire obstacle à l'exercice actuel des fonctions du maire; telle serait une maladie, une affaire urgente, etc. Il y a empêchement légal lorsqu'il s'agit d'un acte dans lequel le maire lui-même devrait intervenir comme témoin ou déclarant; il ne peut constater la naissance, le mariage ou le décès de ses propres enfants (lettre du garde des sceaux, du 21 juillet 1818). Mais il ne faut pas étendre cette interdiction au delà de la ligne directe; autrement le maire se trouverait trop souvent empêché, surtout dans les campagnes, où la plupart des familles ont entre elles des liens de parenté.

27. 3° Il peut y avoir délégation par le maire, à son adjoint ou à l'un de ses adjoints, des fonctions d'officier de l'état civil. Cette délégation, autorisée par le décret du 4 juin 1806, peut avoir lieu chaque fois que le maire la juge utile au bien du service. Elle peut être donnée pour une ou plusieurs années, ou pour une partie d'une année. Elle se fait par un arrêté spécial, signé du maire, et déposé dans les archives de la commune.

Formule de délégation.

Nous (*nom et prénoms*), maire de la commune de..., canton de..., département de...., vu l'article 5 du décret du 4 juin 1806, avons délégué et déléguons M... (*nom et prénoms*), adjoint à la mairie, pour remplir les fonctions d'officier de l'état civil de ladite commune pendant (*indiquer la durée de la délégation*); ordonnons que le présent arrêté sera déposé aux archives de la mairie, et qu'il en sera délivré expédition audit M..., adjoint.

Fait dans la maison communale, le....

[*Signature du maire.*]

La délégation faite par le maire n'a pour effet que de lui donner un suppléant, mais non de le dessaisir de ses attributions, de sorte qu'elle ne ferait pas obstacle à ce qu'il reçût lui-même des actes de l'état civil.

28. On lit dans une circulaire du ministre de l'intérieur, du 30 juillet 1807 : « Dans tous les lieux où un adjoint est chargé des fonctions de l'état civil, il fait les actes en son propre nom, quoique le maire soit présent; mais cet adjoint, ne pouvant remplir ces fonctions d'officier public de l'état civil qu'en vertu d'une délégation spéciale du maire, parce que ce dernier est seul administrateur et officier de l'état civil, chargé du dépôt des registres, les actes que l'adjoint délégué rédigerait et les extraits qu'il en

délivrerait seraient vicieux, s'il n'y était pas fait mention de la délégation faite par le maire. »

En conséquence, le secrétaire de la mairie doit avoir soin, de mettre en tête des actes et des extraits d'actes reçus par un adjoint en vertu d'une délégation du maire, la mention suivante :

L'an...., par-devant nous (*nom et prénoms*), adjoint au maire de la commune de..., canton de..., département de..., délégué par arrêté du maire en date du..., pour remplir les fonctions d'officier de l'état civil de ladite commune de...

29. D'après un avis du Conseil d'État du 8 mars 1808, il y a exception aux règles qui précèdent, pour Paris, où les adjoints rédigent les actes de l'état civil concurremment avec les maires et sans délégation de ces derniers.

30. La loi a prévu le cas de défaut, d'absence ou d'empêchement du maire et de l'adjoint à la fois. Le maire est alors remplacé par un conseiller municipal désigné par le préfet, ou, à défaut de cette désignation, par le conseiller municipal le premier dans l'ordre du tableau dressé suivant le nombre des suffrages obtenus et l'ordre des scrutins (loi du 5 mai 1855, art. 4.)

Les causes d'empêchement sont communes aux adjoints et aux conseillers municipaux (*voyez* n° 56).

Les actes reçus par un conseiller municipal, à défaut, en l'absence, par empêchement du maire et des adjoints, ou en vertu d'une délégation spéciale du maire, doivent mentionner, en tête, le fait qui motive l'intervention de ce conseiller et qui lui donne le droit d'exercer momentanément les fonctions d'officier de l'état civil. Le secrétaire suivra, pour cette mention, les formules indiquées ci-dessus, en substituant la qualification de conseiller municipal à celle d'adjoint, et en déclarant qu'il y a défaut, absence ou empêchement de ce dernier.

31. Enfin, il peut se présenter certaines circons-

tances qui obligent de conférer à d'autres qu'à ceux qui en sont ordinairement chargés la mission de recevoir les actes de l'état civil. Lorsque la mer ou quelque obstacle rend difficiles, dangereuses ou momentanément impossibles les communications entre le chef-lieu et une portion de commune, un adjoint spécial, pris parmi les habitants de cette fraction, est nommé en sus du nombre ordinaire et remplit les fonctions d'officier de l'état civil dans cette partie détachée de la commune (loi du 5 mai 1855, art. 2). Il y a encore des officiers de l'état civil exceptionnels dans les cas où les actes sont passés soit hors de France, soit dans des parties du territoire avec lesquelles les communications sont interdites.

32. Les officiers de l'état civil ne peuvent jamais exercer d'office leurs fonctions; ils n'agissent que sur une déclaration préalable.

§ 2. *Des registres.*

33. Les actes de l'état civil doivent tous être inscrits sur des registres (code civil, art. 40). Il est rigoureusement interdit de les écrire sur des feuilles volantes : l'officier de l'état civil qui l'aurait fait s'exposerait à une réclamation de dommages-intérêts de la part des personnes qui seraient lésées par suite de la perte d'une de ces feuilles; de plus, il serait passible d'un emprisonnement d'un mois à trois mois, et d'une amende de 16 à 200 francs (Code civil, art. 53; Code pénal, art. 192).

34. Les registres ne servent que pour une année et pour une seule commune.

Nombre, confection, paraphe des registres.

35. Le Code civil ne prescrit ni de réunir tous les actes sur un seul registre, ni d'établir autant de registres qu'il y a d'espèces d'actes. Le nombre des registres n'est pas fixé d'une manière uniforme; ce

qui semble permettre aux communes de les multi-
plier ou de les restreindre selon les besoins des
localités, d'autant plus que la dépense des registres
est supportée par chaque commune. Toutefois, il est
de règle à peu près universelle que les registres
envoyés par les préfets sont, pour chaque commune,
de quatre espèces, savoir :

1º Ceux des actes de naissance, où s'inscrivent
aussi les reconnaissances d'enfants naturels et les
adoptions;

2º Celui des actes de publication de mariage;

3º Ceux des actes de célébration de mariage;

4º Ceux des actes de décès.

36. Chacun des registres de naissances, de mariages et de décès doit être tenu en double, c'est-à-
dire qu'il doit y en avoir deux exemplaires pareils.
L'un n'est pas la copie de l'autre : tous deux sont
considérés comme originaux; ils doivent être exactement semblables et contenir, mot pour mot, les
mêmes inscriptions et les mêmes signatures.

C'est l'article 40 du Code civil qui veut que les
registres soient tenus en double, afin de mieux en
assurer la conservation, comme on le verra bientôt.
L'article 63 du même Code fait une exception pour le
registre des publications de mariage; il n'en exige
qu'un seul exemplaire; un double n'était pas nécessaire, les registres des actes de célébration assujettis
à cette formalité mentionnant l'accomplissement de
toutes les conditions de validité du mariage, parmi
lesquelles se trouve la publication.

37. Il y a donc en tout, dans chaque commune,
sept registres pour l'état civil, savoir : deux pour les
naissances, reconnaissances et adoptions, un pour
les publications de mariage, deux pour les actes de
célébration de mariage, deux pour les décès.

38. Les registres se composent d'un certain nombre
de feuilles réunies et cousues ensemble de manière
à former un volume, qui doit être relié, d'après une
instruction du ministre de la justice, en date du

31 décembre 1823, à moins qu'il ne se compose d'un trop petit nombre de feuilles : dans ce dernier cas, il suffit d'une couverture de carton ou de papier fort.

39. Les feuilles servant aux registres sont en papier timbré du grand format coûtant 1 fr. 80 par feuille. L'officier de l'état civil qui inscrirait ou laisserait inscrire un acte sur une feuille de papier non timbré, serait passible d'une amende de 20 francs par acte inscrit en contravention et du payement du droit de timbre (lois du 13 brumaire an VII, art. 1, 12, 26 ; du 16 juin 1824, art. 10). — Les frais des registres étant une dépense obligatoire de la commune (loi du 18 juillet 1837, art. 30, 5°); le prix des feuilles de papier timbré qui les composent est porté annuellement au budget communal (instr. du ministre de l'intérieur du 28 octobre 1814).

40. Ce sont les maires qui, appréciant l'étendue des registres, envoient chaque année le nombre des feuilles timbrées qu'ils estiment nécessaire pour l'année suivante. Les secrétaires doivent veiller à ce que cet envoi se fasse exactement et à temps. C'est au commencement du dernier trimestre de l'année qu'il faut que le maire se procure, par le percepteur de la commune, le papier dont il aura besoin pour les registres, et qu'il le transmette au sous-préfet de l'arrondissement ; dans les chefs-lieux de préfecture, l'envoi se fait directement au préfet. L'époque précise de cette transmission est ordinairement déterminée par le préfet, pour toutes les communes de son département.

41. Il faut écrire sur chaque cahier ou volume ainsi envoyé l'indication de son objet; on mettra donc :

En tête et à l'intérieur de deux cahiers ou volumes : *Registre des naissances, reconnaissances et adoptions de la commune de....., pour l'année.....*

En tête de deux autres : *Registres des mariages de la commune de....., pour l'année.....*

En tête de deux autres : *Registres des décès de la commune de....., pour l'année.....*

En tête de celui des publications : *Registre des publications de mariage de la commune de....., pour l'année.....*

42. Le premier acte inséré dans chacun de ces registres s'inscrit immédiatement à la suite du titre, sans laisser d'intervalle en blanc, afin qu'il ne soit possible d'opérer aucune intercalation.

43. Lorsque les préfets et sous-préfets ont reçu les feuilles timbrées destinées à former les registres, ils les soumettent au parafe du juge de paix du canton et ensuite les renvoient aux maires. Ils ajoutent ordinairement, en l'appliquant à l'intérieur de la couverture, ou en l'insérant sur une feuille détachée, un modèle des actes que doit contenir le registre auquel il est adapté.

L'époque à laquelle les registres doivent être envoyés aux maires n'est pas fixée par le Code civil; on pense généralement qu'il faut suivre la loi du 20 septembre 1792, qui ordonnait l'envoi dans les quinze premiers jours du mois de décembre de chaque année.

44. La formalité importante du parafe, dont nous venons de parler, consiste en ce que le magistrat cote, c'est-à-dire numérote en une seule série, chacun des feuillets au haut, depuis le premier jusqu'au dernier, et appose sa signature ou son parafe au bas de chaque numéro, opération qui est entièrement gratuite. Cette précaution, prescrite par l'article 41 du Code civil, a pour but de prévenir l'intercalation ou la soustraction des actes. Une circulaire du ministre de l'intérieur, du 13 mai 1810, veut, en outre, qu'il soit imprimé, en tête de chaque registre, par les soins du préfet, une formule de procès-verbal que le président remplit et qui constate le nombre de feuilles contenues dans ce registre.

Lorsqu'on reçoit à la mairie les registres envoyés de la préfecture ou sous-préfecture, le premier soin doit être de s'assurer si toutes les feuilles ont été exactement cotées et parafées : dans le cas où cette formalité aurait été omise sur quelque feuillet, on devrait renvoyer immédiatement le registre où cette omission existerait au greffe du tribunal, soit directement, soit plutôt par l'intermédiaire du sous-préfet ou du procureur impérial, pour faire réparer la lacune.

45. Sur les registres reçus réguliers, le secrétaire chargé de les remplir doit observer certaines mesures d'ordre générales et communes à tous les registres. Il doit laisser à chaque page une marge du quart de la largeur de la page, dont nous indiquerons plus tard la destination.

46. En marge de chaque acte qu'il inscrira, il devra placer un numéro. Pour chaque registre, il n'y a qu'un seul numérotage, qui se continue sans interruption, même sur les feuilles supplémentaires s'il en a été établi, comme nous allons le dire.

Enfin, au-dessous de ce numéro d'ordre, il mettra aussi, en marge de chaque acte, les noms des individus auxquels l'acte s'applique. Ainsi, en marge des actes de naissance, le nom du nouveau-né; en marge des actes de mariage, les noms des nouveaux époux; en marge des publications de mariage, les noms des futurs époux; en marge des actes de décès, le nom du défunt.

Des feuilles supplémentaires, et des cas où il y a lieu d'établir de nouveaux registres.

47. Il peut arriver que les registres demandés soient insuffisants pour l'année à laquelle ils sont destinés. Dès que le secrétaire prévoit cette insuffisance, il doit en avertir le maire, afin que des mesures soient prises pour suppléer aux registres épuisés. Il faut envoyer des feuilles supplémentaires timbrées, en nombre nécessaire, pour les actes qui devront être inscrits jusqu'à la fin de l'année. Cet envoi peut être fait, comme celui des feuilles des registres primitifs, aux préfectures et sous-préfec-

tures. Mais, pour éviter des lenteurs, on peut aussi adresser les feuilles supplémentaires directement au procureur de la République avec lequel les maires correspondent en franchise, sous bandes contre-signées : ce magistrat les envoie au greffe de la justice de paix pour qu'elles reçoivent la cote et le parafe du magistrat. Quand elles ont été régulièrement cotées et parafées, elles sont renvoyées au maire, soit par le procureur de la République soit par l'intermédiaire du préfet ou sous-préfet. Les registres auxquels s'adaptent les feuilles supplémentaires sont clos après le dernier acte qu'ils contiennent, de la manière qui sera bientôt expliquée. A la fin de l'année, les feuilles supplémentaires sont elles-mêmes closes et arrêtées comme les registres.

48. Dans le courant d'une année, l'officier de l'état civil peut être obligé de se dessaisir d'un ou plusieurs registres. C'est ce qui arriverait dans le cas, d'ailleurs très rare, où une cour, un tribunal, un juge d'instruction ordonnerait l'apport des registres au greffe pour l'instruction d'une procédure criminelle ou civile. L'apport des registres courants ne permet plus alors d'inscrire les actes à la conservation desquels ils sont destinés, et il devient nécessaire de pourvoir à leur remplacement, de manière que l'état civil puisse toujours être fidèlement et régulièrement constaté.

A cet effet, une ordonnance royale du 18 août 1819, article 1er, veut que, dans la quinzaine au plus tard de la signification qui leur est faite de la décision ordonnant l'apport des registres au greffe, les officiers de l'état civil s'en procurent de nouveaux. Il faut donc que la mairie s'empresse d'envoyer le papier timbré nécessaire pour les registres nouveaux, et qu'elle prenne ses mesures de manière à les recevoir régulièrement cotés et parafés avant l'expiration de la quinzaine.

Dès qu'elle en sera munie, elle clora et arrêtera les registres dont l'apport aura été ordonné, et mention-

nera la cause pour laquelle ils sont clos avant la fin
de l'année (ordonnance du 18 août 1819, art. 2). La
clôture se met, de la manière suivante, immédiatement après le dernier acte inscrit :

> Nous *(nom et prénoms du maire, adjoint ou conseiller muni-
> cipal)*, remplissant les fonctions d'officier de l'état civil de
> la commune de..., canton de..., département de..., vu l'ex-
> pédition de,... *(l'arrêt, jugement ou ordonnance du juge d'ins-
> truction)*, rendu le...; par.., *(la cour, le tribunal, ou le juge d'ins-
> truction)*, qui ordonne que le registre des *(naissances, publica-
> tions, mariages ou décès)* de ladite commune, pour la pré-
> sente année, soit apporté devers le greffe de ladite cour
> *(tribunal ou juge d'instruction)*, avons arrêté le présent registre
> des *(naissances, publications, mariages ou décès)*, contenant *(in-
> diquer le nombre)* actes.
>
> Fait à..., le....
>
> [Suit la signature.]

Les registres sont remis au fonctionnaire indiqué
par l'arrêt, le jugement ou l'ordonnance : il est donné
un reçu, qui doit être conservé avec d'autant plus
de soin qu'il constatera en même temps le dépôt du
double des registres qui doit rester au greffe, ainsi
qu'on le verra ci-après.

Chaque registre devant servir toute l'année, il faut,
quand l'envoi à une cour ou à un tribunal a obligé
d'en faire de nouveaux en remplacement, inscrire, à
la suite de leur titre, la mention du motif pour lequel
ils ont été commencés dans le courant de l'année.
Cette formule peut être ainsi conçue :

> Nouveau registre des *(naissances, publications, mariages ou
> décès)* de la commune de..., pour la suite de l'année...; ou-
> vert le...; en exécution de l'arrêt *(ou jugement ou ordonnance)*
> de la cour de *(ou du tribunal ou du juge d'instruction)*, en date
> du..., qui ordonne l'apport au greffe de ladite cour *(ou tri-
> bunal)* du registre courant de la présente année.

Alors même que les magistrats qui ont fait déplacer
les registres n'en auraient pas besoin pendant tout

le reste de l'année courante, ces registres ne doivent pas être renvoyés en double à la mairie et repris par elle pour s'en servir; ce sont les registres de remplacement qui servent jusqu'à la fin de l'année, époque où ils sont clôturés comme les registres ordinaires. La table annuelle sera faite sur le double resté à la mairie (voyez n° 55).

La commune fait les frais des registres de remplacement; mais ils lui sont remboursés par la partie condamnée par suite de la procédure pour l'instruction de laquelle l'apport a été ordonné. En cas d'insolvabilité du condamné, la commune est remboursée par l'administration du domaine et de l'enregistrement (ordonnance du 18 août 1819, art. 3 et 4).

De la clôture des registres.

49. Le Code civil, article 43, veut que les registres soient clos et arrêtés par l'officier de l'état civil *à la fin de chaque année.*

De ces termes il semblerait résulter que la clôture doit se faire le 31 décembre; mais les registres doivent contenir les actes de toute l'année, y compris le dernier jour; ce serait à minuit, moment où finit ce jour, qu'il faudrait, à la rigueur, clore les registres, ainsi que cela s'est pratiqué quelquefois pour les opérations financières importantes. Dans l'usage, la clôture se fait dès le matin du 1er janvier, pour les registres de l'année qui vient d'expirer. A cet effet, on place, à la fin de chaque registre, une formule de clôture énonçant le nombre d'actes qu'il contient; ce nombre doit être exprimé en toutes lettres et non en chiffres. La formule se place immédiatement après le dernier acte inscrit, sans aucun intervalle; elle est conçue en ces termes :

Le présent registre des (*naissances, publications, mariages ou décès*) de la commune de..., pour l'année..., contenant (*le nombre*) actes, a été clos et arrêté par nous (*nom, prénoms*

du maire, adjoint ou conseiller municipal), officier de l'état civil
de ladite commune, aujourd'hui 1er janvier à.... heures du
matin, de l'année....

[Signature de l'officier de l'état civil.]

50. S'il arrivait que, dans une année, un registre restât complètement en blanc, faute d'acte à inscrire, il ne faudrait pas moins y mettre la formule de
clôture, afin de constater que le registre a existé. La
formule se place alors sur la première page, immédiatement à la suite du titre du registre; elle est conçue dans les mêmes termes que celle que nous venons
de donner. Seulement, à la place de l'énonciation du
nombre d'actes, on dira : *Sur lequel il n'a été inscrit aucun acte.*

51. Lorsque des feuilles supplémentaires ont été
nécessaires avant la fin de l'année, il faut clore le
registre insuffisant, à la date du dernier acte qu'il
peut contenir, en inscrivant à la suite de cet acte, et
sans intervalle, une formule ainsi conçue :

Le présent registre des *(naissances, publications, mariages ou
décès)* de la commune de..., pour l'année, contenant *(nombre
des actes)*, dont le dernier porte la date de ce jour, a été clos
et arrêté par nous *(nom et prénoms, qualités du maire, adjoint)*,
officier de l'état civil de ladite commune, cejourd'hui *(date)*
de l'année....

[Signature de l'officier de l'état civil.]

52. Quant aux registres supplémentaires, leur
clôture se fait comme celle des registres primitifs,
avec la mention que ce sont des registres ou feuilles
supplémentaires.

53. Les registres sont encore clos avant la fin de
l'année dans le cas où l'apport en a été ordonné par
justice *(voyez n° 48)*. La clôture se fait après que les
registres de remplacement sont arrivés, et la formule
doit mentionner expressément la cause pour laquelle
elle se fait avant la fin de l'année.

54. Enfin, il y a lieu aussi à clore les **registres**

avant l'expiration de l'année à laquelle ils se rapportent, lorsqu'une loi ou un décret prescrit la réunion d'une commune à une autre [1]. L'officier de l'état civil de la commune réunie doit, dans ce cas, clore et arrêter chacun des registres à partir du jour où la décision qui ordonne la réunion est devenue exécutoire. La formule de clôture est la même que dans les autres cas; seulement on doit y mentionner la cause de la clôture avant la fin de l'année et y donner la mention et la date de la décision ordonnant la réunion. Après que les registres ont été régulièrement clos et arrêtés, l'officier de l'état civil les remet à celui du chef-lieu des communes réunies, et il prend un reçu ou une décharge.

Des tables alphabétiques.

55. Lorsque les registres et les feuilles supplémentaires ont été définitivement clôturés, on doit, dans le mois qui suit la clôture, c'est-à-dire avant la fin du mois de janvier, dresser des tables alphabétiques des actes contenus dans les registres des naissances, mariages, décès de l'année écoulée. C'est ce qu'ordonne le décret du 20 juillet 1807.

Il n'est point exigé de table pour le registre des publications, qui se trouvent mentionnées sur le registre des mariages célébrés.

56. Les tables doivent être sur papier timbré, certifiées et signées par l'officier de l'état civil (*voyez* n° 61).

57. On ne doit pas mettre sur un même cahier les tables de trois espèces de registrs ; d'après une circulaire du ministre de l'intérieur, en date du 4 décembre 1812, on les met séparément à la suite de chaque registre. S'il ne reste pas assez de place à la suite du dernier acte et de la formule de clôture, on les dresse sur des feuilles séparées annexées à chaque registre.

1. Voyez notre *Cours de législation usuelle*.

58. De même que les registres, elles se font en double, afin que deux exemplaires en soient déposés avec eux, l'un à la mairie, l'autre au greffe du tribunal (voyez n° 64).

59. Le modèle annexé au décret du 20 juillet 1807 ne contenait, pour la confection des tables, que deux colonnes, l'une destinée aux noms des parties, l'autre à la date des actes. Afin de rendre les recherches plus faciles, on a adopté l'usage de la division des tables en quatre colonnes. Dans la première, on met les noms et prénoms des parties; dans la seconde, la date des actes; dans la troisième, le numéro du feuillet du registre; dans la quatrième, le numéro sous lequel l'acte a été inscrit. On peut aussi commencer par cette dernière colonne.

TABLE ALPHABÉTIQUE DES ACTES DE.... DE LA COMMUNE DE....
POUR L'ANNÉE....

NOMS ET PRÉNOMS DES PARTIES	DATE DES ACTES	NUMÉRO DU FEUILLET	NUMÉRO DE L'ACTE

60. L'ordre alphabétique est déterminé, pour la table des naissances, par le nom du nouveau-né; pour les mariages, par celui du mari; pour les décès, par celui du défunt. Ainsi, un acte n'est rappelé dans la table que par un seul nom. Dans les communes populeuses où l'on passe, chaque année, un grand nombre d'actes, on peut, pour les mariages, porter dans la table annuelle le nom du mari et celui de l'épouse chacun à son rang alphabétique.

61. Chaque table est terminée par une formule

d'approbation mentionnant le nombre d'actes qu'elle renferme; elle peut être rédigée ainsi :

Nous (*nom, prénoms, qualités*), officier de l'état civil de la commune de..., certifions exacte la présente table des (*naissances, mariages ou décès*) de ladite commune, pour l'année..., ladite table contenant (*nombre des actes*).

Fait à..., le....

[*Signature de l'officier de l'état civil.*]

62. Il peut être difficile de terminer dans le mois le travail des tables; le secrétaire de la mairie rendra ce travail plus facile en le préparant à l'avance; pour cela, il peut, à chaque acte, porté sur les registres, consigner sur un carré de papier les noms, dates et numéros y relatifs, qui devront figurer dans la table; en conservant tous ces bulletins successifs, il n'aura plus qu'à les classer par ordre alphabétique au moment de la confection de la table et à en copier la collection, en ayant soin de la collationner avec les registres pour s'assurer de l'exactitude de son travail.

63. Les diverses tables annuelles sont confondues, tous les dix ans, dans une table décennale, dont la confection est exclusivement confiée aux greffiers des tribunaux. Chaque commune reçoit une expédition de sa table décennale et la paye sur ses fonds (décret du 20 juillet 1807, art. 1er, 5 et 7).

Du dépôt, de la garde et conservation des registres, de la responsabilité des officiers de l'état civil.

64. Lorsque les registres ont été clos, reliés, et les tables alphabétiques dressées, l'officier de l'état civil dépose aux archives de la mairie un exemplaire des registres des naissances, mariages et décès; il envoie l'autre exemplaire, ainsi que le registre unique des publications de mariage, au greffe du tribunal de première instance (Code civil, art. 43). Cet

envoi se fait dans le mois qui suit la clôture des registres, c'est-à-dire avant la fin du mois de janvier de chaque année, délai qui ne peut être dépassé sans que l'officier de l'état civil soit passible, pour ce retard, d'une amende qui pourrait s'élever jusqu'à 100 francs (Code civil, art. 43 et 50; ordonnance du 26 novembre 1823, art. 4; circulaire du ministre de la justice du 31 décembre 1823).

65. Les pièces qui, ainsi qu'on le verra § 3, no 120, doivent être annexées aux actes de l'état civil, doivent aussi être déposées avec le double dont le dépôt se fait au greffe. (Code civil, art. 44). Il est bien entendu que des tables alphabétiques accompagnent également chacun des registres déposés.

66. La personne qui préparera le dépôt qui doit être porté au greffe, fera bien, lorsque les registres auront été tenus par un autre que le maire, d'y annexer une expédition de la délégation spéciale qui a été donnée à cet effet.

67. La loi ne dit pas comment le dépôt s'effectue. L'officier de l'état civil peut venir en personne (et c'est même la voie la plus sûre) déposer le double des registres au greffe; la prudence conseille, dans ce cas, une précaution trop souvent négligée par les maires ou adjoints, qui remettent ainsi les registres de la main à la main; nous voulons parler de la décharge qu'il faut tirer du greffier : cette pièce est nécessaire non seulement pour prouver que le dépôt a été fait, mais encore qu'il a eu lieu dans le délai légal. La même précaution serait de rigueur si les registres étaient portés par un tiers, par exemple le secrétaire de la mairie.

Le dépôt peut se faire par l'intermédiaire des préfets ou sous-préfets, ou par un envoi direct à l'adresse du procureur impérial, sous bandes croisées et signées par le maire ou l'adjoint (instruction du ministre de la justice du 31 décembre 1823; ordonnance du 14 décembre 1825).

68. Il n'est dû aucun droit au greffier pour le

dépôt des registres et des pièces annexées (décision du ministre des finances du 24 septembre 1808).

69. Les officiers de l'état civil, et, sous leurs ordres, les secrétaires et employés des mairies, sont chargés de la garde et conservation des registres courants et des registres clos déposés aux archives de la mairie (loi du 20 septembre 1792, art. 21, tit, 1er). Ils ne doivent, en général, permettre aucun déplacement. Dans quelques cas exceptionnels, les registres courants peuvent être portés au domicile des particuliers, par exemple pour le mariage d'une personne malade (voyez § 6). Le déplacement a lieu aussi quand il a été ordonné par la justice (voyez ci-dessus, n° 48). Hors ces cas, les registres ne doivent pas être déplacés. Les officiers de l'état civil et les secrétaires de mairie doivent les communiquer sans déplacement aux magistrats qui viendraient les compulser en vertu d'une commission judiciaire. Mais les particuliers n'ont jamais le droit d'exiger la communication des registres : s'ils ont besoin d'une recherche, elle est faite par les personnes chargées des registres; et, s'ils demandent la copie ou expédition d'un acte, elle leur est délivrée comme on le verra au § 3.

70. La communication des registres sans déplacement est due aux préfets, sous-préfets et à leurs délégués, pour les recherches relatives au recrutement, aux recensements de la population et autres opérations administratives (circulaire du ministre de la justice du 10 mars 1806); aux employés et préposés de l'administration de l'enregistrement, qui ont droit de prendre, sans frais, les renseignements, extraits ou copies qui leur sont nécessaires pour les intérêts du trésor ; en cas d'opposition ou de refus, les officiers de l'état civil, greffiers, secrétaires des mairies sont passibles d'une amende de 20 francs. D'un autre côté, les employés et préposés de l'enregistrement ne peuvent se livrer à leurs recherches les dimanches et jours de fête légale, ni faire durer plus

de quatre heures chacune de leurs séances dans les
lieux où les actes sont déposés (lois du 22 frimaire
an VII, art. 54; du 16 juin 1824, art. 10).

71. La loi n'a pas voulu seulement assurer la
conservation matérielle des registres par la confection et le dépôt de deux exemplaires; elle a garanti
aussi leur pureté et leur intégrité par la responsabilité qu'elle fait peser sur les officiers de l'état civil;
ceux-ci répondent, envers les parties intéressées, des
altérations, faux ou destructions qui surviennent
dans les registres; seulement ils exercent leur recours
contre les auteurs de ces dommages, s'ils sont connus (Code civil, art. 51). Cela s'étend même aux altérations provenant d'accidents fortuits, s'ils auraient
pu être évités par la prudence de ces officiers.

S'ils ont eux-mêmes commis ou aidé à commettre les faux ou altérations, ils sont passibles des
travaux forcés à perpétuité. Ils le sont des travaux
forcés à temps s'ils ont détruit, supprimé, soustrait
ou détourné un registre ou un acte, ou coopéré à sa
destruction, suppression, soustraction ou détourne-
ment (Code pénal, art. 145, 173). Ces peines ne
s'appliquent qu'aux officiers de l'état civil, et non
aux secrétaires de mairie ou autres employés municipaux ; ceux-ci sont sujets aux peines ordinaires
des faux dans les actes publics, et des soustractions
commises dans un dépôt public d'actes ou titres.

72. Dès que l'officier de l'état civil aperçoit un
faux, une altération, une lacération de feuillet, ou la
disparition d'un ou plusieurs registres, il doit en
donner avis au procureur impérial, afin que ce magistrat prenne les mesures nécessaires pour la poursuite
des coupables, et, s'il y a lieu, pour le rétablissement
ou le remplacement des actes ou des registres alté-
rés, détruits ou enlevés, ce qui peut se faire le plus
souvent à l'aide de celui des deux doubles qui n'a
pas été altéré ou endommagé. Nous verrons, n° 80,
comment on supplée à la perte totale ou partielle des
registres.

De la vérification des registres et de la surveillance des procureurs de la République.

73. Le Code civil, article 53, ordonne au procureur de la République de vérifier l'état des registres des communes de l'arrondissement, lors du dépôt fait au greffe. Cette opération a été réglée, avec des détails étendus, par une ordonnance du 16 novembre 1823. Voici ce qui résulte des dispositions de cette ordonnance, combinées avec celles du Code civil, et de la circulaire du ministre de la justice du 31 décembre 1823. C'est dans les quatre premiers mois de chaque année que la vérification se fait; dans le procès-verbal qu'il en dresse, le procureur de la République indique d'abord les contraventions matérielles à la tenue des registres, s'ils sont par exemple en feuilles volantes, non timbrés, cotés et parafés. Il signale ensuite les irrégularités des actes, en désignant les actes défectueux par le numéro correspondant du registre dont ils font partie et par l'indication des articles du Code dont les dispositions ont été violées.

74. Lorsque des registres déposés ne contiennent aucun acte, le procureur de la République s'assure si, en effet, il n'y a eu dans la commune aucune naissance, ou aucun mariage, ou aucun décès; il fait connaître le motif de l'absence d'actes; il indique également si la cause doit en être attribuée à la négligence. Lorsque les registres sont bien tenus et les actes réguliers, le procureur de la République l'énonce par ces mots dans son procès-verbal : *Point de contravention.*

75. Chacun des maires dont les registres ou les actes ont été trouvés irréguliers reçoit du procureur de la République des instructions spéciales sur les irrégularités commises et sur les moyens de les prévenir à l'avenir. Les secrétaires ou employés doivent conserver soigneusement ces instructions et les consulter comme règles pour la rédaction des actes.

76. Pour que le procureur de la République puisse

faire la vérification dans le délai qui lui est imposé, il faut que les municipalités soient exactes à déposer les registres avant la fin du mois de janvier. Le procureur de la République avertit, et, en cas de retard prolongé, poursuit les maires qui n'ont pas opéré le dépôt.

Il s'est élevé, à cet égard, une difficulté grave qui s'est présentée souvent, et qui résulte du rapprochement des dispositions de la loi qui ordonnent le dépôt et de celles qui prescrivent la vérification. Aux termes des articles 40 et 49 du Code civil, les registres de l'état civil sont tenus doubles, et, des deux doubles, l'un est chaque année déposé aux archives de la commune, l'autre au greffe du tribunal de l'arrondissement. D'un autre côté, l'article 53 veut que le procureur de la République près chaque tribunal vérifie l'état des registres *lors du dépôt qui en sera fait au greffe*. Il semble résulter de ces dernières expressions que la vérification ne se ferait que sur le double apporté au greffe et non sur celui resté aux archives de la commune. Évidemment, cela ne saurait être, car il importe beaucoup à l'état civil des citoyens que les registres qui le constatent soient tenus régulièrement, en quelque lieu qu'ils se trouvent ; mais on avait pensé que des termes de l'article 40 découlait cette conséquence que, si le procureur de la République voulait vérifier le registre laissé aux archives, il devait se transporter dans la commune, où il lui serait donné communication sans déplacement. Cependant il était impossible de supposer que le législateur eût entendu imposer, chaque année, au ministère public l'obligation de se transporter, pour la vérification des registres, dans chacune des communes de l'arrondissement. Plusieurs fois, des procureurs généraux ayant demandé au ministre de la justice s'ils pouvaient exiger des maires l'apport des deux doubles pour la vérification, la réponse avait été affirmative. Cette décision se trouve confirmée par la circulaire suivante du garde des sceaux, en date du 6 juin 1843 : « Mes prédécesseurs ont plusieurs fois rappelé à MM. les procureurs du roi que la vérification des registres devait porter sur les deux doubles. Le Code civil, à la vérité, ne prescrit pas formellement la transmission des doubles destinés aux archives des communes; mais la nécessité de les communiquer aux procureurs du roi résulte évidemment du modèle de procès-verbal annexé à l'ordonnance du 26 novembre 1823, puisqu'il suppose la collation des doubles. On ne peut, d'ailleurs, se dissimuler qu'à défaut de cette collation la vérification serait toujours incomplète et souvent illusoire. Cependant il est essentiel que les deux doubles soient envoyés séparément, afin que, si l'un des deux était perdu ou détruit dans le trajet, l'autre y suppléât et servît à le remplacer. Il faut éviter, en outre, de priver trop longtemps les communes des registres qui appartiennent aux mairies. En conséquence, les maires, après avoir adressé l'un des doubles au procureur du roi, attendront que ce magistrat leur en ait accusé réception et leur ait fait connaître quand ils devront transmettre l'autre double. De leur côté, les membres des parquets auront soin de ne réclamer le second envoi que pour l'époque où ils pourront procéder à la vérification en ce qui concerne chaque commune, et ils s'empresseront de renvoyer les doubles appartenant aux mairies dès qu'ils les auront vérifiés. Il est facile de diviser le travail par canton, de manière que la transmission des registres aux parquets et leur envoi aux mairies aient lieu en même temps pour toutes les communes du même canton. »

Malgré la persistance de notre jurisprudence administrative, un maire, celui de Brest, s'étant refusé à porter le second double à la vérification, fut traduit devant les tribunaux; l'affaire fut vivement débattue devant les différents degrés de juridiction; et enfin un arrêt de la Cour de cassation du 23 février 1847 a formellement décidé que la vérification des registres doit être faite aussi bien sur le double destiné aux archives de la commune que sur le double déposé au greffe du tribunal, et que, par suite, les maires de chaque commune sont tenus de faire l'apport, soit au greffe, soit au parquet du ministère public, des deux doubles des registres de l'état civil, pour les soumettre à la vérification.

77. Indépendamment de la vérification générale et annuelle des registres des communes de tout l'arrondissement, le procureur de la République peut se transporter dans une ou plusieurs communes et y vérifier les registres de l'année courante, ou déléguer, pour cela, le juge de paix du canton; il doit faire cette vérification partielle quand il sait que les registres sont habituellement mal tenus, ou que, par la démission ou le décès d'un maire, il devient nécessaire de constater l'état où il les a laissés et les irrégularités qui s'y trouvent. Dans ce cas, le maire ou l'adjoint et les employés de la mairie doivent communiquer, sans déplacement, les registres courants et les pièces y annexées, fournir au magistrat tous les renseignements qu'il réclame et faciliter autant qu'il est en eux la vérification. Le procès-verbal des visites accidentelles se fait dans les mêmes formes que celui des visites annuelles.

78. Tout ce qui concerne l'état civil est placé sous la surveillance et l'autorité spéciale du procureur de la République; les officiers et secrétaires qui tiennent les registres, et rédigent ou reçoivent les actes, doivent s'adresser à lui pour obtenir la solution des difficultés qui peuvent les embarrasser dans l'exercice de leurs fonctions.

79. L'article 53 du Code civil dit d'une manière impérative que les procureurs de la République qui auront découvert des irrégularités ou des fautes dans la tenue des registres ou actes dénonceront les contraventions ou délits commis par les officiers de l'état civil. Malgré les termes impératifs de la loi, il ne faut pas croire que des poursuites doivent être

intentées pour la moindre contravention échappée à l'ignorance ou à l'erreur de bonne foi. Dans la crainte, sans doute, d'alarmer les officiers de l'état civil dès le début de la carrière ouverte devant eux par le Code civil, le ministre de la justice poussa l'indulgence jusqu'à écrire, dans une circulaire du 22 brumaire an XIV, aux procureurs généraux : « Je vous fais observer que, ayant soumis au gouvernement un rapport relatif aux poursuites à exercer contre les officiers de l'état civil, vous n'en devez intenter aucune jusqu'à nouvel ordre, à moins qu'il ne s'agisse, de leur part, d'un faux matériel, ou tout autre acte qualifié délit par la loi. » C'est dans le même esprit que l'ordonnance de 1823 a prescrit l'envoi des procès-verbaux de vérification des registres aux procureurs généraux et au ministre de la justice. Toutes ces garanties données aux officiers de l'état civil n'ont pas pour but de leur assurer l'impunité, de leur permettre d'apporter dans l'exercice de leurs importantes fonctions un laisser-aller compromettant ; on a voulu seulement proportionner la peine à la faute : la sagesse des magistrats décide, d'après la nature et le nombre ou la périodicité des irrégularités, s'il y a lieu de donner des conseils, d'avertir, de menacer ou de poursuivre. Les officiers de l'état civil et les employés des mairies ne doivent donc ni redouter une sévérité excessive, ni compter sur une indulgence illimitée. La bonne foi, le zèle peut les excuser ; mais la persévérance dans de mauvaises habitudes, la négligence ou l'incapacité ne trouveraient pas grâce devant les gardiens des droits civils des citoyens.

Des cas de perte ou non-existence des registres.

80. Des événements de force majeure, comme un incendie, peuvent amener la perte des registres ; des calamités publiques, comme une invasion, une insurrection, une guerre civile, peuvent en suspendre

momentanément la tenue; il est nécessaire de remédier à ce malheur, car il est indispensable que l'état civil des habitants d'une commune soit constaté. La difficulté n'est très grande que lorsqu'il y a eu perte des deux doubles des registres; car, si l'un des doubles subsiste, il fait foi de tout ce qu'il contient, comme aurait fait l'autre s'il n'eût pas été perdu.

81. D'abord, il faut bien se garder de croire qu'on pourrait suppléer à l'inexistence des registres tenus à la mairie par l'apport de ceux qu'auraient tenus les ecclésiastiques; la loi du 18 germinal an X, relative à l'organisation des cultes, dit positivement, article 55 : « Les registres tenus par les ministres du culte, n'étant et ne pouvant être relatifs qu'à l'administration des sacrements, ne pourront, dans aucun cas, suppléer les registres ordonnés par la loi pour constater l'état civil des Français. »

82. Une loi du 2 floréal an III prescrivit des mesures destinées à pourvoir au remplacement des registres détruits ou perdus par suite des troubles survenus depuis 1789. L'invasion de la France en 1814 ayant causé un grand désordre dans la tenue de l'état civil de beaucoup de communes, une circulaire du ministre de la justice, du 4 novembre 1814, indiqua des procédés qu'il est bon de connaître, parce qu'ils serviraient de guides en cas d'accidents graves dans une commune :

« Il faut bien distinguer les différents cas qui peuvent se présenter; dans quelques localités, l'un des doubles registres qu'on doit tenir a seulement été perdu ou détruit; il est aisé alors de le remplacer par une copie faite et collationnée sur le double existant. Le registre sur lequel cette copie se fera sera parafé préalablement par le président du tribunal civil de l'arrondissement.

« Mais s'il n'a pas été tenu de registres, ou si les deux originaux ont été détruits, l'entreprise devient plus difficile; elle exige surtout une plus grande circonspection. Voici, à ce que je pense, comment on doit y procéder. A la réception de ces instructions, chaque procureur du roi (aujourd'hui procureur de la République) en donnera avis aux maires des communes de son arrondissement où il saura qu'il n'y a pas de registres ; il les chargera de faire dresser un état, année par année, des personnes qui, d'après la notoriété publique ou les renseignements qu'on pourra avoir, sont nées, mariées ou décédées pendant le courant de chacune d'elles ; cet état ne remontera pas au delà de l'époque à laquelle les maires furent chargés de la rédaction des actes de l'état civil. Quand il sera dressé, les maires l'enverront au procureur du roi, qui, après l'avoir examiné, requerra le rétablissement des actes de l'état civil de leurs communes et fera ordonner qu'il sera fait une enquête pour constater les naissances et les décès dont l'acte a été omis ou détruit. Pour éviter le déplacement des témoins et les frais qui en seraient la suite, l'enquête sera prise par un juge commis par le tribunal, pour les communes qui ne sont pas à une grande distance du lieu de sa résidence ; pour celles qui en sont éloignées, il pourra commettre le juge de paix ; l'enquête sera faite sommairement. S'il est question de constater la naissance d'une personne encore vivante, on la fera appeler, si elle est à portée de l'être, pour recevoir sa déclaration, à laquelle on joindra celles de ses plus proches parents ; si elle est absente ou morte, on constatera sa naissance et son décès par la déposition de ses parents, amis ou voisins, à qui l'on demandera la communication des titres et documents qui seront à leur disposition, et propres à appuyer leur témoignage. On aura soin d'entendre les curés et desservants, dont les registres particuliers, quoique ne faisant pas une preuve légale, peuvent du moins servir d'indication. Lorsque l'enquête sera achevée, elle restera déposée pendant un mois au greffe du tribunal où elle aura été faite. Les personnes intéressées auront la liberté d'en prendre connaissance et la faculté d'indiquer les erreurs qu'elles croiraient s'y être glissées. L'enquête sera ensuite communiquée au procureur du roi, qui, après l'avoir examinée, fera les réquisitions que les circonstances exigeront. Le tribunal, s'il le juge nécessaire, nommera un de ses membres pour faire le rapport, avec le pouvoir, s'il en est requis, de prendre de nouveaux éclaircissements et d'entendre de nouveaux témoins. Quand l'instruction sera terminée, le tribunal, sur les conclusions du procureur du roi, ordonnera le rétablissement des actes de naissance, mariage et décès qui seront constatés par l'enquête, ou les titres et documents qui auront été soumis. Le jugement contiendra les notes d'une année entière pour chaque commune ; les expéditions qui en seront faites serviront de registres pour cette année....

« Les actes de naissance ou de décès ne peuvent guère occasionner d'autres difficultés que celles qui résulteraient de l'incertitude de leur époque. La naissance et le décès d'une personne sont toujours des faits certains : il ne s'agit que d'en connaître la date. Il n'en est pas de même des mariages et des divorces. On peut être induit en erreur sur le fait de leur existence par des apparences trompeuses. C'est ici que les magistrats doivent redoubler d'attention ; il faut nécessairement entendre les parties intéressées, ou leurs descendants, si elles n'existent plus ; ce n'est même que sur une intervention spéciale de leur part que le tribunal doit statuer. Des aveux réciproques, qui pourraient être concertés, ne doivent pas toujours suffire pour déterminer dans les cas de cette espèce ; il faut d'autres preuves non suspectes, et il ne peut en manquer dans des matières où il est presque impossible qu'il n'y ait pas de commencement de preuve par écrit.

« Telles sont les règles générales qui m'ont paru devoir être suivies pour parvenir à l'heureux résultat que nous avons en vue ; elles n'excluent point celles que la sagesse et les lumières des magistrats pourront leur suggérer ; et, pourvu qu'ils ne sortent pas de la ligne tracée par la loi, tout moyen sera bon pour découvrir la vérité. »

83. Les événements de 1870-1871, notamment l'entière destruction par l'insurrection communeuse de tous les registres de l'état civil de Paris antérieurs à 1860, les doubles conservés au greffe du tribunal ayant péri dans l'incendie du Palais de Justice aussi bien que les doubles de la mairie centrale dans l'incendie des bâtiments de l'hôtel-de-ville, ont amené le législateur à s'occuper à nouveau de ces questions. Il a été pourvu aux nécessités du moment par une série de mesures législatives qu'il est nécessaire de résumer ici, bien qu'elles ne soient légalement applicables qu'aux circonstances pour lesquelles elles ont été faites.

Une loi du 10 juillet 1871 a décidé que provisoirement et jusqu'à ce que les actes de l'état civil du département de la Seine détruits par le feu durant la dernière insurrection fussent reconstitués, il pourrait, en cas de mariage, être suppléé : 1° à l'acte de naissance des futurs époux que ceux-ci ne pourraient reproduire, par l'attestation des père, mère, aïeuls et aïeules présents au mariage ou, à défaut d'ascendants présents au mariage, par la déclaration des futurs époux et des témoins, pourvu que la dite attestation ou déclaration fût jointe à quelque pièce ou document tel que l'extrait des registres tenus par les ministres des différents cultes, rendant vraisemblable la date de la naissance indiquée, ou, faute de toute pièce de ce genre, à un acte de notoriété dressé par le juge de paix soit du domicile, soit du lieu de naissance sur la déclaration de quatre témoins ; 2° à l'acte de décès des père et mère, aïeuls et aïeules, par la déclaration des futurs époux et des quatre témoins selon les formes indiquées par l'avis du Conseil d'État du 4 thermidor an XIII.

Dans les cas ci-dessus, l'officier de l'état civil doit faire mention, dans l'acte de mariage, des attestations ou déclarations qu'il aura reçues et des pièces et documents produits à l'appui.

La même loi décide que, provisoirement et jusqu'à la reconstitution des actes de l'état civil du département de la Seine, les procédures intentées aux termes de l'article 46 du Code civil relativement aux naissances, mariages ou décès dont la preuve aura été détruite par les causes indiquées ci-dessus, seront dispensées des frais d'enregistrement et de timbre, que le ministère d'un avoué ne sera pas obligatoire, que, dans le cas où le tribunal croirait devoir faire comparaître des parties intéressées ou des témoins, le greffier les appellera par simples lettres chargées.

Une autre loi, en date du même jour, a ordonné que les actes de l'état civil reçus depuis le 18 mars 1871 à Paris et dans les autres communes du département de la Seine et les mentions inscrites depuis la même époque en marge des registres par tous autres que les officiers publics compétents fussent bâtonnés, a interdit d'en délivrer aucune expédition et pris différentes dispositions pour faire inscrire régulièrement les faits de l'état civil qui, survenus pendant la période insurrectionnelle, n'avaient pu par suite de cela être constatés par des actes valables.

Il a été décidé par la loi du 6 janvier 1872 qu'à l'exception, bien entendu, des actes reçus pendant l'insurrection à Paris et dans les communes du département de la Seine, les actes inscrits sur les registres de l'état civil depuis le 4 septembre 1870 jusqu'à la date de ladite loi ne pourraient être annulés à raison du seul défaut de qualité des personnes qui les auraient reçus, pourvu que ces personnes eussent à ce moment l'exercice public des fonctions municipales ou de celles d'officier d'état civil, à quelque titre et sous quelque nom que ce fût, et que seraient visés pour timbre et enregistrés gratis les procédures et les jugements *à la requête du ministère public* ayant pour objet soit de reconstituer des registres perdus, soit de rétablir ou de compléter des actes se rapportant à la période écoulée du 4 septembre à la date de la loi.

Il a été enfin décidé par la loi du 12 février 1872 que les actes de l'état civil de Paris et des communes y annexées en 1859, dont les registres ont été détruits pendant la dernière insurrection, seraient reconstitués ; que ce travail porterait sur tous les actes antérieurs ou postérieurs à la loi de 1792 jusqu'en 1860, et, pour la mairie du XII° arrondissement (Bercy), depuis le 1ᵉʳ janvier 1860 jusqu'au 25 mai 1871, qu'une commission enfin, nommée par le ministre de la justice, serait chargée de cette reconstitution dans les termes suivants :

Les actes seront rétablis :

1° D'après les extraits des anciens registres délivrés conformes ;

2° Sur les déclarations des parties ou des tiers, d'après les documents qui auront été déposés à l'appui ou même sur la simple confirmation d'autres personnes entendues comme témoins (loi du 3 août 1875) ;

3° D'après les registres tenus par les ministres des différents cultes, les registres des hôpitaux et des cimetières, les tables de décès rédigées par l'administration des domaines et toutes les pièces qui peuvent reproduire la substance des actes authentiques.

Les actes *dont l'authenticité aura été reconnue* par la commission auront toute la valeur probante que leur attribue le Code civil ; les actes *rétablis* feront foi jusqu'à preuve contraire.

Ces dispositions sont complétées et leur effet a été assuré autant que possible :

Par l'obligation imposée à toute personne, administration ou établissement public, détenant à quelque titre que ce fût un extrait authentique d'acte de l'état civil dressé dans les temps et les lieux ci-dessus marqués, d'en effectuer la remise ou l'envoi au dépôt central établi à Paris ; par la même obligation imposée aux juges de paix, notaires et syndics de faillite qui trouveraient de ces extraits soit en faisant un procès verbal de description après décès, soit en procédant à la confection d'un inventaire, ainsi qu'à tout fonctionnaire de l'ordre administratif ou judiciaire, à tout officier public ou ministériel, tout greffier, tout séquestre et administrateur judiciaire auquel serait remis pour en faire usage un desdits extraits;

Par l'obligation imposée aux notaires de tenir leurs minutes à la disposition des vérificateurs de l'enregistrement chargés d'y rechercher les extraits d'actes de l'état civil déposés pour minutes ou annexés à d'autres actes antérieurement à la présente loi (loi du 12 février 1872, art. 12), de les rechercher eux-mêmes d'office (loi du 3 août 1875, art. 4.) et d'en délivrer des copies certifiées sans frais;

Par un recensement effectué à Paris par les maires des vingt arrondissements à l'effet de recueillir dans chaque famille en ce qui la concerne la déclaration des naissances, mariages ou décès dont les actes ont été détruits, avec l'indication des pièces qui peuvent aider à les refaire ou des registres, tels que ceux des paroisses, qui en ont gardé la mention;

Par l'obligation imposée dans les départements à toute personne majeure née ou ayant contracté mariage à Paris ou dans les communes annexées, de se présenter devant l'officier de l'état civil du lieu de son domicile ou de sa résidence pour y faire une déclaration sur son état civil, déclaration qui devra être faite pour les mineurs, femmes mariées et les autres incapables par leurs tuteurs, maris ou représentants légaux.

Le défaut d'observation de ces prescriptions dans les délais fixés par les lois du 12 février et du 25 mai 1872 était frappé de peines maintenant abrogées par la loi du 5 juin 1875. Quant au défaut de sincérité dans les déclarations, à la dissimulation, soustraction dans un but frauduleux quelconque, d'actes de l'état civil dressés dans les temps et les lieux ci-dessus marqués, ils restent sous le coup de pénalités graves et de la réparation civile des dommages qui ont pu en résulter, sans préjudice de l'application des dispositions du Code pénal, dans le cas où une infraction aux dispositions de la loi du 12 février 1872 se rattacherait à un acte qualifié crime ou délit.

Antérieurement à la loi du 5 juin 1875, une expédition authentique des extraits déposés était délivrée sans frais aux parties qui avaient fait le dépôt. Ces expéditions sont maintenant soumises à un droit fixe de 1 fr. 20, indépendamment des droits ordinaires de timbre et d'expédition.

§ 3. — *Des actes de l'état civil en général.*

84. En général, il n'y a d'inscrits sur les registres que les actes dont l'insertion est demandée; les officiers de l'état civil ne peuvent agir d'office. Cela est rigoureusement vrai, dans tous les cas, pour les reconnaissances d'enfants, pour les adoptions, les mariages; il n'y est jamais procédé que sur la réquisition formelle des parties.

Pour les naissances et les décès, l'inscription ne peut avoir lieu, non plus, que d'après une déclaration; mais cette déclaration est obligatoire dans des délais déterminés, et les officiers de l'état civil doivent veiller à ce qu'elle soit faite, inviter les parties intéressées à s'en acquitter, et, si les délais sont expirés sans que les déclarations aient eu lieu, ils doivent avertir le procureur de la République pour que ce magistrat puisse requérir les peines et faire, s'il y a lieu, rétablir les actes omis.

Comparution des parties; témoins.

84 *bis*. Les personnes qui, outre les officiers de l'état civil, concourent aux actes, sont : les parties, les déclarants et les témoins. On appelle parties ceux qui doivent s'engager ou donner un consentement, comme les époux qui se marient, ou les parents qui

consentent au mariage, ou les père et mère qui reconnaissent un enfant; les déclarants sont les personnes qui, volontairement ou obligées par la loi, donnent connaissance d'un fait à l'officier de l'état civil; enfin les témoins sont des personnes appelées pour conférer plus de foi et de force à l'acte par leur présence, et leur signature, s'ils peuvent la donner. Dans certains cas, les déclarants sont en même temps témoins.

85. La loi permet aux parties intéressées de se faire représenter par d'autres personnes, dans les cas où elles ne sont pas obligées de comparaître en personne (Code civil, art. 36). Mais elle ne dit pas quels sont ces cas. Il semble qu'en général on peut se faire représenter pour tous les actes de l'état civil, tel qu'un consentement au mariage d'un descendant, ou la reconnaissance d'un enfant naturel, ou la réquisition de la transcription des actes qui doivent être transcrits sur les registres, comme les adoptions. Il n'y a guère d'excepté que l'acte de célébration de mariage; on s'accorde à reconnaître que la présence des futurs époux en personne y est indispensable.

Dans les cas où les procurations sont admissibles, elles doivent avoir été passées devant notaire; il faut de plus qu'elles soient spéciales (Code civil, art. 36), c'est-à-dire qu'elles aient été données uniquement pour l'acte dans lequel on en fait usage. Enfin, elles doivent être légalisées dans les cas où la loi exige la légalisation; cette formalité est une attestation du juge, constatant que celui qui a reçu ou délivré l'acte est réellement revêtu de la fonction qui lui donne le droit de le délivrer; elle n'est nécessaire que pour les officiers dont l'éloignement ne permet pas de vérifier immédiatement la signature; d'après la loi sur le notariat, on fait légaliser les actes des notaires à la résidence des cours d'appel quand on s'en sert hors du ressort, et ceux des autres notaires quand on s'en sert hors du département. La légalisation est faite par le président du tribunal de la résidence du notaire ou du lieu où est délivré l'acte ou l'expédition.

Les procurations, quand on en a bien vérifié la régularité, sont remises à l'officier de l'état civil et demeurent annexées aux actes, après avoir été parafées par lui et par les fondés de pouvoir (*voyez* ci-après, n° 111).

Les personnes chargées de la tenue des actes de l'état civil ne devront pas perdre de vue que la loi n'admet à se faire représenter que *les parties*; on ne peut jamais accueillir aucune procuration de la part des déclarants, parce qu'ils apportent à l'officier de l'état civil l'attestation de faits dont la connaissance leur est exclusivement personnelle, ni de la part des témoins, puisque leur fonction consiste dans la présence effective, et l'apposition réelle de la signature à l'acte.

86. Il est évident que les parties peuvent avoir moins de vingt et un ans, âge fixé pour la majorité, et être du sexe féminin : telle est une jeune fille de quinze ans qui se présente pour se marier; il en est de même des déclarants, qui ne peuvent être que les personnes qui ont assisté au fait qu'il s'agit de faire connaître à l'officier de l'état civil.

87. Les témoins sont nécessaires dans tous les actes de l'état civil, excepté les publications de mariage. Leur nombre est fixé, comme on le verra, pour chaque espèce d'actes en particulier.

Les témoins ne peuvent être que du sexe masculin (condition qu'il eût été impossible d'exiger pour les déclarants) et âgés de vingt et un ans au moins; ils peuvent être pris parmi les parents des parties comme parmi les personnes qui leur sont étrangères (Code civil, art. 37). La loi n'exige pas qu'ils remplissent les conditions nécessaires à la jouissance du titre de citoyen français; ainsi on ne pourrait pas refuser un étranger. Ce serait également ajouter à la loi que de ne pas admettre un témoin pour cela seul qu'il ne saurait pas signer; le Code lui-même suppose cette ignorance de la part des témoins : car l'article 39 veut que, si un témoin ne signe pas, l'officier de l'état civil fasse mention de la cause qui l'en a empêché.

88. Les secrétaires de mairie remarqueront que l'article 37 ordonne que les témoins soient *choisis* par les parties intéressées; ils doivent donc, si les parties n'ont pas amené de témoins, les avertir et leur dire d'en aller chercher; ils doivent surtout s'abstenir d'un abus qui a subsisté, qui subsiste peut-être dans beaucoup de localités, l'emploi des témoins banaux, c'est-à-dire appelés à toute occasion, ou, du moins, très fréquemment, et faute d'autres, quand les parties n'en produisent pas. Les secrétaires et employés doivent bien se garder de se prêter eux-mêmes à ce ministère de témoins sans mission légale. Il arrive aussi, ce qui n'est pas une violation moins manifeste de la loi, que l'on rédige les actes, qu'on les fait signer par les comparants sans s'inquiéter des témoins, et que, lorsqu'il y a un certain nombre d'actes, on les soumet tous ensemble à la signature des mêmes témoins; c'est ainsi que certains maires font signer, par des témoins qu'ils font venir le dimanche, tous les actes qui ont été reçus pendant la semaine. Nous le répétons, ces procédés sont tout à fait contraires à la loi, qui veut que les témoins soient amenés pour chaque acte, qu'ils puissent attester l'identité des parties et qu'ils assistent à leurs déclarations.

Toutefois, en suivant à la lettre la disposition qui veut que les témoins soient choisis par les parties intéressées, les secrétaires de mairie pourraient quelquefois se trouver embarrassés. Ainsi, que devraient-ils faire dans le cas où ils ne connaîtraient personne d'intéressé à la rédaction d'un acte qu'ils auraient à passer, par exemple l'acte de décès d'un individu décédé hors de sa commune et complétement inconnu, l'acte de naissance d'un enfant nouveau-né trouvé exposé? Dans des circonstances pareilles, l'officier de l'état civil pourrait et devrait appeler des citoyens réunissant les conditions requises par la loi et les faire figurer comme témoins.

89. Les témoins, quoique choisis et présentés par les parties, pourraient et devraient être refusés s'ils ne justifiaient pas des qualités voulues pour remplir cet office; s'ils figuraient déjà dans l'acte, soit comme parties, soit comme chargés de la procuration de quelqu'une des parties; s'ils étaient frappés d'une condamnation aux travaux forcés à perpétuité ou à temps, à la déportation, à la détention, à la réclusion, au bannissement ou à la dégradation civique, ou enfin s'ils avaient été privés par un jugement correctionnel de l'exercice du droit d'être témoins dans les actes.

90. C'est toujours en personne, et jamais par un fondé de procuration, que les témoins comparaissent.

Mode d'inscription des actes sur les registres.

91. Lorsque l'officier de l'état civil, ou l'employé chargé de rédiger les actes, a reçu les déclarations, qu'il s'est assuré de l'accomplissement des formalités légales, telles que la présence des témoins, il doit procéder à la confection de l'acte, qu'il inscrit à la fois sur les deux registres, en présence des parties et des témoins.

92. Il est très utile de commencer par donner à l'acte un numéro d'ordre placé en marge; on peut, si l'on juge qu'il n'en résulte ni encombrement ni confusion, écrire au-dessous de ce numéro le nom de la personne que l'acte concerne. Ces annotations marginales facilitent les recherches, le travail des tables et les dépouillements nécessaires au recensement de la population.

93. L'employé à qui l'on vient demander d'inscrire un acte ne doit jamais se borner à prendre de simples notes, en renvoyant à un autre moment ou

à un autre jour la rédaction et l'inscription de l'acte ; il doit y procéder immédiatement.

94. Les actes sont inscrits les uns à la suite des autres sur leurs registres respectifs, selon l'ordre des dates, et sans qu'il puisse y avoir aucun intervalle, aucun alinéa, aucun blanc, soit entre des actes différents, soit entre les lignes ou les mots d'un même acte (Code Civil, art. 42). Le premier acte d'un registre doit donc être porté sur la première page immédiatement après le titre, ou après le procès-verbal du président, constatant le nombre des feuillets, si ce procès-verbal se trouve au-dessous du titre. Toutes les pages doivent être couvertes sans aucun blanc ; si, au bas d'une page, il ne reste que la place d'une seule ligne, il faut en profiter pour commencer la rédaction de l'acte, qui continuera sur la page suivante. Il ne doit rester entre deux actes que l'intervalle nécessaire pour les signatures. Toutes ces précautions sont importantes ; elles empêchent l'intercalation d'actes avec fausses dates, ou de lignes ou mots qui dans un acte pourraient l'altérer ou le modifier. Si, pour la rédaction d'un acte, on suivait une formule imprimée, un modèle tracé d'avance, et qu'une mention n'y remplît pas complètement la place qui lui est destinée, il faudrait achever de la remplir par un trait de plume fortement prononcé, qui ne permît aucune addition.

95. Pour que la teneur des actes soit bien claire, et pour éviter d'autant plus sûrement les erreurs, aucune abréviation n'est permise, et toutes les dates doivent être écrites en toutes lettres, jamais en chiffres (Code civil, art. 42). On doit s'appliquer à écrire lisiblement les noms propres.

96. Quand un ou plusieurs mots ont été effacés, ceux qui les remplacent ne doivent être mis ni en surcharge sur l'écriture même, ni au-dessus de la ligne raturée ; ils doivent être l'objet d'un renvoi, de même que les mots qui, sans rature, auraient été ajoutés. Les simples ratures sans remplacement, les

additions, doivent être approuvées et signées de la même manière et par les mêmes personnes que l'acte entier : un simple parafe serait insuffisant (Code Civil, art. 42).

L'approbation des ratures, avec indication du nombre de mots raturés, et celle des renvois, contenant la même indication, se placent au bas de l'acte avant les signatures, si elles n'ont pas été données encore : on peut les mettre au même endroit après les signatures, si la place le permet; sinon, on les écrit à la marge de l'acte auquel elles se rapportent. Ce dernier mode offre l'inconvénient d'encombrer la marge, qu'il est bon de réserver pour les énonciations qui peuvent y être portées, par exemple la reconnaissance d'un enfant naturel, laquelle doit être mentionnée en marge de l'acte de naissance, avec l'indication de sa date et du folio du registre où cet acte se trouve.

97. Les mentions marginales, comme celles dont nous venons de parler, se font sur les deux doubles registres en même temps. Si elles se rapportent à une année écoulée, l'inscription ne peut se faire que sur celui des deux registres qui reste déposé à la mairie; l'officier de l'état civil qui l'y a faite ou fait faire donne avis, dans les trois jours, au procureur de la République, qui la fait porter par le greffier sur le double déposé au greffe (Code civil, art. 49).

98. Il peut arriver qu'un acte dont l'inscription a été commencée ne s'achève pas, soit parce que les parties intéressées se sont retirées avant de signer, soit parce qu'elles n'ont pas voulu signer, ou par suite de toute autre circonstance. Dans ce cas, on doit dire qu'il n'y a point d'acte; ce qui en a été porté sur le registre doit être biffé et bâtonné, et on annonce, à la suite ou en marge, le motif qui a fait laisser l'acte imparfait et l'a fait biffer ou bâtonner. Cette mention doit être signée par l'officier de l'état civil.

Lecture et signature des actes.

99. Quand un acte a été inscrit sur les deux exemplaires du registre, il en est donné lecture à la fois aux parties ou à leurs fondés de pouvoir si elles se sont fait représenter, et aux témoins (Code civil, art. 39). Le vœu de la loi ne serait donc pas rempli si l'acte était passé en présence seulement de quelqu'une des personnes qui doivent y assister, lu ensuite aux autres séparément, et présenté à leur signature.

100. La lecture de l'acte ayant pour objet de prouver aux témoins, aux parties, aux déclarants, qu'il est conforme aux déclarations faites et à la vérité, il faut que ceux à qui on le lit le comprennent. Comme il est rédigé en français, le secrétaire de la mairie ou l'officier de l'état civil devra le traduire dans l'idiome du pays, s'il est passé dans une commune où la langue française soit peu familière; il sera bon, dans ce cas, de mentionner que cette interprétation a été donnée.

101. Ce sont les signatures qui complètent les actes et leur donnent la vie et l'authenticité. Ils doivent être signés par l'officier de l'état civil, par les comparants et les témoins; si une de ces personnes n'a pu signer, il ne suffit pas de mentionner le fait de la non-signature, il faut dire quelle en est la cause, par exemple, si une personne ne sait écrire, si elle est blessée à la main, etc.

102. Le secrétaire de la mairie peut écrire les actes; mais il est bien entendu qu'il n'a pas le droit de les signer comme officier de l'état civil, puisqu'il n'a aucun titre officiel, aucun caractère public à cet effet.

103. Les signatures doivent se donner au moment même où l'acte vient d'être lu. Il serait très dangereux de renvoyer, pour la signature, à un autre moment ou à un autre jour : l'officier de l'état civil peut mourir dans l'intervalle, quelqu'un des témoins peut aussi mourir, ou ne plus vouloir signer, ou être

forcé de s'absenter précipitamment; les actes resteraient dès lors imparfaits, ou bien se trouveraient viciés d'irrégularités qui obligeraient les citoyens à recourir aux tribunaux : ce serait l'officier de l'état civil ou ses héritiers qui supporteraient les frais de ces instances, puisqu'elles auraient pour cause la négligence apportée dans une partie importante de la tenue des actes.

104. Dans certaines communes, on fait apposer un signe ou une marque, au bas de l'acte, par les personnes qui ne savent pas signer. Cette marque ne peut évidemment pas remplacer la signature; dans tous les cas, c'est un mauvais usage, une place inutilement prise dans le registre; on doit se borner à mentionner la cause qui a empêché telle personne de signer.

Énonciations que les actes doivent ou peuvent contenir.

105. Tous les actes de l'état civil, quel que soit leur objet, doivent énoncer :

1º L'année, le jour et l'heure où ils sont reçus (Code civil, art. 34). La mention de l'heure est très importante, par exemple, en cas de décès, pour les successions; en cas de mariage, pour les oppositions.

106. 2º Les nom, prénoms, et la qualité du fonctionnaire qui les reçoit; il faut donc mentionner, d'après les règles exposées ci-dessus nº 25, si c'est le maire, ou, soit à son défaut, soit par délégation spéciale, un adjoint, ou, enfin, un conseiller municipal, qui remplit les fonctions d'officier de l'état civil. A cet effet, et en variant, comme nous l'avons indiqué, la formule d'après la qualité de l'officier en exercice, chaque acte commence en ces termes :

L'an... et le... du mois de,..., à..... heure..., devant nous (*nom et prénoms du fonctionnaire*), officier de l'état civil de la commune de...,, a (*ou bien* ont) comparu..... (*suivent les noms des déclarants ou parties*).

107. 3° Les prénoms, noms, âge, profession et domicile des personnes dénommées dans les actes (Code civil, art. 34). Il faut suivre l'ordre indiqué par la loi pour ces différentes énonciations, et placer ainsi les prénoms avant les noms. Les seuls prénoms que l'on doive attribuer aux personnes désignées sont ceux qu'elles ont reçus dans leur acte de naissance (*voyez* § 4). On ne doit ajouter aucun surnom au nom propre, à moins qu'il ne serve habituellement à distinguer une personne des autres membres de la famille.

La loi prescrit l'énonciation de la profession, mais non celle des qualités qu'une personne peut avoir; il est bon de les mentionner, parce qu'elles peuvent servir quelquefois à mieux établir l'identité des parties. Par le même motif, on inscrivait, avant 1848, les titres de noblesse d'un individu, du moins si celui qui en était revêtu le demandait; on ne pouvait pas le lui refuser, car la charte de 1830, comme celle de 1814, reconnaissait les titres de noblesse. La Constitution de 1848 avait aboli tout titre nobiliaire; mais, cette abolition ayant elle-même été abrogée, les choses se trouvent remises dans l'état où elles étaient avant 1848.

La qualité de membre de la Légion d'honneur doit être énoncée dans les actes de l'état civil. C'est ce qui a été expressément prescrit par une circulaire du ministre de la justice, du 3 juin 1807, qui s'exprime ainsi : « J'apprends que, dans quelques communes, des malentendus ou des négligences ont privé des légionnaires ou leurs familles de voir insérer la qualité de membre de la Légion d'honneur dans les actes de leurs mariages, ou du décès de leurs parents, ou de la naissance de leurs enfants. La qualité de membre de la Légion d'honneur est un témoignage trop précieux de la bienveillance du Gouvernement, et une preuve trop honorable des services rendus à l'État, pour que les officiers de l'état civil ne doivent pas apporter la plus grande exactitude à en faire mention dans leurs actes, toutes les fois qu'il y a lieu. Vous voudrez donc bien prendre les mesures convenables pour que cette qualité soit toujours énoncée, et adresser, en conséquence, aux maires et adjoints, chacun dans votre arrondissement, les instructions nécessaires à ce sujet. »

Si l'une des personnes dénommées dans l'acte n'a pas de profession, on le mentionne en ces termes : *sans profession.*

108. 4° La lecture de l'acte (Code civil, art. 38). *Voyez* n° 99.

5° La signature de l'acte (Code civil, art. 39), ou la cause qui a empêché de signer.

109. Les énonciations relatives aux personnes embrassent tous ceux qui ont été dénommés dans l'acte; en conséquence, lorsqu'une partie s'est fait représenter, il faut, dans l'acte, mentionner non seulement ses prénoms, nom, âge, profession et domicile, mais encore ceux de son représentant, porteur de sa procuration.

110. Quant aux choses qui sont constatées dans les actes revêtus de toutes les formalités ci-dessus exposées, elles varient selon la nature de chaque acte. Ici se présente une règle commune à tous les actes et dont ceux qui les rédigent ne sauraient trop se pénétrer : c'est que les rédacteurs des actes n'y doivent jamais insérer que ce qui a été déclaré et que ce qui a dû être déclaré. Ils ne sont pas juges de la vérité et du mérite des déclarations; ils les reçoivent telles qu'on les fait, sauf seulement à en retrancher les énonciations étrangères à ce que la loi prescrit (Code civil, art. 35).

Il résulte de là que ceux qui inscrivent les actes ne peuvent rien y ajouter d'eux-mêmes, soit par note, soit de toute autre façon. Ils ne doivent faire aucune question, aucune recherche sur la vérité des déclarations. D'un autre côté, alors même que les comparants insisteraient pour faire insérer dans un acte autre chose que ce qui, d'après sa nature, doit s'y trouver, toutes les déclarations surabondantes doivent être repoussées. Ce principe est surtout important dans les actes de naissance.

La règle qui défend de rien ajouter aux déclarations des comparants s'applique même aux choses sur lesquelles l'officier de l'état civil aurait ou croirait avoir une certitude personnelle : par exemple, dans l'acte de naissance d'un enfant illégitime, si le père ne se déclare pas, il ne doit pas le nommer, alors même qu'il le connaîtrait.

Annexe des pièces justificatives.

111. Les procurations qui donnent pouvoir de représenter une partie, et, en général, les pièces produites à l'appui des actes, doivent être parafées par les parties qui les produisent et par l'officier de l'état civil (Code civil, art. 44). Si la personne qui doit parafer ne sait ou ne peut signer, l'officier de l'état civil le mentionne au dos de la pièce, qu'il parafe lui-même.

Les pièces ainsi parafées sont annexées aux registres pour être déposées, à la fin de l'année, comme les registres eux-mêmes, au greffe du tribunal de première instance. Il serait rarement possible, surtout dans les communes considérables, d'attacher les pièces au folio du registre où se trouve l'acte qui les concerne. Il faut donc aviser à un mode sûr d'annexe et de conservation. Un bon moyen pour les classer, c'est de mettre celle de chaque acte différent dans une chemise séparée, sur laquelle on inscrit le numéro d'ordre de l'acte dans le registre, le nom de la partie intéressée, la date de l'acte, le nombre des pièces y annexées. On range ces différentes chemises, par ordre de dates, dans autant de liasses ou divisions distinctes qu'il y a de registres de l'état civil auxquels elles se rapportent.

Quand l'officier de l'état civil n'agit que par délégation, il est bon qu'une expédition de l'arrêté de délégation reste annexée à chacun des registres déposés (*voyez* n° 27).

Copies ou expéditions d'actes, extraits des registres.

112. Les particuliers peuvent avoir souvent besoin de prouver leur état civil, ou celui des membres de leur famille, ou même d'un tiers étranger. On sent qu'il serait impossible de leur permettre de déplacer les registres chaque fois qu'il leur serait nécessaire d'y avoir recours; mais toute personne peut se faire délivrer, par les dépositaires des registres, des extraits de ces registres. Ce droit étant accordé à toute personne, les secrétaires de mairie ne doivent opposer aucune objection, aucun refus, ni même aucune question indiscrète à ceux qui viennent faire la demande d'un extrait, alors même qu'il ne serait relatif ni à eux ni à aucun de leurs parents.

Quand une loi exige la production d'un acte de l'état civil, elle entend par là la teneur exacte et textuelle de cet acte, tel qu'il est inscrit sur les registres. L'application de ce principe se présente souvent, pour l'exécution d'une loi dont il est à désirer que l'application devienne de plus en plus fréquente, celle du 18 juin 1850, sur les caisses de retraite pour la vieillesse. Les articles 3, 4 et 7 du décret du 27 mars-11 avril 1851, portant règlement pour l'exécution de cette loi, veulent que tout déposant qui opère un premier versement produise son acte de naissance; que, s'il est marié, il produise l'acte de naissance de son conjoint, et que, s'il survient un changement dans l'état civil du déposant, il le déclare au premier versement et produise les pièces justificatives qui pourraient être nécessaires pour constater le changement survenu.

Afin de ne pas exposer les personnes qui veulent faire des dépôts à la caisse des retraites à des frais inutiles par le refus des actes produits, les maires doivent veiller à ne délivrer que des actes réguliers,

Voici ce que contient, à cet égard, une circulaire du directeur général de la caisse des dépôts et consignations aux receveurs généraux et particuliers chargés, dans les départements, du service de la caisse de retraite pour la vieillesse : « Les actes de l'état civil dont la production est exigée en vertu des articles 3, 4 et 7 du décret réglementaire, à l'appui des versements effectués à la caisse de retraite pour la vieillesse, doivent être libellés *in extenso*; des extraits des bulletins n'auraient pas un caractère suffisant d'exactitude et d'authenticité. Cette règle est applicable aux actes de naissance dont la production est faite par les déposants. Des copies ou expéditions de ces actes pourront être admises lorsqu'elles seront délivrées *in extenso* par des officiers publics, soit sur les originaux, soit sur des expéditions authentiques dont ils se trouveront détenteurs. »

113. Des extraits des registres ne consistent que dans des copies ou expéditions exactes de ce qu'ils contiennent. Ces copies doivent reproduire les actes complètement et littéralement, tels qu'ils sont inscrits sur les registres, sans corriger les fautes, omissions, erreurs, irrégularités quelconques qui s'y trouvent. Seulement, s'il manque quelque formalité essentielle, l'expédition qui en est délivrée mentionne que l'omission existe sur l'original. La copie doit comprendre les mentions, additions, rectifications qui, sur les registres, se trouvent en marge ou à la suite de l'acte; nous parlerons plus spécialement, au § 9, de la délivrance des expéditions d'actes rectifiés.

114. S'il s'agissait d'un acte resté imparfait, soit qu'on n'eût pas achevé de l'inscrire, soit qu'il fût resté sans signature ou qu'il eût été biffé, aucune expédition ne pourrait en être délivrée qu'en vertu d'une ordonnance du président du tribunal de première instance (Code civil, art. 841). Dans ce cas, l'expédition devrait énoncer, en détail, tous les vices matériels de l'acte, tels que le défaut de signature, etc.

115. De ce que l'expédition doit être la copie littérale, et entièrement conforme du registre, il s'ensuit que rien ne peut y être écrit par abréviation, ni aucune date mise en chiffres, à moins que ces irrégularités n'existent sur l'original, et alors on doit avoir soin de mentionner qu'on a copié littéralement et figurativement ce qui se trouvait sur le registre.

116. L'obligation de reproduire fidèlement l'original s'applique aux actes anciens comme aux actes passés sous la législation actuelle. Si l'on s'adresse à un secrétaire de mairie pour avoir copie d'un acte inscrit, avant la loi du 20 septembre 1792, sur les registres qui, à cette époque, étaient tenus par le clergé, il doit, après l'avoir trouvé sur les registres déposés à la mairie, délivrer un extrait entièrement conforme, sans omettre même ce qui lui paraîtrait inutile. Des officiers de l'état civil s'étant écartés de cette règle, le ministre de la justice écrivit, le 21 avril 1806, aux membres du ministère public, la circulaire suivante : « Je suis informé que plusieurs dépositaires des registres de l'état civil antérieurs au 20 septembre 1792 ne copient pas avec exactitude les actes dont ils délivrent expédition, et qu'ils suppriment la mention du baptême qui a été administré à l'enfant présenté. Le retranchement que ces officiers se permettent n'est commandé par aucune loi; ils commettent donc un abus en se donnant cette licence. D'ailleurs, en général, toute expédition d'un acte doit être conforme à la minute; et, d'après l'article 45 du Code civil, les extraits des actes de l'état civil doivent être délivrés conformes aux registres. Sous ce rapport, les officiers de l'état civil qui les altèrent contreviennent directement à la loi. Vous voudrez bien faire cesser ce désordre, en rappelant aux vrais principes sur ce sujet les maires et les autres dépositaires des registres de l'état civil de votre arrondissement. »

117. Les extraits des actes concernant les personnes non catholiques, et passés avant la loi du

20 septembre 1792, doivent être demandés au garde du dépôt général des actes de l'état civil de la ville de Paris (décret du 22 juillet 1806). C'est là, en effet, qu'ont été remis les extraits généraux des actes concernant l'état civil des Français professant le culte luthérien, dont les naissances, mariages, décès étaient enregistrés, avant la loi de 1792, par des chapelains étrangers autorisés par le gouvernement français. — Il en est de même des actes de l'état civil de Paris et des communes y annexées antérieurs au 1er janvier 1860. Les registres des anciennes paroisses, et ceux des mairies jusqu'à cette date, ont été centralisés à l'hôtel de ville. Détruits dans les incendies de la Commune, ils ont été reconstitués autant que possible, comme on l'a vu plus haut.

118. Sauf ces exceptions, les expéditions peuvent être demandées au dépositaire de l'un ou de l'autre des registres tenus doubles, c'est-à-dire au greffier du tribunal ou à l'officier de l'état civil de la commune. Ni l'un ni l'autre ne peut les refuser. En cas de refus, la partie intéressée pourrait citer le dépositaire refusant, après en avoir obtenu, par une requête, la permission du président du tribunal, et le faire condamner à des dommages-intérêts, aux dépens, et même, sous peine de contrainte par corps, à délivrer l'expédition demandée. C'est ce qui résulte des articles 839 et 853 du Code de procédure civile.

119. De ce que les secrétaires de mairie et les officiers de l'état civil ne peuvent refuser les expéditions, il ne s'ensuit pas qu'ils soient obligés de quitter immédiatement les travaux qui les occupent, pour chercher sur les registres l'acte qu'on leur demande, en dresser l'expédition et la faire signer. Ils peuvent prendre le temps nécessaire pour satisfaire à la demande qui leur est faite, sans que les autres parties du service de la mairie en souffrent.

120. Les copies délivrées à la mairie peuvent être écrites par le secrétaire ou par un autre employé de la mairie; mais ces derniers n'ont, dans

aucun cas, le droit de signer ces copies ou expéditions extraites des registres; leurs fonctions consistent, quant à cet objet, à rédiger les extraits et les présenter à la signature de l'officier de l'état civil. Néanmoins, par un abus grave, des extraits signés par les secrétaires de mairie ayant existé, même depuis la nouvelle organisation administrative fondée sur la loi de l'an VIII, un avis du Conseil d'État, du 2 juillet 1807, reconnut la validité de ces actes pour le passé, mais prescrivit des mesures pour que la même erreur ne se présentât plus à l'avenir.

Voici le texte de cet important document :

« Considérant :

1° Que la loi du 28 pluviôse an VIII n'a point recréé les secrétaires des administrations municipales supprimées, ni donné de signature publique à aucun des employés des mairies actuelles, et que, conséquemment, ces employés ne peuvent rendre authentique aucun acte, aucune expédition ni extrait des actes des autorités, puisqu'il est de principe que personne n'a de caractère public qu'autant que la loi le lui a conféré;

« 2° Que néanmoins, et depuis la loi du 28 pluviôse, il a été délivré un grand nombre d'extraits des registres de l'état civil, sous le certificat et la signature d'employés qui se qualifient de secrétaires, ou de secrétaires généraux de mairie; que plusieurs de ces actes ont été reçus en justice et ont servi de base et de pièces justificatives à des jugements ou à des procédures non terminées qui seraient dans le cas d'être recommencées si ces extraits n'étaient pas admis comme authentiques;

« 3° Que ces extraits ont été délivrés par ces employés, et reçus par les parties avec bonne foi de part et d'autre : de la part des employés, qui ont pu conclure de quelques actes du gouvernement qu'on leur reconnaissait un caractère public; de la part des parties, qui pouvaient d'autant moins reconnaître l'erreur commune que la très grande majorité de ces extraits ont été légalisés, soit par les présidents des tribunaux de première instance, depuis la loi du 20 ventôse an XI, soit, antérieurement, par les préfets des départements ou les autres fonctionnaires qui les remplaçaient en cas d'absence ou d'empêchement ;

« 4° Et qu'enfin, de tout temps et dans toute législation, l'erreur commune et la bonne foi ont suffi pour couvrir, dans les actes et même dans les jugements, des irrégularités que les parties n'avaient pu ni prévoir ni empêcher.

« Est d'avis :

« 1° Que tous les extraits des registres des actes de l'état civil, délivrés depuis la loi du 28 pluviôse an VIII, sous le certificat et la signature des employés dits *secrétaires* ou *secrétaires généraux* de mairie, jusqu'au jour de la publication du présent avis, doivent être considérés comme authentiques, si cette signature a été, avant cette époque, légalisée, soit par les maires ou préfets du département, avant la loi du 20 ventôse an XI, soit, depuis, par les présidents des tribunaux de première instance ou par les fonctionnaires publics qui remplissaient momentanément les fonctions des uns et des autres, sauf les inscriptions en faux, en cas de droit ;

« 2° Que le ministre de l'intérieur doit rappeler de nouveau, par une instruction, que les employés des mairies, qui se qualifient de *secrétaires* ou *secrétaires généraux*, n'ont point de caractère public ; qu'ils ne peuvent rendre authentique aucun acte, aucune expédition, ni aucun extrait des actes des autorités ; que, notamment, les extraits des actes de l'état civil ne pourront être délivrés que par le fonctionnaire public dépositaire des registres ;

« 3° Et qu'en général, et pour prévenir toute équivoque à l'avenir, le ministre doit rappeler aux maires que, dans les actes où l'administrateur est le seul responsable, sa signature seule est nécessaire, et qu'il ne doit pas y en être apposé d'autres. »

En exécution de cet avis, le ministre de l'Intérieur adressa, le 20 juillet 1807, la circulaire suivante aux préfets des départements :

« J'ai, monsieur, rendu compte au gouvernement de l'usage abusif dans lequel sont les employés de mairie, qualifiés de secrétaires, non seulement d'apposer leur signature aux différents actes faits par les maires, mais même d'en délivrer expédition en leur nom, et notamment des actes de l'état civil, sans la légalisation des maires ou des adjoints qui les remplacent, seuls fonctionnaires municipaux dont la signature soit publique.

« D'après un avis du Conseil d'État approuvé le 2 de ce mois par le chef du gouvernement, et qui est inséré au *Bulletin des lois*, je dois vous rappeler que les employés des mairies, se qualifiant de *secrétaires* ou de *secrétaires généraux*, n'ont point de caractère public; que, conséquemment, ils ne peuvent rendre authentique aucun acte, aucune expédition, ni aucun extrait des actes des autorités; que notamment les extraits des actes de l'état civil ne doivent être délivrés que par le fonctionnaire public chargé du dépôt des registres, et qu'enfin les maires étant seuls responsables des actes de leur administration, leur signature seule est nécessaire, et qu'il ne doit pas en être apposé d'autres.

« Je vous invite, monsieur, à recommander aux maires de se conformer scrupuleusement à ces principes. Vous leur ferez observer d'ailleurs qu'aucun acte de l'état civil délivré par des employés de mairie ne sera plus légalisé par les présidents des tribunaux. Les employés qui se permettraient d'apposer encore leur signature à des actes quelconques d'administration seraient donc répréhensibles et susceptibles d'être poursuivis, soit d'office, soit par les parties qui n'auraient pu faire usage de ces actes.

« Il reste encore, relativement à l'état civil, un vice à réformer. Dans beaucoup de villes, un adjoint au maire est chargé de l'état civil, et il fait les actes en son nom, quoique le maire soit présent. L'adjoint ne peut remplir cette fonction qu'en vertu d'une délégation *spéciale* du maire, parce que ce dernier est le *seul* administrateur et officier de l'état civil chargé du dépôt des registres. Par cette raison, l'acte est vicieux, ainsi que les expéditions ou extraits qu'on en délivre, s'il n'y est pas fait mention de la délégation faite par le maire (*voyez plus haut*, n° 27).

« Veuillez, monsieur, faire aux maires, pour l'exécution de ces différentes dispositions, toutes les injonctions nécessaires. Vous leur ferez observer en même temps que la prohibition faite aux secrétaires de mairie, concernant tous les actes des maires, doit avoir son effet malgré toutes les instructions, avis ou modèles donnés antérieurement sur cet objet. »

Le ministre de la justice écrivit dans le même sens aux magistrats, par circulaire du 27 août 1807.

121. Les expéditions doivent donc être délivrées dans les mairies par les fonctionnaires mêmes qui sont officiers de l'état civil; elles se font dans la forme suivante :

Extrait du registre des (*naissances, publications, mariages ou décès*) de la commune de...., pour l'année....
(Ici la copie entière de l'acte.)
Certifié le présent extrait conforme au registre, par nous (*nom, prénoms, qualité du maire, ou de l'adjoint agissant soit par remplacement soit par délégation [qu'il faut spécialement indiquer] du maire, ou, enfin, du conseiller municipal appelé à remplir les fonctions d'officier de l'état civil*), officier de l'état civil de ladite commune de....

A...., le....

                                  [*Signature.*]

122. La signature de l'officier de l'état civil n'est pas suffisante pour donner à l'extrait toute son au-

thenticité : il faut qu'il soit légalisé par le président du tribunal de première instance, ou par le juge qui le remplacent (Code civil, art. 45). (Chaque légalisation entraîne un droit de 25 centimes, dû au greffier du tribunal.) (Loi du 21 ventôse an VII, art. 14.)

123. Les inscriptions faites sur les registres de l'état civil sont entièrement gratuites : c'est un objet d'intérêt général supporté par la commune. Il n'en est pas de même des extraits demandés par les parties intéressées; ils sont soumis à des droits réglés et rigoureusement déterminés.

124. Ces extraits sont dispensés de la formalité de l'enregistrement; mais ils doivent être sur papier timbré. Les dépositaires des registres, quand on leur demande des extraits, fournissent le papier et s'en font rembourser avant de remettre l'expédition. Ce que les particuliers ont à payer pour la délivrance des extraits se réduit à : 1° le remboursement du timbre, 2° un droit d'expédition.

Le décret du 12 juillet 1807, spécialement relatif à cet objet, avait fixé le prix du papier timbré pour les extraits à 83 centimes par feuille. D'après la loi du 28 avril 1816, art. 63, toutes les expéditions ou copies délivrées par les dépositaires publics doivent être écrites sur du papier timbré à 1 fr. 25. Le papier de cette dimension se timbre depuis la loi du 25 août 1871 à 1 fr. 80. Quant au droit d'expédition, le décret le gradue suivant la population des communes. En combinant et réunissant les deux droits, voici comment s'établit la perception, aux termes du décret de 1807 :

1° Dans les communes au-dessous de 50 000 âmes.

	f. c.	
Pour chaque expédition d'un acte de publication de mariage..................................	0 60	2 40
Pour remboursement du timbre.....................	1 80	
Pour chaque expédition d'un acte de naissance ou de décès.....................................	0 30	2 10
Pour remboursement du timbre.....................	1 80	

Pour chaque expédition d'un acte de mariage
　ou d'adoption.............................. 0 60 | 2 40
Pour remboursement du timbre............... 1 80 |

2° Dans les communes de 50 000 âmes et au-dessus.

	f. c.	
Pour chaque expédition d'un acte de publication de mariage...........................	1	2 80
Pour remboursement du timbre,.............	1 80	
Pour chaque expédition d'un acte de naissance ou de décès..............................	0 50	2 30
Pour remboursement du timbre...............	1 80	
Pour chaque expédition d'un acte de mariage ou d'adoption..............................	1 »	2 80
Pour remboursement du timbre...............	1 80	

3° A Paris.

Pour chaque expédition d'un acte de publication de mariage...........................	1 50	3 30
Pour remboursement du timbre...............	1 80	
Pour chaque expédition d'un acte de naissance ou de décès..............................	0 75	2 55
Pour remboursement du timbre...............	1 80	
Pour chaque expédition d'un acte de mariage ou d'adoption..............................	1 50	3 30
Pour remboursement du timbre...............	1 80	

La première expédition des actes contenant mention de reconnaissance ou de légitimation est soumise à des droits d'enregistrement, savoir :

　　Mention de chaque reconnaissance...... 9 38
　　Mention de légitimation................. 3 75

Enfin les expéditions d'actes reconstitués à Paris donnent lieu en sus du prix à la perception d'un droit fixe de 1 fr. 20.

Le coût de la légalisation par le président du tribunal de 1re instance est de 0 fr. 25.

125. Comme il n'est rien dû pour la confection des actes et leur inscription sur les registres, il est

défendu aux maires, adjoints, secrétaires ou employés de mairies, de rien exiger pour cet objet; quant aux expéditions, il leur est expressément défendu d'exiger d'autres taxes et droits que ceux du tarif, à peine de concussion (décret du 12 juillet 1807, art. 4).

Il ne faut pas que les secrétaires ou employés des mairies se trompent sur l'étendue de cette prohibition et qu'ils s'imaginent, comme cela s'est vu, que, s'il leur est défendu de rien *exiger*, il ne leur est pas interdit de *recevoir* soit une somme plus forte que la taxe, soit une rétribution pour des actes gratuits. Cet oubli de leur devoir, fût-il même appuyé par l'usage, les expose à la rigueur de la loi; car la disposition générale de l'article 174 du Code pénal porte : « Tout fonctionnaire, tous officiers publics, leurs commis ou préposés, tous percepteurs de droits, taxes, contributions, deniers, revenus publics ou communaux, et leurs commis ou préposés qui se seront rendus coupables du crime de concussion, en ordonnant de percevoir, ou en exigeant, ou en *recevant* ce qu'ils savaient n'être pas dû pour droits, taxes, contributions, deniers ou revenus, ou pour salaires, ou pour traitements, seront punis, savoir : les fonctionnaires ou officiers publics, de la réclusion, et leurs commis ou préposés, d'un emprisonnement de deux ans au moins et de cinq ans au plus. Les coupables seront, de plus, condamnés à une amende dont le *maximum* sera le quart des restitutions et des dommages-intérêts, et le *minimum* le douzième. »

126. Il est évident, d'après le décret de 1807 et le Code pénal, que les secrétaires et employés de mairie ne peuvent percevoir, ainsi que cela se pratiquait dans plusieurs localités, aucun droit pour recherche dans les registres (circulaire du ministre de la justice du 10 mars 1812).

127. Afin de donner une garantie aux citoyens et de prévenir toute erreur ou tout abus dans la perception des droits dus pour les extraits, l'article 6 du décret du 12 juillet 1807 ordonne que ces dispositions

soient constamment affichées en placard, en gros caractères, dans chacun des bureaux et autres lieux où sont reçues les déclarations relatives à l'état civil, et dans tous les dépôts de registres. Il est bien entendu que ce placard devra porter les modifications faites au décret de 1807 par les lois ultérieures.

L'article 80 de la loi du 15 mai 1818 est ainsi conçu :

« Tous les actes, arrêtés, décisions des autorités administratives, non dénommés dans l'article 78, sont exempts du timbre sur la minute et de l'enregistrement, tant sur la minute que sur l'expédition. Toutefois, aucune expédition ne pourra être délivrée aux parties que sur papier timbré, si ce n'est à des individus indigents, et à la charge d'en faire mention dans l'expédition. »

On a demandé si l'exception faite par la dernière partie de cet article s'applique aux expéditions des actes de l'état civil. Une décision ministérielle, du 22 janvier 1830, s'est prononcée pour la négative; en voici les termes :

« Cet article, qui ne parle que des actes des autorités administratives, n'est pas plus applicable aux expéditions qu'aux registres de l'état civil. En effet, ce n'est pas, comme sous l'empire du décret du 20-25 septembre 1792, en qualité de délégué de l'autorité administrative qu'un maire dresse les actes de l'état civil et en délivre des expéditions. Depuis le Code civil, c'est en qualité d'officier de l'autorité judiciaire qu'il agit, ainsi que le fait connaître l'exposé des motifs de ce Code, puisque les registres sont cotés et parafés par le président ou par un des juges du tribunal (art. 41); qu'ils sont déposés au greffe du tribunal (art. 43); qu'ils sont soumis à la vérification du procureur du roi (art. 53); qu'ils ne peuvent être rectifiés qu'en vertu d'un jugement (art. 54 et 99); enfin, que les extraits qui en sont délivrés ne font foi, jusqu'à inscription de faux, que lorsqu'ils ont été légalisés par le président ou par un des juges du tribunal (art. 15). Aussi le Code civil appelle-t-il officier de l'état civil le rédacteur des actes de l'état civil. Or, dès que les actes de l'état civil appartiennent à l'autorité judiciaire et non à l'autorité administrative, la loi du 15 mai 1818 ne leur est pas applicable. »

Des facilités toutes spéciales, des exemptions de droits ont été accordées par la loi du 10-18 décembre 1850 aux indigents, pour les frais de mariage, la légitimation des enfants naturels et le retrait de ces enfants des hospices (voy. les §§ 5 et 7).

128. Le produit des droits perçus pour les extraits n'appartient pas aux employés; il fait partie des recettes ordinaires de la commune (loi du 18 juillet 1837, art. 31).

§ 4. — *Des actes de naissance.*

129. La loi règle avec soin tout ce qui regarde la déclaration préalable de la naissance, la rédaction de l'acte, et les formalités exigées dans certains cas particuliers, tels que la naissance des jumeaux, des enfants mort-nés, des enfants trouvés, des enfants nés sur mer ou aux armées, hors de France.

Déclaration de la naissance et présentation de l'enfant.

130. Lorsqu'un enfant est né, sa naissance doit être déclarée à l'officier de l'état civil dans les trois jours de l'accouchement (Code civil, article 55).

L'officier à qui la déclaration doit être faite est celui du lieu de l'accouchement, alors même que ce ne serait pas celui du domicile de la mère, par exemple, si une femme accouchait accidentellement hors de sa demeure. Ainsi, avant de rédiger l'acte, le secrétaire de la mairie doit, si on lui déclare une naissance arrivée dans un lieu non dépendant de la commune, avertir les parties qu'il ne peut en dresser l'acte et les renvoyer à l'officier compétent.

La naissance d'un enfant mort-né doit être déclarée par le médecin (Metz, 24 août 1854).

131. La déclaration doit être faite dans les trois jours de l'accouchement; ainsi, la naissance d'un enfant né le lundi doit être déclarée au plus tard le mercredi. Ce délai est de rigueur. Une déclaration faite plus tard ne pourrait pas être reçue; le secrétaire de la mairie devrait, dans ce cas, refuser d'inscrire l'acte sur les registres, avertir les parties intéressées que la naissance dont il s'agit ne pourrait trouver place dans les registres qu'en vertu d'un jugement provoqué par elles, et, en même temps, informer le procureur de la République, afin qu'il agisse en conséquence.

Le Conseil d'État a rendu, à ce sujet, le 12 brumaire an XI, l'avis suivant :

« Le Conseil d'État, qui, d'après le renvoi des consuls, a entendu le rapport de la section de législation sur ceux des ministres de la justice et de l'intérieur, relatif aux questions de savoir :

« 1° Si l'officier de l'état civil peut rédiger et inscrire, d'après les déclarations des parties, les actes de l'état civil non inscrits sur les registres dans les délais prescrits par la loi, ou s'il est nécessaire que cette inscription soit autorisée par jugement;

« 2° Si, dans ce cas, il ne conviendrait pas que les commissaires du gouvernement près les tribunaux intervinssent d'office pour requérir les jugements, afin d'en éviter les frais aux parties ;

« Est d'avis :

« Sur la première question, que les principes qui ont motivé l'avis du 13 nivôse an X, sur la rectification des actes de l'état civil, sont, à plus forte raison, applicables au cas de l'omission de ces actes sur les registres, puisque la rectification n'a pour objet que de substituer la vérité à une erreur dans un acte déjà existant, et que, lorsqu'on demande à réparer une omission d'acte, il s'agit évidemment de donner un état; que, s'il était permis à l'officier de l'état civil de recevoir, sans aucune formalité, des déclarations tardives, et de leur donner de l'authenticité, on pourrait introduire des étrangers dans les familles, et que cette faculté serait la source des plus grands désordres; que les actes omis ne peuvent être inscrits sur les registres qu'en vertu de jugements rendus en grande connaissance de cause de l'omission, contradictoirement avec les parties intéressées, ou elles appelées, et sur les conclusions du ministère public, et que ces jugements peuvent même être attaqués, en tout état, par les parties qui n'y auraient pas été appelées;

« Sur la seconde question, qu'il est plus convenable de laisser aux parties intéressées à faire réparer l'omission des actes de l'état civil, le soin de provoquer les jugements, sauf le droit qu'ont incontestablement les commissaires du gouvernement d'agir d'office en cette matière, dans les circonstances qui intéressent l'ordre public. »

132. Dans l'intervalle des trois jours, rien ne s'oppose à ce que les parents fassent baptiser l'enfant avant de le présenter à l'officier de l'état civil; celui-ci n'aurait aucune critique à élever à cet égard; c'est seulement pour les mariages et les décès que la loi veut que la formalité civile précède la cérémonie religieuse.

133. L'enfant nouveau-né doit être présenté à l'officier de l'état civil (art. 55 du Code civil) pour établir le fait de la naissance et faire constater le sexe de l'enfant. Cette présentation dans bien des circonstances a des inconvénients pour la santé de l'enfant. Aux termes d'une circulaire du ministre de l'Intérieur, en date du 9 avril 1870, les maires peuvent prendre des arrêtés pour faire opérer sans frais la constatation des naissances à domicile par un médecin délégué.

134. C'est, avant tout autre, le père de l'enfant qui doit déclarer la naissance; à défaut du père, c'est-à-dire s'il est mort, absent, malade, et ainsi empêché de se présenter devant l'officier de l'état

civil, l'obligation de déclarer la naissance est imposée aux docteurs en médecine ou en chirurgie, aux sages-femmes, officiers de santé ou autres personnes qui ont assisté à l'accouchement, et, si la mère est accouchée hors de son domicile, à la personne chez laquelle l'accouchement a eu lieu (Code civil, art. 56). Afin que l'on ne puisse pas cacher la naissance d'un enfant, les personnes ainsi chargées du devoir de la déclarer, et qui ne l'ont pas fait dans le délai fixé, sont passibles d'un emprisonnement de six jours à six mois et d'une amende de 16 à 300 francs.

135. Ces peines sont des sanctions suffisantes pour assurer l'exécution de la loi; il n'appartiendrait pas aux personnes investies de la tenue des actes de l'état civil d'entraver la constatation des naissances par le seul motif que les parties déclarantes ne sont pas celles que la loi désigne; ainsi, qu'un autre que le père se présente pour faire la déclaration, le secrétaire ou le maire ou adjoint ne pourra refuser cette déclaration sous prétexte qu'elle doit émaner du père. De même, il ne doit pas repousser la déclaration pour défaut de justification, de la part du déclarant, de la qualité de docteur, officier de santé ou sage-femme; c'est au procureur de la République, lors de la vérification des registres, à poursuivre ceux qui auraient pris une fausse qualité médicale ou ceux qui, obligés de faire la déclaration, en auraient abandonné le soin à d'autres sans nécessité constatée. A cet égard, la vigilance du magistrat peut être éclairée par l'officier de l'état civil. Toutefois, si un individu notoirement connu pour n'être pas médecin se présentait comme tel, l'officier de l'état civil ne devrait pas recevoir sa déclaration en cette qualité.

136. Le médecin qui a accouché une femme dans une maison tenue par lui doit déclarer la naissance à l'officier de l'état civil de la commune du lieu de l'accouchement, l'accouchée demeurât-elle ailleurs. (Angers, 24 mai 1853.)

137. Quand la loi admet comme déclarantes *toutes*

personnes qui auront assisté à l'accouchement, elle entend donner à ces expressions la plus grande étendue, parce que ce qu'elle a voulu avant tout, c'est la constatation du fait ; ainsi une femme, un mineur, un enfant, pourvu que son âge lui permette d'apprécier le fait, peuvent faire la déclaration ; il est possible que, dans des lieux isolés, une femme accouche n'ayant auprès d'elle que ses autres enfants ; un étranger, un voyageur assistant fortuitement à un accouchement, aurait aussi qualité pour le déclarer ; enfin la mère elle-même, si, comme on en a vu des exemples, elle accouche seule sans que personne ait assisté à sa délivrance, doit être reçue à faire sa déclaration.

138. Le père est considéré comme partie dans l'acte de naissance de son enfant ; en cette qualité, il pourra être représenté, pour la déclaration de naissance, par le porteur d'une procuration spéciale et authentique (*voyez* n° 85) ; les autres personnes qui ont assisté à l'accouchement n'ont pas le même droit ; quand elles doivent faire une déclaration de naissance, il faut qu'elles se présentent elles-mêmes et viennent attester personnellement le fait, qu'elles ne connaissent que pour l'avoir vu.

139. Le père que la loi oblige avant tout autre à faire la déclaration, c'est le père légitime. Si la femme qui est accouchée n'était pas mariée, le père, qu'il soit connu ou qu'il ne le soit pas, n'est point obligé d'en faire la déclaration, qui émane alors des autres personnes indiquées par la loi à défaut de père (Metz, 23 juin 1858). Si le père de l'enfant naturel se reconnaît lui-même cette qualité, sa déclaration doit être reçue, sauf les exceptions et d'après les règles énoncées ci-après, n° 170.

Rédaction des actes de naissance.

140. Aussitôt après avoir reçu la déclaration et avoir constaté l'existence, le sexe et l'âge de l'enfant,

l'officier de l'état civil, ou le secrétaire qui travaille sous ses ordres, rédige l'acte de naissance, l'inscrit sur le double registre, et le signe ou fait signer, le tout en présence des témoins, qui signent aussi (Code civil, art. 39 et 56).

141. L'acte de naissance doit être fait dans les formes prescrites pour les actes de l'état civil en général. Spécialement, il doit contenir les énonciations suivantes :

1° Les prénoms, nom, profession, domicile du déclarant; la qualité en laquelle il fait la déclaration, et, si ce n'est pas le père qui la fait, la cause qui empêche le père légitime de la faire lui-même.

2° La présentation de l'enfant, ou le transport de l'officier de l'état civil auprès de lui, en personne ou par un délégué, avec mention de la cause qui a empêché la présentation à la mairie.

3° Le jour, l'heure et le lieu de la naissance de l'enfant (Code civil, art. 57), en indiquant le lieu non seulement par le nom de la commune, mais encore par la désignation de la rue et de la maison où l'enfant est né.

4° Le sexe de l'enfant (art. 57).

5° Les prénoms qui lui sont donnés (art. 57). Ces prénoms sont ordinairement indiqués par les déclarants; s'ils ne l'étaient point par eux, le rédacteur de l'acte devrait en proposer ou en donner d'office, ce qu'on est obligé de faire dans certaines circonstances, notamment quand il s'agit d'un enfant trouvé.

Les prénoms ne peuvent être donnés, soit par les déclarants, soit par l'officier de l'état civil, que d'après les règles posées par la loi. D'abord, un nom de famille ne peut, dans aucun cas, être donné ou accepté comme prénom; ensuite il n'est permis de prendre les prénoms que parmi les noms en usage dans les calendriers et ceux des personnages connus dans l'histoire ancienne (loi du 11 germinal an XI, art. 1 et 2).

Un décret du 20 juillet 1808 a imposé aux Juifs qui

n'avaient pas de noms de famille et de prénoms fixes, l'obligation d'en adopter. Aux termes d'une circulaire du ministre de l'intérieur, du 28 septembre 1831, les officiers de l'état civil doivent admettre, pour prénoms des Juifs, les noms des personnages connus dans la Bible.

Comme les prénoms servent à distinguer entre eux les membres d'une même famille, il faut éviter de donner à un enfant des prénoms que porterait déjà quelqu'un de ses frères ou sœurs.

La loi ne fixe pas le nombre des prénoms qu'on peut donner à un enfant. Pour éviter la confusion dans les actes, on fera bien de conseiller aux parties intéressées de ne donner à l'enfant qu'un ou, au plus, deux prénoms.

142. 6° Les prénoms, noms, professions et domicile des père et mère, et ceux des témoins (art. 57). Remarquez que les père et mère ne peuvent donner à l'enfant que leur nom de famille; ainsi l'officier de l'état civil ne devrait point admettre un père à faire inscrire son enfant sous un nom patronymique qui ne lui appartiendrait pas. Un arrêt de la Cour de cassation, du 16 mars 1841, a prononcé en ce sens.

Il faut avoir soin de donner aux noms de la famille l'orthographe véritable. S'il y a de l'incertitude sur ce point, on consultera des actes antérieurs, surtout les actes de naissance ou celui du mariage du père et de la mère.

143. On vient de voir que le Code civil ordonne d'énoncer dans les actes de naissance les prénoms et noms des père et mère; cette disposition n'est pas aussi générale qu'elle le paraît : elle se trouve forcément modifiée par d'autres articles du même Code.

S'il s'agit de la naissance d'un enfant de deux personnes mariées, le père doit être désigné; il ne peut pas ne pas l'être, la loi lui attribuant, de plein droit, la paternité de l'enfant né pendant le mariage. L'acte de naissance doit nommer le père, c'est-à-dire le mari de la mère; aucune autre personne ne peut y être indiquée comme père, alors même que le mari aurait déclaré à l'officier de l'état civil que l'enfant n'était pas de lui, ou qu'un tiers aurait déclaré être le père de cet enfant, ou, enfin, que la mère elle-même aurait reconnu qu'il était d'un autre que son mari. En pareil cas, le mari ou ses héritiers ne peuvent empêcher la rédaction régulière de l'acte de naissance; ils ont seulement le droit de désavouer l'enfant, d'après les articles 312 et suivants du Code civil. Si l'action en désaveu est admise, le jugement ordonne en général que mention en soit faite en marge de l'acte de naissance; par ce moyen, on voit tout de suite que la qualité d'enfant légitime résultant de l'acte de naissance a été reconnue ne pas exister.

144. S'il s'agit d'un enfant né de personnes non mariées, comme la recherche de la paternité est interdite, le père ne doit être nommé qu'autant qu'il le veut, c'est-à-dire autant qu'il se reconnaît lui-même comme père, ou qu'il en fait la déclaration par une personne chargée de sa procuration spéciale et authentique, laquelle demeure annexée à l'acte de naissance. Si le père n'a pas voulu se faire connaître, on inscrit l'enfant comme né *d'un père inconnu*. Les rédacteurs des actes de l'état civil doivent d'autant plus s'abstenir de nommer comme pères des personnes qui n'y auraient pas expressément et spontanément consenti, qu'en le faisant ils s'exposeraient à une poursuite en dommages-intérêts de la part de ceux dont une telle énonciation blesserait la considération et la fortune.

Il y a des cas où le père d'un enfant naturel ne devrait pas être nommé, alors même qu'il se serait volontairement déclaré : c'est lorsque l'enfant est le fruit d'un inceste ou d'un adultère; on inscrit encore : *père inconnu*.

145. Quant à la mère, son nom doit toujours être mentionné quand il est connu, et l'officier de l'état civil aurait droit de l'insérer, malgré les com-

parants. Toutefois il est des cas où cette indication n'est pas possible; par exemple, une femme accouche hors de son domicile, soit dans un établissement où elle ne s'est pas fait connaître sous son vrai nom, soit chez un accoucheur ou une sage-femme à qui elle n'a révélé son nom que sous le secret, que le Code pénal, article 378, leur défend de violer. On est obligé alors d'inscrire *mère inconnue*. — Si un enfant est présenté comme né de *père et mère inconnus*, il y a nécessité pour l'officier de l'état civil de lui donner un nom et des prénoms; il s'entend, à cet égard, avec les déclarants.

146. Après avoir fait connaître les règles de la rédaction des actes de naissance, nous allons donner comme exemples, des formules de ces actes, dans les circonstances que nous avons exposées.

1º Acte de naissance d'un enfant légitime, dressé sur la déclaration du père.

L'an mil huit cent..., le.... du mois de..., à..., heure du... par-devant nous (*nom et qualité du maire, ou adjoint, ou conseiller municipal qui reçoit l'acte*), officier de l'état civil de la commune de..., canton de..., département de..., est comparu le sieur (*nom, prénoms, âge, profession, domicile du déclarant*), lequel nous a déclaré que le.... du mois de.... de l'an...., à.... heure du (*matin ou de relevée*), il lui est né à (*lieu de naissance, en indiquant la commune, la rue, la maison*), un enfant du sexe (*masculin ou féminin*), qu'il nous présente et auquel il a déclaré vouloir donner le.... (*ou les*) prénom de..., lequel enfant il a eu de.... (*prénoms et nom de la mère*), sa femme, lesdites déclaration et présentation faites en présence de.... (*prénoms, nom, âge, profession, domicile des témoins*); et ont lesdits père et témoins signé avec nous le présent acte de naissance, après qu'il leur en a été donné lecture (*si un des comparants ne peut ou ne sait signer, il sera fait mention de la cause qui l'a empêché*).

(*Suivent les signatures de l'officier public, du père et des témoins; ou la mention que l'un ou l'autre, du père ou des témoins, ne peut ou ne sait signer.*

*2° Acte de naissance d'un enfant légitime, dressé sur la déclaration
d'un fondé de procuration du père.*

L'an mil huit cent..., le.... du mois de..., à.... heure du...,
par-devant nous (*nom, prénoms du maire, adjoint ou conseiller
municipal*), officier de l'état civil de la commune de..., canton de..., département de..., est comparu (*nom, prénoms, âge,
profession et domicile du déclarant*), lequel, en vertu de la procuration spéciale et authentique du sieur (*nom, prénoms, profession, âge et domicile du père*), passée à...., par-devant....,
notaire à...., enregistrée à...., le...., de lui parafée, et annexée
au présent registre, nous a déclaré que le.... du mois de...,
an..., heure du..., un enfant du sexe (*masculin ou féminin*) est
né des conjoints (*nom, prénoms, profession, âge et domicile des
père et mère*), en la maison (*désigner la rue, le quartier, l'arrondissement dans lequel se trouve la maison*), lequel enfant il ou
elle nous présente, et auquel il *ou* elle a déclaré donner les
prénoms de..., lequel enfant est né de (*nom, prénoms, profession, demeure de la mère*), épouse du sieur (*nom, prénoms,
demeure profession du mari*) ; ladite déclaration faite en
présence de (*prénoms, nom, âge, profession, domicile du premier
témoin*), et de (*même formalité pour le second témoin*) ; et ont les
déclarants et témoins signé avec nous le présent acte de
naissance, après qu'il leur en a été fait lecture (*si un des comparants ne sait ou ne peut signer, en faire mention, ainsi que de
la cause qui l'a empêché de signer*).

(*Suivent les signatures.*)

*3° Acte de naissance d'un enfant légitime, dressé sur la déclaration
du père, mais l'enfant n'ayant pu être présenté à la mairie.*

L'an mil huit cent..., le.... du mois de..., à.... heure du
(*matin ou de relevée*), par-devant nous (*nom, prénoms, qualité du
maire, adjoint ou conseiller municipal*), officier de l'état civil de
la commune de..., canton de..., département de..., est comparu le sieur (*nom, prénoms, âge, profession et domicile du déclarant*), lequel nous a déclaré que le..., du mois de..., de
l'an..., à... heure de..., il lui est né dans (*indiquer en détail
le lieu de l'accouchement*), un enfant du sexe (*masculin ou féminin*), auquel il a déclaré vouloir donner le (*ou les*) prénom
de... ; ledit enfant né de lui et de (*nom, prénoms, profession,
domicile de la femme*), son épouse. Et attendu que ledit enfant
nous a été déclaré être dans un état tel qu'il ne pourrait,

sans danger pour sa vie, être transporté devant nous, ainsi qu'il résulte du certificat à nous délivré par (*indication des nom et qualité d'un docteur, d'un officier de santé ou d'une sage-femme*), nous nous sommes rendu dans la maison indiquée par le déclarant, où il nous a représenté le nouveau-né, que nous avons reconnu être vivant et du sexe (*masculin ou féminin*). Lesdites déclaration, transport et constatation ont été faits en présence de (*prénoms, nom, âge, profession et domicile des témoins*) ; de tout quoi il a été donné lecture auxdits déclarants et témoins, lesquels ont ensuite signé avec nous le présent acte de naissance.

[Suivent les signatures.]

4° *Acte de naissance d'un enfant légitime, dressé sur la déclaration de l'accoucheur, d'une sage-femme, d'une personne ayant assisté à l'accouchement, ou de la personne chez qui la femme est accouchée, la mère étant connue.*

L'an mil huit cent..., le.... du mois de..., à.... heure du..., par-devant nous (*nom et qualité du maire, ou adjoint au maire, ou conseiller municipal*), officier de l'état civil de la commune de...., canton de..., département de..., est comparu le sieur (*nom, prénoms, profession et domicile du déclarant*), lequel ou laquelle nous a déclaré que le.... du mois de..., an..., heure de..., est né un enfant du sexe (*masculin ou féminin*), en la maison sise (*désigner le numéro de la rue, la section, l'arrondissement dans lequel se trouve la maison*), qu'il ou elle nous présente, et auquel il ou elle a déclaré donner les prénoms de..., lequel enfant est né de (*nom, prénoms, demeure de la mère*), épouse ou veuve du sieur (*nom, prénoms, demeure, profession du mari, actuellement absent ou malade, ou décédé*) ; ladite déclaration faite en présence de (*prénoms, nom, âge, profession, domicile des premiers témoins*) ; et ont les déclarants et témoins signé avec nous le présent acte de naissance, après qu'il leur en a été fait lecture (*si un des comparants ne sait ou ne peut signer, il en sera fait mention, ainsi que de la cause qui l'a empêché de signer*).

[Suivent les signatures.]

5° *Acte de naissance d'un enfant naturel, dressé sur la déclaration du père lui-même, la mère étant connue et déclarée.*

L'an mil huit cent..., le.... du mois de..., à.... heure du..., par-devant nous (*nom et qualité du maire, adjoint ou conseiller municipal*), officier de l'état civil de la commune de...., canton de..., département de...., est comparu (*prénoms, nom, âge, profession et demeure du comparant*), lequel nous a déclaré que le (*indiquer le jour et l'heure*), il est né un enfant du sexe (*masculin ou féminin*), qu'il nous présente, et auquel il déclare vouloir donner le prénom de..., se reconnaissant pour être le père de cet enfant et l'avoir eu de (*prénoms, nom, âge, profession et demeure de la mère*); lequel enfant est né en cette commune, en la maison (*désigner le numéro, la rue, l'arrondissement de la commune*); lesdites déclaration et présentation faites en présence de (*prénoms, nom, âge, profession et domicile des témoins*); et ont les déclarants et témoins signé avec nous le présent acte de naissance, après que lecture leur en a été faite (*si le déclarant ou les témoins, ou l'un d'eux, n'a pas signé, en faire mention, ainsi que de la cause qui a empêché de signer*).

[*Suivent les signatures.*]

La déclaration peut aussi être faite au nom du père par un fondé de procuration spéciale et authentique. On suit alors la formule n° 2, excepté pour l'indication du mariage, qui n'existe point dans le cas actuel; et, au lieu de dire.... *se reconnaissant pour être le père*, on devra répéter *ledit sieur*.... (celui qui a donné la procuration) *se reconnaissant pour être le père*.

Dans une déclaration de reconnaissance ainsi faite par le père ou le représentant du père d'un enfant naturel, on ne peut jamais, si la mère n'est pas déclarée par le père ou son représentant, dire que la mère est inconnue, car il n'est pas possible qu'elle ne soit pas connue du père de son enfant. Dans ce cas, on se borne à ne faire aucune mention de la mère; l'officier de l'état civil excéderait ses pouvoirs s'il prétendait obliger le père à la lui nommer.

6° Acte de naissance d'un enfant naturel, sur la déclaration faite par toute autre personne que le père.

L'an...., le.... du mois de..., à.... heure du...., par-devant nous (*nom et qualité du fonctionnaire*), officier de l'état civil de la commune de..., canton de..., département de..., est comparu le nommé *ou* la nommée (*nom, prénoms, âge, profession et domicile de la personne déclarante*), lequel *ou* laquelle nous a déclaré que le.... du mois de..., de l'an...., à.... heure du..., la dame *ou* la demoiselle (*nom, prénoms, âge, profession et domicile de la mère*), est accouchée dans la maison (*le numéro, la rue, la section, l'arrondissement*), d'un enfant du sexe (*masculin ou féminin*), qu'il *ou* qu'elle nous présente, et auquel il *ou* elle donne les prénoms de... ; lesdites déclaration et présentation faites en présence de (*nom, prénoms, âge, profession et domicile des témoins*) ; et ont le déclarant et les témoins signé avec nous le présent acte, après qu'il leur en a été fait lecture (*Mentionner si le déclarant ou les témoins n'ont pas signé, et la cause qui les a empêchés*).

[*Suivent les signatures.*]

Si un enfant naturel ne pouvait, à raison du danger que lui ferait courir un déplacement, être présenté à la mairie, l'officier de l'état civil devrait se transporter au domicile indiqué en personne ou par délégué, et l'on suivrait, pour mentionner ce fait, la formule n° 8 indiquée pour les enfants légitimes.

Naissance d'enfants jumeaux.

147. Une même personne peut déclarer la naissance des jumeaux, en présence des mêmes témoins,

Il faut bien se garder de croire que, parce qu'ils sont venus au monde par suite du même accouchement, des jumeaux puissent être compris dans un seul et même acte de naissance : chacun d'eux doit être l'objet d'un acte à part. Mais, en même temps, il faut que chaque acte (rédigé du reste comme dans les cas ordinaires) mentionne que l'enfant auquel il s'applique est né avec un ou plusieurs jumeaux, et indique l'ordre dans lequel ils sont nés, et le moment précis de la naissance de chacun d'eux. C'est aussi en suivant l'ordre selon lequel les jumeaux sont déclarés être sortis du sein de leur mère, que les actes de naissance sont inscrits sur les registres. Ainsi on commence par inscrire l'acte de l'enfant né le premier, puis celui de l'enfant venu le second, etc.

Afin d'éviter toute confusion, il faut avoir soin de ne pas donner à des jumeaux les mêmes prénoms, et, si ces enfants ont sur le corps quelques marques particulières qui puissent aider à les faire reconnaître, il faut que l'acte en fasse mention; du moins c'est une précaution bonne à recommander aux rédacteurs des actes de l'état civil.

Enfant mort dont la naissance n'a pas été enregistrée.

148. Si un enfant est né mort, ou qu'il soit décédé après être né, mais avant d'avoir été inscrit sur les registres des naissances, il y a lieu de constater à la fois une naissance et un décès. Les formes à suivre dans ce cas sont tracées par le décret du 4 juillet 1806, ainsi conçu :

ART. 1er. Lorsque le cadavre d'un enfant dont la naissance n'a pas été enregistrée sera présenté à l'état civil, cet officier n'exprimera pas qu'un tel enfant est décédé, mais seulement qu'il lui a été présenté sans vie. Il recevra, de plus, la déclaration des témoins, touchant les noms, prénoms, qualité et demeure des père et mère de l'enfant, et la désignation des an, jour et heure auxquels l'enfant est sorti du sein de sa mère.

ART. 2. Cet acte sera inscrit à sa date sur les registres des décès, sans qu'il en résulte aucun préjugé sur la question de savoir si l'enfant a eu vie ou non.

Formule d'acte en cas de présentation d'un enfant mort.

L'an mil huit cent...., le.... du mois de...., à.... heure du...., par-devant nous *(nom et qualité du fonctionnaire)*, officier de l'état civil de la commune d...., canton d...., département de...., est comparu N.... *(nom, prénoms, âge, profession et domicile du déclarant)*, lequel nous a présenté un enfant sans vie du sexe (*masculin ou féminin*), qu'il nous a déclaré être né (*indiquer le jour et l'heure*) de (*nom, prénoms, profession et domicile des père et mère*), et auquel il a donné le prénom de... ; lesdites déclaration et présentation faites en présence de (*prénoms, nom, âge, profession, domicile des témoins*) ; et ont les déclarants et témoins signé avec nous le présent acte, après qu'il leur en a été fait lecture (*si un des comparants ne sait ou ne peut signer, il en sera fait mention*).

[*Suivent les signatures.*]

Si l'enfant présenté sans vie était un enfant naturel, le père ne pourrait être indiqué que de son consentement ; et l'on suivrait, à cet égard, les mêmes règles que pour les actes de naissance.

149. Les dispositions du décret de 1806 prouvent que les enfants nouveau-nés doivent toujours, qu'ils soient vivants ou morts, être présentés à l'officier de l'état civil. L'inobservation de cette règle est un abus très grave, quoique très fréquent. Un autre abus consiste dans le retard qu'on apporte à la rédaction des actes des naissance : il y a des maires ou employés qui reçoivent les déclarations de naissance, en prennent note, et remettent à un autre jour pour dresser l'acte. Si, dans l'intervalle, l'enfant vient à mourir, il faudra dresser un acte de décès quand l'acte de naissance n'est pas encore régularisé. Cet inconvénient, entre plusieurs autres, montre combien il importe de se conformer exactement à ce que la loi prescrit.

Des enfants trouvés.

150. Toute personne qui trouve un enfant nouveau-né est tenue de le remettre à l'officier de l'état civil, ainsi que les vêtements et autres effets trouvés avec l'enfant, et de déclarer toutes les circonstances du temps et du lieu où il a été trouvé (Code civil, art. 58). Le rédacteur des actes de l'état civil à qui l'on apporte un enfant trouvé doit rappeler à la personne

qui le présente l'obligation de remettre les vêtements et autres effets.

Dans la crainte qu'un individu égoïste ou insouciant ne fît pas ce que l'humanité ordonne, c'est-à-dire ne portât pas l'enfant et ses effets à l'officier de l'état civil, le Code pénal a sanctionné ce devoir par une peine de six jours à six mois d'emprisonnement et d'une amende de 16 à 300 francs. Il dispense de cette peine celui qui aurait consenti à se charger de l'enfant et qui aurait fait sa déclaration à cet égard devant la municipalité du lieu où l'enfant a été trouvé. L'exemption de la peine n'est accordée qu'à celui qui n'a pas *remis* l'enfant; mais la même excuse ne s'appliquerait pas à celui qui n'aurait pas présenté l'enfant pour faire constater toutes les circonstances propres à le faire reconnaître un jour et à garantir son identité.

151. D'un autre côté, la seule obligation imposée à une personne qui trouve un enfant nouveau-né, c'est de le porter à l'officier de l'état civil. Celui-ci n'a pas le droit d'exiger qu'elle aille le déposer dans un hospice ou ailleurs. Ce soin-là, ainsi que tout ce qui regarde désormais le sort de l'enfant, appartient à l'administration et non aux citoyens.

152. Le déclarant est forcément la personne qui a trouvé l'enfant. Sa déclaration, et le procès-verbal détaillé qui en est dressé, ainsi que de la remise de l'enfant, remplacent l'acte de naissance ordinaire, et s'inscrivent sur les registres de naissance, dans la forme habituelle et en présence de deux témoins choisis par l'officier de l'état civil.

153. Le procès-verbal énonce les nom, prénoms, âge, profession, domicile de la personne qui a remis l'enfant, et ses déclarations sur le jour, le lieu, l'heure et les autres circonstances de la découverte; il ne faut négliger aucun indice propre à faire reconnaître plus tard l'enfant; il est bon même de provoquer des détails, si le déclarant n'en donne pas assez. On mentionne au procès-verbal le sexe de l'enfant,

son âge apparent, les noms qu'il reçoit, et la personne à qui on le confie.

154. Les noms sont donnés à l'enfant, non par la personne qui l'a trouvé, mais par l'officier de l'état civil, ou par les administrateurs de l'hospice où il aurait été d'abord déposé, (circulaire du ministre de l'intérieur du 30 juin 1812). Parmi les noms donnés, le premier est destiné à devenir le nom patronymique de l'enfant, les autres ses prénoms. Ces derniers sont choisis comme ceux des autres enfants. Quant au nom patronymique, il faut, pour prévenir toute confusion et des réclamations fondées, éviter de le prendre dans ceux qui sont connus pour appartenir à des familles existantes : il convient de le choisir de préférence, soit dans l'histoire ancienne, soit dans les circonstances particulières à l'enfant, sa conformation, ses traits, son teint, le pays, le lieu, l'heure où il a été trouvé, en rejetant toutefois toute dénomination ridicule ou de nature à rappeler que celui à qui on le donne est un enfant trouvé (même circulaire). On peut aussi se borner à ne donner à l'enfant qu'un ou plusieurs prénoms ; mais cette méthode est moins sûre ; elle exposerait d'ailleurs l'enfant à se voir toujours rappeler qu'il n'a pas de famille, pas de nom dans la société.

155. Les objets trouvés avec l'enfant sont gardés en dépôt à la mairie ou à l'hospice qui a recueilli l'enfant, afin que, dans la suite, ils servent aux parents, pour la recherche et la reconnaissance de cet enfant.

156. Lorsque la personne qui a trouvé un enfant déclare vouloir s'en charger, l'acte dressé mentionne l'obligation prise par cette personne de se charger de l'enfant et de pourvoir à sa subsistance. Si la personne qui l'a trouvé ne veut pas le garder, l'officier de l'état civil le fait transporter dans l'hospice désigné pour recevoir les enfants trouvés de la commune, et en fait mention.

157. Lorsque, au lieu d'être recueilli et porté

directement à l'officier de l'état civil, un enfant a
été exposé dans un hospice, les employés de cet établissement inscrivent, sur un registre spécial, un
procès-verbal constatant le jour et l'heure de son
exposition, son sexe, son âge apparent, la description
des marques naturelles, des langes et autres objets
déposés avec lui et de nature à le faire connaître.
(décret du 19 janvier 1811, art. 4). Un double de ce
procès-verbal est transmis à l'officier de l'état civil,
qui le transcrit sur le registre des naissances, à la
date du jour où il le reçoit.

158. Si un enfant nouveau-né a été trouvé mort,
la déclaration de sa présentation doit être reçue
et mentionnée avec les circonstances de la découverte, et des détails qui peuvent concourir à constater son identité; mais l'acte n'est pas inscrit alors
sur le registre des naissances; il doit l'être sur le
registre des décès, en suivant les règles tracées
par le décret de 1806 pour les enfants présentés sans
vie (*voyez ci-dessus, le n° 148*).

159. Voici un modèle de procès-verbal relatif à
la constatation de naissance et présentation d'un enfant trouvé.

L'an mil huit cent..., le.... du mois de..., à.... heure du...,
par-devant nous (*nom et qualité du fonctionnaire public*), officier de l'état civil de la commune de..., canton de..., arrondissement de..., département de....

Est comparu N.... (*prénoms, nom, âge, demeure, profession*),
qui nous a déclaré que le..., heure..., étant seul ou en compagnie de (*désigner les noms, prénoms, demeure et profession de
ceux qui étaient présents*), il *ou* elle a trouvé dans la rue, ou
au lieu du (*désigner avec exactitude la rue, la place ou le lieu
où a été trouvé l'enfant*), un enfant tel qu'il *ou* elle nous le
présente, emmaillotté *ou* vêtu des (*détailler les vêtements*), et
du linge marqué des lettres..., *ou* des chiffres..., *ou* sans
marques ni chiffres. Après avoir visité l'enfant, avons reconnu qu'il était du sexe..., qu'il paraissait âgé de (*désigner
l'âge apparent, vérifier si l'enfant a quelques marques sur le corps,
ou s'il se trouve dans ses vêtements quelque écrit ou marque des-*

linés à le faire reconnaître ; dans ce cas, désigner ce qu'on y a trouvé, ou exprimer qu'on n'y a rien trouvé); de suite avons inscrit l'enfant sous les nom et prénoms de..., et avons ordonné qu'il fût remis à *(nom de la personne).*

De quoi avons dressé procès-verbal en présence de... et de *(nom, prénoms, âge, profession, domicile des témoins)* ; et ont les déclarant et témoins signé avec nous, après que la lecture leur a été faite du présent procès-verbal.

[Suivent les signatures.]

Des enfants nés en mer.

160. S'il naît un enfant pendant un voyage sur mer, l'acte de naissance est dressé dans les vingt-quatre heures sur le bâtiment même. Cet acte est rédigé sur les bâtiments de l'Etat par l'officier d'administration de la marine, et, sur les autres, par le capitaine, patron ou maître. Au premier port où le bâtiment aborde pour une autre cause que son désarmement, il est déposé deux expéditions de l'acte, savoir : si c'est dans un port français, au bureau du préposé à l'inscription maritime; si c'est dans un port étranger, au consul. Une de ces expéditions est envoyée au ministre de la marine, qui fait parvenir une copie, certifiée par lui, de chacun desdits actes, à l'officier de l'état civil du domicile du père de l'enfant, ou de la mère, si le père est inconnu. Cette copie est transcrite de suite sur les registres des naissances, à la date de sa réception (Code civil, art. 59 et 60). La copie et la lettre d'envoi qui l'accompagnait doivent rester annexées au registre.

161. La loi n'a pas borné là ses précautions pour assurer la constatation de la naissance des enfants nés en mer. Lorsque le bâtiment est arrivé au port de désarmement, lieu de sa destination définitive, le préposé de l'inscription maritime envoie, non plus une simple copie, mais une expédition de l'acte de naissance, de lui signée, à l'officier de l'état civil du domicile du père de l'enfant, ou de la mère, si le père est inconnu. Cette expédition doit être inscrite

de suite sur les registres (Code civil, art. 61) et demeurer annexée avec la lettre d'envoi aux registres de naissances.

On voit par là que, lorsque le bâtiment relâche à un port qui n'est pas celui du désarmement, l'officier a à inscrire successivement deux actes relatifs à la même naissance, d'abord la copie, puis l'expédition. Il doit les inscrire toutes deux ; il ne lui est pas permis de s'en abstenir, sous prétexte que l'une rend l'autre inutile. Si les deux pièces lui parvenaient le même jour, elles seraient inscrites à la suite l'une de l'autre sous la date du même jour.

162. Le rôle de l'officier ou rédacteur des actes de l'état civil, quand il s'agit de naissances en mer, se borne à porter sur les registres des naissances les deux pièces, ou la pièce que la loi exige. Il doit avoir soin, s'il en inscrit deux, de mentionner, en marge de chacune, le numéro d'ordre de l'autre ; c'est un moyen d'éviter la confusion.

Des enfants nés aux armées.

163. Lorsque des femmes qui suivent des armées, ou que des femmes domiciliées à l'étranger, donnent le jour à des enfants de militaires, et accouchent dans un moment où ces armées se trouvent hors du territoire français, ce sont des fonctionnaires militaires qui dressent l'acte de naissance. Mais ils sont tenus d'en envoyer une expédition à l'officier de l'état civil du domicile du père, ou de la mère, si le père est inconnu. L'officier de l'état civil qui reçoit cette expédition doit la transcrire immédiatement sur les registres des naissances, à la date du jour où il la reçoit, alors même que la naissance aurait eu lieu dans une année antérieure, dont les registres, par conséquent, seraient clos (Code civil, art. 93).

164. Les enfants des militaires en garnison ou en cantonnement sur le territoire français doivent être déclarés et inscrits comme ceux des autres ci-

toyens. Toutefois, les formes autorisées pour les actes des armées hors du territoire pourraient être aussi employées si un corps ou un détachement se trouvait, à l'intérieur, assiégé ou bloqué, investi par une rébellion, ou empêché de toute autre manière de communiquer avec les autorités civiles ordinaires.

Des enfants nés dans les lazarets et autres lieux avec lesquels les communications sont interdites pour cause de salubrité publique.

165. Les naissances qui surviennent dans l'enceinte et les parloirs des lazarets, ou autres lieux avec lesquels les lois et règlements sanitaires interdisent la communication, sont constatées par le président semainier de l'intendance ou de la commission sanitaire, assisté du secrétaire, en présence de deux témoins. Dans les vingt-quatre heures, une expédition de l'acte est adressée à l'officier de l'état civil de la commune où est situé l'établissement sanitaire, et doit être par lui transcrite sur les registres à la date du jour où il la reçoit (loi du 3 mars 1822, art. 19 ; ordonnance du 7 août 1822, art. 77).

Des enfants nés à l'étranger.

166. Les actes de naissance des enfants nés en pays étranger, autrement qu'aux armées, sont valables, s'ils ont été reçus par les autorités étrangères avec les formes usitées dans le pays, ou par un agent diplomatique ou consul français, dans les formes voulues par la loi française (Code civil, art. 47, 48).

Dans ces deux cas, les actes étant réguliers et complets, leur transcription n'est pas nécessaire en France pour assurer leur validité; mais elle n'est pas non plus interdite, et elle peut être d'une grande utilité; car les actes passés à l'étranger ne sont pas connus en France de ceux qu'ils intéressent. Il est important à un Français, né à l'extérieur, que sa

naissance soit constatée en France; le moyen pour
cela, c'est la transcription sur les registres de la municipalité du domicile du père ou de la mère. L'officier de l'état civil ne devrait pas refuser cette transcription.

167. Si l'acte, reçu à l'étranger, n'était pas rédigé en langue française, l'officier de l'état civil en
exigerait une traduction faite par un traducteur juré,
et la transcrirait sur les registres, en faisant parafer
et parafant lui-même l'acte et sa traduction, et en
annexant l'un et l'autre aux registres.

*168. — Formule de transcription des actes de naissance envoyés
à l'officier de l'état civil du domicile des père et mère.*

L'an..., le.... du mois de..., à.... heure du..., nous (*nom
et qualité*), officier de l'état civil de la commune de..., canton
de..., département de..., avons reçu de (*M. le Ministre de la
marine et des colonies, par exemple, s'il s'agit de naissance en
mer*) une expédition de l'acte de naissance de (*prénoms ci
nom de l'enfant*), fils (*ou fille*) de (*prénoms, nom, profession et
domicile des père et mère, s'ils sont indiqués*). En conséquence,
en conformité de l'article 60 du Code civil, nous avons transcrit de suite, sur les deux registres, le contenu en ladite
expédition, qui demeurera annexée au registre qui doit être
déposé au greffe du tribunal; de quoi nous avons dressé le
présent acte, que nous avons signé sur les deux registres
lesdits jour, mois et an.

                                           [*Signature.*]

Ici on place immédiatement la transcription littérale de l'acte; puis on termine par ces mots :

Certifié conforme par nous, officier de l'état civil soussigné.

                                           [*Signature.*]

La même formule de transcription peut servir
pour toutes les circonstances où, comme il a été dit
ci-dessus, l'officier de l'état civil d'une commune
doit transcrire les actes de naissance dont expédition
ou copie lui est adressée.

§ 5. — *Des actes de reconnaissance d'enfants.*

169. Des parents peuvent se présenter à la mairie pour reconnaître soit un enfant qu'ils ont exposé ou abandonné, et qui a été recueilli comme enfant trouvé, soit un enfant naturel qui n'a pas été reconnu lors de sa naissance. Ces reconnaissances s'inscrivent, à leur date, sur les registres des naissances.

170. Les reconnaissances les plus fréquentes sont celles d'enfants naturels, c'est-à-dire nés hors mariage. Ces enfants ne peuvent pas tous être reconnus : la loi défend de reconnaître ceux qui sont nés de deux personnes entre lesquelles il existe un empêchement de mariage résultant de la parenté, et ceux dont le père et la mère, ou l'un d'eux, sont engagés dans les liens d'un mariage, auquel la naissance de ces enfants est étrangère ; les premiers sont incestueux, les seconds adultérins. Si une personne se présentait devant l'officier de l'état civil, en se déclarant le père ou la mère d'un enfant avoué adultérin ou incestueux, elle ne devrait pas être admise à le reconnaître.

171. Mais le rédacteur des actes de l'état civil ne peut pas se constituer juge de la question de savoir si l'enfant est bien réellement incestueux ou adultérin ; il n'a droit de refuser la reconnaissance que si le fait de l'adultère ou de l'inceste résulte de la déclaration elle-même de la qualité du déclarant ; ainsi un homme ne peut être admis à déclarer qu'un enfant est de lui quand la mère avouée est mariée à un autre homme ; dans ce cas, l'enfant ne peut être inscrit que comme né du mari, alors même que le rédacteur de l'acte saurait ou qu'un autre déclarerait le contraire.

172. Quand il s'agit de déclarations qui ne présentent aucune notoriété d'inceste ni d'adultère, mais qui n'ont pour objet que des enfants nés de personnes libres et non parentes, l'officier de l'état civil

doit accepter les déclarations telles qu'elles lui sont faites ; il ne lui appartient pas de s'occuper de leur vérité : il les inscrit, quel qu'on soit au fond le mérite, sur les registres ; l'erreur, s'il y en avait, ne serait pas nuisible ; l'article 339 du Code civil dit expressément : « Toute reconnaissance de la part du père ou de la mère, de même que toute réclamation de la part de l'enfant, pour a être contestée par tous ceux qui y auront intérêt » (Paris, 23 juillet 1853). Voici un exemple d'une circonstance où l'officier de l'état civil doit recevoir sans objection la déclaration telle qu'elle lui est faite. Consulté par un maire, le procureur de la République près le tribunal de la Seine a répondu, le 17 septembre 1849, par une lettre d'où il résulte que l'officier de l'état civil ne peut refuser de recevoir la déclaration de reconnaissance d'un enfant, sous prétexte que la paternité ne serait pas possible eu égard à l'âge de l'exposant ; qu'ainsi il ne peut refuser de recevoir la déclaration faite, en se mariant, par un jeune homme de dix-neuf ans, qu'il reconnaît un enfant de quatre ans et demi.

173. La loi ne fixe point de délai pendant lequel la reconnaissance devra se faire ; ainsi on doit l'admettre pendant toute la vie de l'enfant. L'opinion la plus générale est qu'on peut reconnaître même un enfant mort ; dans ce dernier cas, on doit avoir soin de mentionner la reconnaissance, non seulement en marge de l'acte de naissance, mais encore en marge de l'acte de décès de l'enfant que cette reconnaissance concerne.

174. On s'accorde à dire qu'un enfant seulement conçu, et non encore né, peut être reconnu ; mais les avis sont partagés sur la manière de faire une telle reconnaissance. Les uns pensent que l'officier de l'état civil peut la recevoir, en modifiant la rédaction d'après les énonciations nécessaires dans cette circonstance. Les autres estiment que la reconnaissance d'un enfant naturel, non encore né, ne peut être portée sur les registres de l'état civil, qu'elle doit se

faire devant un notaire ou autre fonctionnaire ayant qualité pour la recevoir, et qu'ensuite, lorsque la naissance aura lieu, une expédition de l'acte de reconnaissance antérieure sera présentée à l'officier de l'état civil, qui la transcrira sur les registres et en fera mention en marge de l'acte de naissance. Cette dernière manière de procéder nous paraît plus régulière ; l'esprit de la loi, quand elle autorise l'officier de l'état civil à recevoir une déclaration de reconnaissance d'enfant naturel, c'est que cet acte s'applique à un enfant dont la naissance a déjà été constatée ou a pu l'être ; les actes étant inscrits à leur date, il serait étrange que le même registre contint d'abord un acte au profit d'un enfant, et plus tard l'acte de naissance de cet enfant.

175. Si l'on se présente à l'état civil pour reconnaître un enfant déjà reconnu par une autre personne, l'officier doit refuser cette nouvelle reconnaissance, dont l'admission entraînerait la supposition qu'un individu peut avoir deux pères ou deux mères. La valeur de ces deux reconnaissances successives est soumise aux tribunaux : si la première était annulée, les tribunaux ordonneraient de recevoir la seconde ; l'officier de l'état civil, après avoir reçu des parties intéressées une expédition de la décision judiciaire, devrait faire mention du jugement en marge de la première reconnaissance, indiquer aussi le numéro d'ordre et la date de la seconde reconnaissance, et répéter les mêmes mentions en marge de l'acte de naissance. Le jugement resterait annexé aux registres des naissances.

176. La reconnaissance d'un enfant naturel peut se faire de plusieurs manières :

1º Dans l'acte même de naissance de l'enfant reconnu, pourvu que l'on y fasse mention de l'aveu formel de paternité, fait par le père ou son représentant spécial ; la reconnaissance ne peut résulter d'un acte de naissance dressé hors la présence de la mère (arr. de Lyon, 20 avril 1853) ; la mère a qualité pour contester la déclaration de paternité faite par le père sans son concours (arr. d'Aix, 22 décembre 1852).

2º Par un acte authentique, telle qu'une déclaration notariée ou un testament.

3º Par l'acte de mariage des père et mère, ce qui s'appelle *légitimation*; cette faculté de légitimer n'est accordée qu'aux enfants naturels dont la reconnaissance est permise; ainsi l'officier de l'état civil ne devrait pas recevoir, dans un acte de mariage, la reconnaissance d'un enfant adultérin. On peut légitimer des enfants décédés, s'ils ont laissé des descendants, et un enfant seulement conçu, mais non encore né.

Quand l'enfant a été déjà reconnu par son acte de naissance, ou par un acte postérieur, la légitimation s'opère de plein droit, sans qu'il soit besoin de rappeler l'acte de reconnaissance dans l'acte de mariage. Si la reconnaissance est faite pour la première fois dans l'acte du mariage du père et de la mère, il faut insérer dans ce dernier acte, outre les formalités générales auxquelles il est soumis : la déclaration que les deux futurs reconnaissent l'enfant pour être né d'eux; le sexe de cet enfant; le jour, l'heure et le lieu de sa naissance, la date de l'acte de naissance, s'il en existe un ; les noms et prénoms sous lesquels l'enfant a été inscrit, ceux des père et mère déclarés dans l'acte de naissance ; l'indication des marques particulières qu'il avait, et des autres circonstances propres à constater l'identité, s'il s'agit d'un enfant trouvé ou exposé dans un hospice (*voyez* au paragraphe des actes de mariage).

177. 4º Par une déclaration postérieure à l'acte de naissance, devant l'officier de l'état civil. Le Code ne prescrit point de formes particulières pour l'acte de reconnaissance dressé par l'officier de l'état civil; il faut donc seulement que cet acte contienne les formes communes à tous les actes de l'état civil. Il se fait en présence de deux témoins; il mentionne spécialement : les nom, prénoms, âge, profession et

domicile de la personne qui fait la reconnaissance, sa déclaration expresse qu'elle se reconnaît père ou mère de l'enfant, le sexe de l'enfant, le jour, l'heure, le lieu où il est né, la date de son acte de naissance, s'il existe, ou celle de l'acte constatant son exposition, ou enfin l'énonciation que sa naissance n'a pas été constatée; les nom et prénoms sous lesquels il a été inscrit, ou ceux qu'on veut lui donner; l'indication des marques ou circonstances qui peuvent servir à le faire reconnaître, s'il s'agit d'un enfant trouvé ou exposé dans un hospice; les nom, prénoms, âge, profession, domicile de la personne avec qui le déclarant a eu cet enfant, s'il veut la faire connaître.

Cet acte s'inscrit sur les registres des naissances, à la date du jour où il est fait, et il en est fait mention en date de l'acte de naissance, s'il a été dressé (Code civil, art. 62).

178. La reconnaissance d'un enfant naturel peut être faite par un officier autre que celui qui a reçu l'acte de naissance. Dans ce cas, une expédition authentique de l'acte de reconnaissance est présentée à l'officier dépositaire de l'acte de naissance et transcrite à la date du jour où elle est remise sur les registres, avec mention en marge de l'acte de naissance.

Il y a lieu à une semblable transcription chaque fois que la reconnaissance a été faite ailleurs que sur les registres, par une déclaration notariée, par testament, par jugement, par un acte authentique quelconque. Le procès-verbal de transcription mentionne : l'année, le jour et l'heure de la réquisition adressée à l'officier de l'état civil; les prénoms, nom, âge, profession, domicile de la personne qui demande l'inscription de l'acte; la remise de l'expédition ou copie de l'acte à transcrire, sa date, sa nature, le fonctionnaire qui l'a reçu; la transcription immédiate en présence de requérant et des témoins; puis vient la copie textuelle de l'acte, enfin la mention de la lecture, les signatures et les mentions relatives aux signatures.

Dans tous les cas où il y a lieu à une transcription, l'acte transcrit reste annexé aux registres.

179. Les reconnaissances d'enfants naturels, faites pour la première fois dans un acte de mariage, sont soumises à un droit d'enregistrement de 9 fr. 38.

L'enregistrement n'a pas lieu au moment où l'acte se passe; il ne se fait que sur l'expédition. (Loi du 22 frimaire an VII; art. 7, décision du ministre des finances, 5 août 1816.) Quand l'expédition est demandée, pour la première fois, au secrétaire de la mairie, il doit exiger la remise de la somme nécessaire pour l'enregistrement, et présenter cette expédition au bureau de l'enregistrement du canton. Après quoi il énonce, en marge de l'acte, qu'il en a été délivré expédition enregistrée, et il copie, toujours en marge, la mention de l'enregistrement, telle qu'elle se trouve détaillée sur l'expédition. Sans cette précaution du rédacteur de l'acte, on serait obligé de payer le droit d'enregistrement en demandant une autre expédition. A défaut de l'accomplissement de ces formalités, les secrétaires de mairie sont passibles d'une amende égale au montant du droit d'enregistrement et du payement de ce droit, sauf leur recours, non pour l'amende, mais pour le droit seulement, contre la personne à qui l'expédition a été délivrée (loi du 22 frimaire an VII, art. 29, 30, 36).

S'il est délivré une nouvelle expédition d'un acte de reconnaissance qui a été déjà enregistré et expédié, la nouvelle expédition doit faire mention de la première et de l'enregistrement.

Les indigents sont dispensés de payer l'enregistrement (loi du 15 mai 1818, art. 77). Lorsqu'une expédition leur est délivrée, l'officier de l'état civil doit attester leur indigence par une énonciation spéciale placée à la suite de l'expédition. La loi du 18 décembre 1850 accorde des facilités particulières et des exemptions ou des diminutions de frais pour légitimation d'enfants naturels des indigents. Les dispositions étant les mêmes pour les mariages, c'est au

§ 7 que nous ferons connaître les dispositions de cette loi.

180. — Formules relatives aux reconnaissances d'enfants naturels.

*1° Reconnaissance d'enfant naturel, faite par le père
dans l'acte de naissance.*

L'an mil huit cent..., le.... du mois de..., à.... heure du..., par-devant nous (*nom et qualité du fonctionnaire*), officier de l'état civil de la commune de..., canton de..., département de..., a comparu (*nom, prénoms, âge, profession, domicile du comparant*) , lequel nous a présenté un enfant du sexe (*masculin ou féminin*), dont il nous a déclaré se reconnaître le père, et qu'il nous a dit être né de (*prénoms, nom, âge, profession, domicile de la demoiselle ou veuve*), le.... du mois de..., à.... heure du.... Il lui a donné les prénoms de...; lesdites présentation, déclaration et reconnaissance ont été faites en présence de (*prénoms, nom, âge, profession, domicile des témoins*); et nous avons dressé le présent acte, dont nous avons donné lecture au déclarant et aux témoins et que nous avons signé avec eux (*mentionner si le comparant ou les témoins, ou l'un d'eux n'a pas signé, et quelle cause l'en a empêché*).

[*Suivent les signatures.*]

Si le père ne fait pas connaître la mère, l'acte n'en fera aucune mention.

*2° Reconnaissance d'un enfant naturel faite par le père seul,
ou la mère seule, après l'acte de naissance.*

L'an..., le.... du mois..., à.... heure du..., par-devant nous (*nom, prénoms, qualité du fonctionnaire*), officier de l'état civil de la commune de..., canton de..., département de..., est comparu (*nom, prénoms, âge, profession et domicile du déclarant*), lequel (*ou laquelle*) nous a déclaré qu'il (*ou qu'elle*) se reconnaît père (*ou mère*) de l'enfant du sexe (*masculin ou féminin*) qui nous a été présenté le..., et que nous avons inscrit sur les registres de l'état civil sous les noms de..., lequel enfant il a eu de la nommée (*indiquer les nom, prénoms, âge, profession et domicile de la mère, si le déclarant la fait connaître ; sinon,*

6

ne faire aucune mention de la mère de cet enfant). Ladite déclaration faite ou présence de *(noms, prénoms, âge, profession et domicile des témoins),* et ont les déclarants et témoins signé avec nous le présent acte, après qu'il leur en a été fait lecture *(mention si l'une des personnes figurant à l'acte n'a pas signé, parce qu'elle ne peut ou ne sait signer.)*

[*Suivent les signatures.*]

Si le père a donné procuration pour reconnaître en son nom un enfant naturel, la qualité du mandataire et l'annexe de la procuration sont comme pour les actes de naissance *(voyez n° 146, formule 2).*

3° *Reconnaissance d'un enfant naturel, faite par le père et la mère conjointement, après l'acte de naissance.*

L'an..., le.... du mois de..., à.... heure du..., par-devant nous *(nom, prénoms, qualité du fonctionnaire),* sont comparus *(nom, prénoms, âge, profession et domicile du père),* et la dame *(mêmes énonciations pour la mère),* lesquels nous ont déclaré qu'ils se reconnaissent père et mère de l'enfant du sexe..., qui nous a été présenté le..., et que nous avons inscrit sur les registres de l'état civil sous les noms de..., lequel enfant est né d'eux le.... du mois de..., l'an..., à.... heure du.... Ladite déclaration faite en présence de *(noms, prénoms, âge, profession et domicile des témoins)*; et ont les père, mère et témoins signé avec nous le présent acte, après qu'il leur en a été donné lecture *(mention du défaut de signature s'il y a lieu, et de la cause de l'empêchement).*

[*Suivent les signatures.*]

Même observation que pour la formule précédente si la reconnaissance est faite par un fondé de pouvoirs.

4° *Reconnaissance d'un enfant naturel dont la naissance n'a pas été constatée.*

L'an..., le..... du mois de..., à..... heure du..., devant nous *(noms et qualité du fonctionnaire),* officier de l'état civil de la commune de..., canton de.... département de..., a comparu *(nom, prénoms, âge, profession, domicile du comparant),* lequel nous a dit que le.... du mois de.... de l'an..., la demoiselle (*ou veuve*) (*nom, prénoms, âge, profession, domicile*), est accouchée d'un enfant du sexe (*masculin ou féminin*), dont la naissance n'a pas été inscrite, et qui a été placé chez... ; ledit comparant a déclaré expressément qu'il se reconnaît le père de cet enfant, auquel il a dit vouloir donner (*ou confirme, s'il les a déjà*) les prénoms de.... Lesdites déclaration et reconnaissance ont été faites en présence de (*prénoms, nom, âge, profession, domicile des témoins*). De tout quoi nous avons dressé le présent acte, dont nous avons donné lecture au déclarant et aux témoins ; après quoi lesdits déclarants et témoins ont signé avec nous (*mention du défaut de signature s'il y a lieu, et de la cause d'empêchement désignée*).

[Suivent les signatures.]

Cette reconnaissance peut être faite sans que la mère soit désignée ; alors on mentionnera seulement que le père comparant a déclaré que, à telle époque, il est né tel enfant qu'il reconnaît comme le sien. — D'un autre côté, la reconnaissance peut aussi être faite par le père et la mère simultanément ; alors on dit que : ont comparu telles personnes, qu'elles ont déclaré qu'il est né, à telle époque, tel enfant, et qu'ils se reconnaissent pour les père et mère. Enfin la même reconnaissance peut émaner de la mère seule, et alors il ne doit être fait dans l'acte aucune mention du père.

5° Reconnaissance d'un enfant déposé dans un hospice.

L'an..., le.... du mois de..., à.... heure du..., par devant nous (*noms et qualité du fonctionnaire*), officier de l'état civil de la commune de..., canton de..., département de..., a comparu le sieur (*prénoms, nom, âge, profession, domicile du comparant*), lequel nous a dit que le.... du mois de.... de l'année..., à.... heure du..., il est né (*ici mentionner les nom, prénoms, âge, domicile, profession de la mère, si elle est déclarée, sinon n'en pas parler*) un enfant du sexe (*masculin ou féminin*), qui a été transporté et déposé à (*indiquer l'endroit où l'enfant a été abandonné et recueilli pour être porté à l'officier de l'état civil, ou l'hospice où il a été directement déposé*), à.... heure du... ; qu'il était vêtu de (*donner le détail, s'il est déclaré, des *langes, de leur marque, des objets, bijoux, signes de reconnais-sance*); que le procès-verbal de présentation dudit enfant a été inscrit sur les registres de la présente commune, à la date du..., et que l'enfant y a été désigné sous les prénoms de.... Le comparant a déclaré se reconnaître le père de cet enfant et a demandé acte de sa reconnaissance. Lesquelles déclaration et reconnaissance ont été faites en présence de (*prénoms, nom, âge, profession, domicile des témoins*). De tout quoi nous avons dressé le présent acte, que le comparant et les témoins ont signé avec nous, après que lecture leur en a été donnée (*mentionner, s'il y a lieu, le défaut de signature et ce qui en a été cause*).

[*Suivent les signatures.*]

La loi du 18 décembre 1850 donne des facilités aux indigents qui retirent leurs enfants déposés dans les hospices (*voyez au § 7*).

Une déclaration de cette nature peut être faite non seulement par le père, mais aussi par le père et la mère conjointement, ou par la mère seule, qui ne doit nommer le père que de son consentement exprès.

Des parents qui ont abandonné ou fait déposer un enfant peuvent se trouver éloignés de l'endroit où ils l'ont laissé, lorsqu'il leur devient possible de le reconnaître. En pareil cas, s'ils ne peuvent se transporter eux-mêmes dans la commune où l'enfant a été exposé, ce qu'ils peuvent faire de mieux, c'est de donner une procuration pour que la reconnaissance se fasse sur le lieu même. Il ne leur serait pas interdit de faire la reconnaissance devant l'officier de l'état civil du lieu qu'ils habitent actuellement. Cet acte serait envoyé à l'officier de l'état civil du lieu où a été dressé le procès-verbal de présentation de l'enfant; cet officier le transcrirait sur les registres de naissance de sa commune et en ferait mention en marge du procès-verbal.

6° *Reconnaissance d'un enfant naturel mort.*

L'an..., le.... du mois de..., à.... heure du..., par-devant nous (*noms et qualité du fonctionnaire*), officier de l'état civil de la commune de..., canton de..., département de..., a comparu le sieur (*prénoms, nom, âge, profession, domicile du comparant*), lequel nous a déclaré se reconnaître le père d'un enfant du sexe (*masculin ou féminin*), né le.... du mois de..., à.... heure du.... (*ici donner les prénoms, nom, âge, profession, domicile de la mère, mais seulement si le père en fait la déclaration*), ledit enfant inscrit sur les registres de l'état civil de ladite commune, à la date du..., sous les prénoms de..., et comme né d'un père inconnu. Le déclarant a ajouté que cet enfant est décédé à..., le.... du mois de.... de l'an..., ainsi qu'il résulte de son acte de décès inscrit sur les regis-tres de l'état civil de la mairie de..., à la date du.... Les-dites déclaration et reconnaissance ont été faites en pré-sence de (*prénoms, nom, âge, profession et domicile des témoins*). Et ont le déclarant et les témoins signé avec nous le présent acte, après qu'il leur en a été fait lecture (*mention, s'il y a lieu, du défaut de signature, et de ce qui en a été cause*).

[Suivent les signatures.]

Une telle reconnaissance peut être faite aussi par la mère seule, ou par les père et mère, s'ils avaient été déclarés inconnus.

Au lieu de mentionner l'acte de naissance de l'en-fant et son acte de décès, il faudrait seulement, s'il était mort avant d'avoir été inscrit aux registres des naissances, mentionner l'acte constatant qu'il a été présenté sans vie (*voyez ci-dessus, n° 148*).

7° Transcription d'une reconnaissance faite devant notaire.

L'an..., le.... du mois de..., à.... heure du..., par-devant nous (*noms et qualité du fonctionnaire*), officier de l'état civil de la commune de..., canton de..., département de..., a comparu (*nom, prénoms, âge, profession, domicile du comparant ou de la comparante*), lequel (*ou laquelle*) nous a remis une ex-pédition de l'acte reçu le.... par M*..., notaire à..., départe-ment de..., enregistré..., par lequel le sieur.... s'est reconnu père d'un enfant du sexe (*masculin ou féminin*), né de (*men-tionner ici la mère, si elle est déclarée dans l'acte notarié*), et in-scrit à la date du.... sur les registres de l'état civil de la présente commune, sous les prénoms de...., comme né de...., nous requérant de procéder à la transcription de cet acte

6.

de reconnaissance. Faisant droit à cette réquisition, nous avons transcrit ledit acte, dont la teneur suit (*copier ici en entier l'expédition de l'acte*).

De cette transcription et de la réquisition qui nous a été faite, nous avons dressé le présent acte, en présence de.... (*prénoms, noms, âge, profession, domicile des témoins*), et ont les comparants et témoins signé avec nous, après avoir reçu lecture du tout (*mention du défaut de signature, s'il y a lieu, et de la cause d'empêchement*).

[*Suivent les signatures.*]

8° *Mention à faire en marge de l'acte de naissance d'un enfant naturel reconnu depuis.*

L'enfant (*prénoms et nom*), inscrit dans l'acte ci-contre, a été reconnu par (*le nom du père ou de la mère, ou de tous deux, s'ils ont reconnu conjointement*), ainsi qu'il résulte de l'acte (*ou jugement, ou arrêt*), inscrit sur les registres des naissances de cette commune de..., à la date du....

[*Signature de l'officier de l'état civil.*]

§ 6. — *Des adoptions.*

181. L'acte d'adoption, reçu par le juge de paix, ne peut avoir son effet qu'en vertu d'un arrêt de Cour d'appel. Lorsqu'elle a été ainsi prononcée, elle doit être inscrite, dans les trois mois, sur les registres des naissances du domicile de l'adoptant, à la date du jour où l'inscription en est demandée, soit par l'adoptant, soit par l'adopté (Code civil, art. 359; instruction du ministre de l'intérieur du 3 nivôse an IX).

182. Le Code civil soumet cette inscription à deux conditions, dont l'inaccomplissement autoriserait un refus de la part de l'officier de l'état civil : elle ne peut avoir lieu que sur la présentation d'une expédition de l'arrêt qui sanctionne l'adoption, et elle doit être faite dans les trois mois qui suivent cet arrêt, sans quoi l'adoption reste sans effet. Après le délai, l'inscription devrait être refusée, comme celle d'une naissance après le délai de trois jours; pour une adoption, les parties ne pourraient même plus

obtenir, comme pour la naissance, un jugement qui autoriserait l'inscription, la loi ayant formellement prononcé la déchéance définitive de l'adoption non inscrite dans le délai.

La loi, en disant que l'adoption ne pourra être inscrite parmi les actes de l'état civil que sur le vu de l'expédition de l'arrêt de la Cour d'appel, indique assez que l'officier de l'état civil doit se contenter de la production de cet arrêt, et qu'il serait mal fondé à refuser l'inscription par le motif qu'on ne produirait pas l'acte même d'adoption reçu par le juge de paix. Ainsi l'a jugé la Cour de Grenoble (arrêt du 7 mars 1849).

183. La partie qui requiert l'inscription d'une adoption remet à l'officier de l'état civil une expédition de l'arrêt de la Cour d'appel; elle est annexée aux registres dans la forme ordinaire. Aussitôt après avoir reçu la réquisition de la partie, ainsi que la remise des pièces, l'officier de l'état civil ou le secrétaire de la mairie dresse le procès-verbal d'inscription, qui doit contenir : la date de la demande de transcription, l'indication des personnes qui la requièrent, l'énonciation de la réquisition et la mention qu'il y est fait droit, la copie de l'acte d'adoption et de l'arrêt, les mentions ordinaires de lecture et de signature.

Si l'inscription se fait dans la commune où est né l'adopté, il est bon de mentionner l'adoption en marge de son acte de naissance.

184. La loi n'exige pas positivement la présence de témoins à la transcription; mais son vœu, en général, est que des témoins assistent à la rédaction des actes de l'état civil; leur présence est, d'ailleurs, ici un moyen de constater l'identité de la personne qui a demandé l'inscription, formalité d'autant plus importante, que, si elle n'est pas faite régulièrement, l'arrêt d'adoption ne peut avoir aucun effet. On fera donc bien de demander au requérant de se faire assister de deux témoins.

185. — *Formule d'inscription d'une adoption.*

L'an mil huit cent..., le.... du mois de..., par-devant nous (*noms et qualité du fonctionnaire*), officier de l'état civil de la commune de..., canton de..., département de..., est comparu (*nom, prénoms, âge, demeure et profession du requérant*), lequel nous a représenté l'acte fait devant le juge de paix de..., canton de..., arrondissement de..., département de..., le..., par lequel (*désignation de l'adoptant*) déclare adopter (*désignation de l'adopté*), et ledit.... accepte l'adoption à lui offerte par..., ensemble expédition en forme de l'arrêt de la cour d'appel séant à..., le..., et déclarant qu'il y a lieu à l'adoption ; et ledit..., nous ayant requis d'inscrire ledit acte sur nos registres, conformément à l'article 350 du Code civil, nous, officier de l'état civil, faisant droit à cette réquisition, avons immédiatement procédé à l'inscription des actes sus-énoncés, dont la teneur suit (*copie en entier de l'acte d'adoption et de l'arrêt confirmatif*). De tout quoi nous avons dressé le présent acte, en présence de (*prénoms, noms, âge, profession, domicile des deux témoins*) ; et ont lesdits comparants et témoins, signé avec nous, après que lecture leur en a été donnée (*mention du défaut de signature, s'il y a lieu, et de la cause de l'empêchement*).

[*Suivent les signatures.*]

§ 7. — *Des mariages.*

186. C'est ici que les formalités sont le plus nombreuses et le plus compliquées; elles exigent toute l'attention et toute l'exactitude des secrétaires de mairie chargés de la préparation des actes de l'état civil.

Conditions nécessaires pour contracter mariage.

187. Il importe que les secrétaires de mairie connaissent ces conditions et ces causes d'empêchement; car, dans certains cas, la célébration d'un mariage en violation d'une disposition de la loi entraîne contre l'officier de l'état civil l'application d'une peine; par exemple, s'il mariait un homme ou une femme déjà mariés et dont le premier mariage ne

serait pas encore rompu. Dans les cas où la loi ne prononce point de peine, l'infraction exposerait toujours le fonctionnnaire à un recours en dommages-intérêts par les parties intéressées. Les secrétaires devront donc refuser de préparer les actes nécessaires à un mariage illégal, et empêcher le maire ou adjoint de se compromettre en y procédant.

188. 1° *Age*. — Les hommes ne peuvent se marier qu'à dix-huit, les femmes qu'à quinze ans (Code civil, art. 144). Le chef de l'État peut, pour des motifs graves, accorder des dispenses d'âge (Code civil, art. 145). Les demandes, à cet égard, sont présentées au procureur de la République qui les transmet au garde des sceaux. Le décret accordant la dispense est enregistré au greffe du tribunal, et une expédition, contenant la mention de l'enregistrement, est annexée à l'acte de mariage (arrêté du 20 prairial an XI). A la mairie, on ne doit admettre une dispense d'âge qu'autant que cette expédition est représentée. L'original du décret est rendu aux parties avec mention de l'enregistrement sur le revers.

189. 2° *Consentement des parties*. — Pour que le mariage soit valable, il faut que les futurs époux y donnent également un consentement libre et sans erreur. Leur volonté se manifeste par la réponse affirmative qu'ils adressent, au moment de la célébration, à l'officier de l'état civil; celui-ci doit faire prononcer nettement cette réponse, la faire rejeter s'il y remarque la moindre hésitation, et s'abstenir de déclarer les futurs unis, si l'un d'eux avait témoigné un refus au lieu d'un consentement. L'impossibilité où se trouverait une personne de manifester son consentement serait une cause d'empêchement du mariage, ainsi que nous l'expliquerons bientôt.

190. 3° *Consentement des parents ou autres personnes*. — A tout âge, on doit, avant de se marier, avoir demandé le consentement de ses parents; l'officier de l'état civil doit exiger, à ce sujet, des justifications qui varient d'après les distinctions suivantes :

Le consentement est demandé au père et à la mère s'ils existent; s'ils ne sont pas d'accord, la volonté du père l'emporte : celle de la mère seule est insuffisante. Si l'un d'eux est mort ou dans l'impossibilité de manifester sa volonté, il suffit de demander le consentement de l'autre (Code civil, art. 148, 149). Si cette impossibilité les frappe tous deux ou qu'ils soient morts, le consentement doit être demandé aux aïeuls et aïeules, tant du côté paternel que du côté maternel, et, à leur défaut, aux bisaïeuls et bisaïeules; en cas de dissentiment entre un aïeul et une aïeule, la volonté de l'aïeul l'emporte; s'il y a dissentiment entre les deux lignes, le consentement de l'une d'elles suffit (Code civil, art. 150). Enfin lorsqu'il n'y a ni père ni mère, ni aïeuls ni aïeules, dans aucune ligne, ou qu'ils se trouvent tous dans l'impossibilité de manifester leur volonté, le consentement doit être demandé à un conseil de famille formé selon les règles tracées par le Code civil, pour les personnes qui n'ont pas vingt et un ans accomplis (Code civil, art. 190).

191. Jusqu'à vingt et un ans accomplis, personne ne peut être admis à se marier sans avoir obtenu le consentement de son père et de sa mère, ou de l'un des deux, ou de ses aïeuls et aïeules, ou du conseil de famille (art. 148, 160. du Code civil). Au-dessus de vingt et un ans et au-dessous de vingt-cinq, les hommes ne peuvent être admis à se marier sans avoir obtenu le consentement de ces mêmes personnes. Les hommes de plus de vingt-cinq ans, les femmes de plus de vingt et un, peuvent se marier après avoir demandé le consentement de leurs parents, sans qu'il soit nécessaire qu'ils l'aient obtenu, mais avec les distinctions suivantes : les hommes depuis vingt-cinq jusqu'à trente ans, les femmes depuis vingt et un jusqu'à vingt-cinq ans, doivent faire signifier trois actes respectueux, si le consentement n'a pas été donné après le premier et le second. Ces actes sont dressés par des notaires. Depuis l'âge de trente ans pour les hommes et de vingt-cinq ans

pour les femmes, un seul acte respectueux suffit (Code civil, art. 151 et suivants). Si un officier de l'état civil procédait à la célébration d'un mariage sans s'être assuré que les futurs ont obtenu le consentement de leurs parents ou du conseil de famille, dans des cas où il leur est nécessaire, il serait passible d'une amende de 16 à 200 francs et d'un emprisonnement de six mois à un an (Code civil, art. 156; Code pénal, art. 193). S'il procédait sans qu'il y eût d'actes respectueux, dans les cas où la loi en exige, il serait passible d'un emprisonnement d'un mois au moins et d'une amende qui peut s'élever jusqu'à 300 francs (Code civil, art. 157).

192. Lorsque les père, mère, aïeuls et aïeules sont tous morts ou dans l'impossibilité de manifester leur volonté, les hommes et les femmes, âgés de plus de vingt et un ans, n'ont besoin que de prouver la mort ou l'impossibilité de manifester la volonté.

Les personnes considérées comme étant dans l'impossibilité de manifester leur volonté sont : les sourds-muets s'ils ne savent ni lire ni écrire; les malades d'une infirmité permanente qui les empêcherait d'exprimer clairement leur pensée; une maladie passagère ne donnerait lieu qu'à un sursis à la célébration du mariage, jusqu'à ce que le consentement pût être manifesté; les individus interdits comme imbéciles ou fous; ceux que frappe une condamnation à des peines afflictives perpétuelles; les condamnés aux travaux forcés à temps, à la détention ou à la réclusion, mais seulement pendant la durée de leur peine [1]; enfin les absents, c'est-à-dire ceux qui sont hors de leur domicile, sans qu'on sache où ils se trouvent [2].

193. Les enfants adoptés sont tenus de demander le consentement de leurs parents naturels, mais non celui de leurs parents adoptifs (Code civil, art. 348).

---

1. Sur la nature de ces peines, voyez nos *Éléments du droit français*, p. 588.

2. *Éléments du droit français*, p. 342.

194. Quant aux enfants naturels, il faut distinguer : l'enfant reconnu par son père et par sa mère doit demander le consentement de l'un et de l'autre ; en cas de dissentiment, le consentement du père suffit. Celui qui n'a été reconnu que par son père ou par sa mère n'est tenu de demander que le consentement de celui des deux qui a fait la reconnaissance. Du reste, les dispositions relatives aux actes respectueux s'appliquent aux enfants naturels reconnus. Quant aux enfants non reconnus et à ceux qui, après l'avoir été, ont perdu leurs père et mère, ou dont les père et mère sont dans l'impossibilité de manifester leur volonté, ils ne peuvent, avant l'âge de vingt et un ans accomplis, se marier qu'après avoir obtenu le consentement d'un tuteur spécial, nommé par un conseil de famille composé d'amis ; au-dessus de vingt et un ans, ils n'ont besoin que de rapporter la preuve de leur âge (Code civil, art. 168, 169).

195. Les enfants déposés dans un hospice ne peuvent, jusqu'à l'âge de vingt et un ans accomplis, être admis à se marier sans avoir obtenu le consentement de la commission administrative de l'hospice ; après vingt et un ans, ils n'ont qu'à rapporter l'acte de naissance ou le procès-verbal d'exposition qui prouve que leurs parents sont inconnus.

196. Enfin les militaires, indépendamment des consentements qu'ils doivent demander ou obtenir comme les autres citoyens, ont encore besoin, pour se marier, d'une permission de leurs chefs. Elle est nécessaire aux officiers de tout grade, sous-officiers et soldats des armées de terre et de mer, aux membres de l'intendance militaire et du service de santé des armées, ou officiers et employés de l'administration des divers services militaires, aux officiers en disponibilité ou en non-activité, autres que les réformés ou retraités, lesquels sont rentrés dans la vie civile, aux sous-officiers et soldats en activité. La permission est accordée aux officiers, membres de l'intendance, ou du service de santé, par le ministre

de la guerre ; aux officiers, aspirants et administrateurs de la marine, par le ministre de la marine, et, dans certains cas, par les gouverneurs ou chefs coloniaux ; aux sous-officiers, brigadiers et soldats des armées de terre ou de mer, en activité, par le conseil d'administration de leur corps (décrets du 16 juin et du 3 août 1808 ; instruction du ministre de la guerre du 16 novembre 1833, et décision du même ministre du 4 mars 1837).

Les hommes en disponibilité de l'armée active et les hommes de la réserve peuvent se marier sans autorisation (loi du 27 juillet 1872, art. 44).

Les officiers qui se marieraient sans avoir obtenu la permission exigée encourraient la destitution et la perte de leurs droits à toute pension ou récompense militaires, tant pour eux que pour leur veuve et leurs enfants (décret du 16 juin 1808, art. 1er).

Les officiers de l'état civil qui célébreraient sciemment le mariage d'un militaire sans s'être fait remettre la permission exigée seraient destitués de leurs fonctions (même décret, art. 3).

La permission doit demeurer annexée à l'acte de mariage dans la forme ordinaire, aussi sous peine de destitution de l'officier de l'état civil (même décret).

197. 4° *Conditions relatives aux étrangers.* — Les étrangers peuvent se marier en France, soit entre eux, soit avec des Français, s'ils réunissent les qualités exigées par la loi française, et en remplissant les formalités prescrites par elle. De plus, ils doivent, avant d'être admis à la célébration du mariage, justifier, par des certificats des autorités du lieu de leur naissance ou de leur dernier domicile dans leur pays, que, d'après les lois de leur patrie, ils sont aptes à contracter mariage avec la personne qu'ils se proposent d'épouser (circulaire du ministre de la justice, 4 mars 1831).

Causes d'empêchement de mariage.

198. L'officier de l'état civil doit s'assurer qu'il n'existe pas d'empêchement de mariage entre ceux qui se présentent devant lui pour s'épouser. Ne peuvent être admis à se marier : les individus en état d'interdiction légale par suite de condamnations, ceux qui ont été interdits pour cause d'imbécillité ou de folie [1] : alors même que l'interdiction n'aurait pas été prononcée, mais seulement demandée, ou si l'état de folie était notoire, l'officier de l'état civil devrait surseoir et en référer au procureur de la République. Sont incapables de se marier ceux qui se trouvent dans l'impossibilité de manifester leur consentement, par suite d'une infirmité physique permanente, tels que les sourds-muets quand ils ne savent pas écrire et qu'ils n'ont aucun moyen de faire clairement comprendre leur volonté à l'officier de l'état civil (Code civil, art. 146 ; décision du ministre de la justice du 21 juin 1809).

199. L'engagement dans les ordres sacrés a été considéré comme un empêchement au mariage, ce qui, toutefois, a été contesté ; dans le doute, si un prêtre se présentait pour contrater mariage, l'officier de l'état civil devrait s'abstenir d'y procéder jusqu'après la décision des tribunaux (instruction du ministre de la justice du 27 janvier 1831).

200. Un mariage existant est un empêchement à ce qu'il en soit contracté un second (Code civil, art. 147). La dissolution du mariage s'opère par la mort naturelle (Code civil, art. 227). Si un officier de l'état civil procédait à la célébration du mariage d'une personne qu'il saurait être encore engagée dans les liens d'un autre mariage, il serait passible de la peine des travaux forcés à temps (Code pénal, art 340).

201. Une veuve ne peut se remarier qu'après dix mois révolus depuis la dissolution du précédent ma-

---

1. Voyez *Éléments du droit français*, p. 361.

riage (Code civil, art. 228), et l'officier qui la remarierait plus tôt serait passible d'une amende de 16 à 300 francs (Code pénal, art. 194).

202. La parenté établit des empêchements de mariage dont les uns ne peuvent cesser par suite de dispenses. Le mariage n'est jamais permis entre ascendants et descendants légitimes ou naturels et les alliés aux mêmes degrés ; entre frères et sœurs légitimes ou naturels ; et, quant à la famille adoptive, entre l'adoptant, l'adopté et les descendants, entre les enfants adoptifs d'un même individu, entre l'adopté et les enfants qui pourraient survenir à l'adoptant, entre l'adopté et le conjoint de l'adoptant, et réciproquement (Code civil, art. 161, 162, 348).

Le mariage est prohibé entre le beau-frère et la belle-sœur (Code civil, art. 162). Mais le chef de l'État peut, pour des causes graves, lever la prohibition (loi du 16 avril 1832). — Il en est de même de la défense de mariage entre l'oncle et la nièce, la tante et le neveu, le grand-oncle et la petite-nièce, la grand'tante et le petit-neveu (Code civil, art. 163 ; arrêt du Conseil d'État du 7 mai 1808) ; elle peut être levée au moyen de dispenses accordées par le chef de l'état, dans la même forme que les dispenses d'âge, et d'après les pièces remises au procureur de la République (*voyez* ci-dessus, n° 188).

203. Un mariage peut être empêché par une opposition ; nous parlerons de cette espèce d'empêchement aux n°s 217 et suivants.

Des publications.

204. Aucun mariage ne peut être célébré sans avoir été, au préalable, annoncé publiquement dans les formes légales. Ces annonces portent le nom de *publications* ; c'est le terme employé par la loi ; on les appelle aussi *bans*. Elles ont pour but d'avertir du projet de mariage toutes les personnes qui auraient intérêt et droit de s'y opposer.

205. Régulièrement, les publications sont au nombre de deux; elles se font, chacune, un dimanche, à huit jours d'intervalle l'une de l'autre, par une proclamation à haute et intelligible voix, devant la porte de la maison commune, ou, s'il n'y en a pas, devant la porte de la maison du maire, laquelle en tient lieu (Code civil, art. 63). La loi voulant qu'il n'y ait que huit jours d'intervalle entre les deux publications, si on laissait passer un dimanche sans faire la seconde, la première serait comme non avenue, et il faudrait la recommencer.

206. Pendant les huit jours qui séparent la première publication de la seconde, un extrait de l'acte de publication doit être et demeurer affiché à la porte de la maison commune ou de la maison du maire s'il n'y a pas de maison commune (Code civil, art. 64). Cette affiche, contenant la désignation des futurs et de leurs parents, doit être sur du papier timbré. Elle se place ordinairement dans un cadre fermé d'un grillage ou d'une vitre; c'est un moyen d'assurer la conservation de l'affiche. Bien que l'article 64 ne semble exiger que l'affiche d'un extrait, il est plus sûr, plus conforme à l'esprit de la loi d'afficher l'extrait de la seconde publication comme celui de la première.

207. Il n'est dû aucune rétribution à l'officier de l'état civil pour les publications ni pour les affiches, sauf le remboursement du papier timbré; il est dû des droits pour la délivrance des certificats de publication et d'affiche (circulaire du ministre de l'intérieur du 6 août 1807).

208. Le mariage ne peut être célébré avant le troisième jour, depuis et non compris le jour de la seconde publication (art. 64). Ainsi, chaque publication devant toujours se faire un dimanche, le mariage ne peut être jamais célébré avant le mercredi. S'il y a eu des publications dans différentes communes et à différentes dates, c'est de la plus récente que court le délai.

209. Si , après que le mariage a été publié et affiché, il n'a pas été célébré dans l'année, à compter de l'expiration du délai des publications, il ne peut plus l'être qu'après de nouvelles publications dans la forme légale (Code civil. art. 65). Ainsi, en supposant que la dernière publication a eu lieu le 1er janvier 1838, le mariage n'a pu se célébrer qu'à partir du 4 ; il pourra être célébré jusqu'au 4 janvier de l'année suivante. Si les publications ont été faites dans plusieurs communes et à des dates différentes, celles qui se trouveraient frappées de déchéance par l'expiration de l'année, devraient, pour que le mariage pût se célébrer, être renouvelées, quoique les autres fussent encore valables.

210. S'il faut, en général, deux publications, les futurs peuvent être dispensés de la seconde pour des causes graves (Code civil, art. 169), comme serait la nécessité urgente d'un voyage. Les dispenses de publications sont accordées par le procureur de la République de l'arrondissement où le mariage doit être célébré. L'acte contenant dispense est déposé au secrétariat de la commune où le mariage sera célébré. Le secrétaire en délivre une expédition où il est fait mention de ce dépôt ; l'expédition est remise à l'officier de l'état civil et doit rester annexée à l'acte de mariage (arrêté du 20 prairial an II). Le mariage est alors célébré le troisième jour après une seule publication faite et affichée dans la forme ordinaire. Il y a des personnes qui pensent que, dans le cas de dispense de la seconde publication, le mariage ne peut être célébré qu'après les huit jours pendant lesquels la publication doit rester affichée, et que la dispense n'abrège le délai que des trois jours pendant lesquels il aurait fallu attendre après la seconde publication ; cette manière d'entendre la loi est trop sévère : elle diminuerait outre mesure le bénéfice de la dispense, qui se réduirait presque à rien. Si le cas se présentait, l'officier de l'état civil ferait bien, dans l'intérêt de sa propre responsabilité, de consulter le

procureur de la République de son arrondissement.

211. Les publications doivent avoir lieu et être affichées dans la commune du domicile de chacun des futurs, et dans la commune où sont domiciliées les personnes sous l'autorité desquelles les futurs peuvent se trouver relativement au mariage (Code civil, art. 166 et 168). En général, on entend par domicile le lieu où une personne a son principal établissement[1]. Pour le mariage, on considère les futurs comme domiciliés dans le lieu qu'ils habitent d'une manière continue depuis au moins six mois ; leur mariage doit être publié dans cet endroit et de plus à la municipalité de leur précédent domicile (Code civil, art. 74 et 167) ; cette dernière règle s'appliquerait même à des étrangers qui n'auraient en France d'autre domicile que celui de six mois de résidence : ils seraient obligés, pour pouvoir se marier en France, de faire faire les publications à leur dernier domicile à l'étranger dans la forme usitée dans le pays (avis du Conseil d'État du 20 décembre 1823 ; circulaire du ministre de la justice du 4 mars 1831). Il est évident, d'après la différence qui existe entre le domicile acquis par six mois de résidence et le domicile réel ordinaire, que si une personne allait habiter dans une commune, après avoir habité six mois dans une autre, ce ne serait pas cette dernière que l'on regarderait comme le vrai domicile, mais bien la commune où cette personne avait antérieurement son domicile légal. Dans l'intérêt de la plus grande publicité des mariages, on a pensé que, si la résidence de six mois avait eu lieu successivement dans plusieurs endroits, les publications devraient être faites dans ces divers lieux. — Les militaires en activité de service doivent faire publier leur mariage au domicile qu'ils avaient avant leur entrée au service, et, s'ils n'avaient pas d'établissement fixe avant cette époque, au lieu de leur naissance. De plus, ils doivent

---

1. Voyez, sur le domicile, nos *Éléments du droit français*, p. 341.

faire les publications à l'endroit où ils se trouvent actuellement, s'ils y résident depuis plus de six mois d'une manière continue.

212. Quant aux publications à faire au domicile des personnes sous l'autorité de qui se trouvent les futurs époux, voici les règles qu'il faut suivre : les hommes de moins de vingt-cinq ans et les femmes au-dessous de vingt et un ans doivent faire publier et afficher leur mariage non seulement à la mairie de leur propre domicile, mais à celle du domicile de leurs père et mère, s'ils existent, ou, à leur défaut, à celle du domicile de leurs aïeuls et aïeules, paterternels et maternels (Code civil, art. 168 ; décision du ministre de la justice du 26 mai 1820). Quand ces personnes demeurent à l'étranger, les publications y sont faites, avec les formalités en usage dans le pays ; il doit être remis un certificat constatant que ces publications ont été faites, ou qu'on y a suppléé, autant que possible, par des formalités équivalentes (avis du Conseil d'État du 20 décembre 1823 ; circulaire du ministre de la justice du 4 mars 1831). Si dans le pays il y a des agents diplomatiques, consuls, vice-consuls français, c'est par eux que les publications se font et se constatent de la même manière qu'en France (ordonnances du 23 octobre 1833, du 26 octobre même année). Enfin, s'il n'y a plus ni père, ni mère, ni aïeuls d'aucun côté, les futurs n'ont de publications à faire qu'à leur domicile, en observant que, jusqu'à l'âge de vingt et un ans, leur domicile n'est autre que celui de leur tuteur.

Les publications de mariage des enfants naturels reconnus se font, pour les hommes au-dessous de ving-cinq ans, et pour les femmes au-dessous de vingt et un, dans la commune du domicile des père et mère qui les ont reconnus, et, en cas de mort ou d'absence, au domicile du tuteur spécial chargé de consentir au mariage de ces enfants âgés de moins de vingt et un ans. Les enfants naturels non reconnus et au-dessus de vingt et un ans font publier au domicile du tuteur spécial, et ceux qui ont été déposés dans un hospice, au lieu où siège la commission administrative qui exerce la tutelle à leur égard. Dans tous les cas, après leurs vingt et un ans accomplis, les enfants naturels, reconnus ou non reconnus, n'ont plus besoin de publier leur mariage ailleurs qu'à leur propre domicile.

213. Il nous reste à parler des formalités des publications et des actes qui les constatent. La publication, faite devant la maison commune ou l'habitation qui en tient lieu, consiste en ce que l'officier de l'état civil indique publiquement les prénoms, noms, profession, domicile des futurs époux, leur qualité de majeurs ou de mineurs, c'est-à-dire âgés de plus ou de moins de vingt et un ans ; enfin, les noms, prénoms, profession et domicile des père et mère (Code civil, art. 63). On remarque que la loi n'exige pas l'indication des aïeuls, si le père ou la mère n'existe plus. Les publications se font sur la simple demande des futurs et sur les notes qu'ils remettent ; on ne peut exiger qu'ils produisent à ce moment aucune pièce justificative (avis du Conseil d'État du 30 mars 1808). Toutefois, si l'on ne connaissait pas la personne qui se présente, il faudrait s'assurer de son identité, afin de ne pas publier un mariage à l'insu ou contre le gré des parties intéressées.

214. Aussitôt après que chaque publication a été faite, l'officier de l'état civil doit dresser l'acte destiné à la constater ; comme il y a, sauf le cas de dispense, deux publications, il doit être aussi rédigé deux actes ; il ne suffirait pas, comme le font cependant quelques maires, de constater, par un seul et même acte, que les deux publications ont eu lieu. Chaque acte de publication énonce sa date, les noms et qualité du fonctionnaire qui a publié, l'indication détaillée des futurs et de leurs père et mère, le jour, le lieu et l'heure où la publication a été faite. L'acte est inscrit sur un registre particulier, qui, à la différence des autres registres de l'état civil, n'est pas

tenu double, mais qui est coté et parafé comme eux, et déposé à la fin de chaque année au greffe du tribunal de l'arrondissement (Code civil, art. 63). L'assistance de témoins n'est pas nécessaire. Chaque acte doit être rédigé, inscrit et signé immédiatement, le jour même de la publication, et porté au registre dans l'ordre de sa date.

215. L'accomplissement de la formalité des publications de mariage a été sanctionné par des peines. L'article 192 du Code civil porte :

« Si le mariage n'a point été précédé des deux publications requises, ou s'il n'a pas été obtenu des dispenses permises par la loi, ou si les intervalles prescrits par les publications et célébrations n'ont point été observés, le procureur de la République fera prononcer contre l'officier public une amende qui ne pourra excéder 300 francs, et contre les parties contractantes, ou ceux sous la puissance desquelles elles ont agi, une amende proportionnée à leur fortune. »

216. — *Formule d'un acte de première publication de mariage.*

L'an mil huit cent..., le.... dimanche du mois de..., nous (*noms et qualité du fonctionnaire*), officier de l'état civil de la commune de..., canton de..., département de..., après nous être transporté devant la principale porte d'entrée de la maison commune, à l'heure de..., nous avons annoncé et publié pour la première fois qu'il y a promesse de mariage entre (*prénoms, nom, âge, lieu de naissance, profession, domicile de l'homme*), majeur, fils de (*prénoms, nom, profession et domicile du père*), et de (*même formalité pour la mère*), (*s'il est veuf il sera fait mention de son précédent mariage*), et demoiselle (*prénoms, nom, âge, lieu de naissance, profession et demeure*), fille majeure, née de (*prénoms, noms, profession et domicile des père et mère*), (*indiquer si la future est veuve*) laquelle publication, lue à haute et intelligible voix, a été de suite affichée à la porte de la maison commune. De quoi avons dressé acte.

[Suit la signature.]

Quoique la loi ne demande pas expressément la mention de la qualité de veuf ou de veuve du futur ou de la future, il est bon de l'énoncer, afin de mieux faire reconnaître l'identité, et provoquer plus sûrement les oppositions, s'il y a lieu.

L'acte de seconde publication ne diffère du premier qu'en ce qu'il constate la seconde publication; si l'officier croit devoir l'afficher comme le premier, ainsi que nous en avons donné le conseil n° 206, il mentionnera la seconde affiche, en changeant seulement la date.

Formule d'extrait de publication affichée.

Mairie de....

Extrait du registre des publications de mariage.

Première (ou seconde) publication de mariage entre (*prénoms, nom, âge, profession, domicile*), *majeur (ou mineur, célibataire, ou veuf*), fils de (*prénoms, noms, profession, domicile des père et mère*), et (*prénoms, nom,* etc.) (*majeure ou mineure, célibataire, ou veuve*), fille de (*prénoms, noms, profession et domicile des père et mère*).

Certifié et publié par nous (*qualité*), officier de l'état civil de la commune de..., le.... dimanche du mois de.... mil huit cent....

[*Signature de l'officier de l'état civil.*]

Des oppositions.

217. Les publications ont pour but principal d'avertir les personnes qui croiraient devoir ou pouvoir s'opposer au mariage annoncé. L'effet des oppositions est d'empêcher la célébration du mariage jusqu'à ce qu'elles aient été levées. Ces actes sont signifiés par un huissier qui en laisse copie aux personnes à qui il les notifie.

218. Le droit de s'opposer à un mariage appartient: 1° à la personne engagée par mariage avec l'une des deux parties contractantes (Code civil, art. 172); une simple promesse de mariage ne donnerait pas le droit de former opposition; 2° au père, et, si le

père est mort, absent ou hors d'état de manifester
sa volonté, à la mère, et, à défaut de père et de mère,
aux aïeuls et aïeules, à l'égard de leurs enfants,
même âgés de plus de vingt-cinq ans, et sans être
obligés d'en énoncer le motif; 3º à défaut d'aucun
ascendant, le frère ou la sœur, l'oncle ou la tante,
le cousin ou la cousine germains et majeurs, peuvent, en énonçant le motif, former opposition, seulement si le consentement du conseil de famille n'a
pas été obtenu, ou si l'un des futurs époux est en
état de démence (Code civil art. 172 et suivants).

219. Les actes d'opposition sont signifiés à la personne ou au domicile des futurs époux, ainsi qu'à
l'officier de l'état civil, c'est-à-dire, soit celui du
lieu où le mariage doit se célébrer, soit ceux des
diverses communes où les publications doivent être
faites (Code civil, art. 66). Ils doivent énoncer les
prénoms, nom, profession, domicile de la personne
qui forme l'opposition, la qualité qui lui donne le
droit de s'opposer au mariage, les motifs de l'opposition lorsqu'elle est faite par d'autres que les ascendants, enfin une élection de domicile dans le lieu de
la célébration, c'est-à-dire la désignation d'une personne chez laquelle devront se faire toutes les signi-
fications nécessaires, élection de domicile qui n'est
pas exigée si l'opposant demeure dans le lieu de la
célébration (Code civil, art. 176). — Les actes d'opposition sont signés par les opposants, tant sur
l'original que sur les copies laissées aux futurs et
aux officiers de l'état civil; s'ils sont signés par les
représentants des parties, une copie de la procuration
spéciale et authentique qui leur a été donnée doit
être laissée aux futurs et aux officiers de l'état civil.
Ceux-ci doivent, en recevant l'opposition, mettre leur
visa sur l'original de l'acte qui leur est notifié, ce
qui se fait dans la forme suivante : « *Vu et reçu
copie par nous, officier de l'état civil de la commune de....., à.......tel..... »* (Signature de l'officier.) Ensuite, ils doivent faire, sans délai, une

mention sommaire de l'opposition dans les registres des publications (Code civil, art. 67). La mention sommaire consiste, non dans la transcription de l'opposition, mais dans la simple énonciation, sur le registre, de l'existence et de la date de l'opposition, du nom de l'huissier qui l'a signifiée, du nom et de la qualité de la personne qui l'a formée. S'il y avait plusieurs oppositions au même mariage, elles devraient toutes être mentionnées sur le registre.

220. Une opposition formée après la première publication n'empêche pas la seconde publication; elle ne forme obstacle qu'à la célébration du mariage. L'officier de l'état civil à qui une opposition est signifiée doit surseoir à la célébration, jusqu'à ce qu'on lui ait rapporté la mainlevée de l'opposition dans la forme légale, et cela sous peine de 300 francs d'amende et des dommages-intérêts des parties (Code civil, art. 68). Il n'est point et ne doit jamais se constituer juge du mérite des oppositions. Il suffit qu'elles existent pour qu'il soit obligé de surseoir, alors même qu'elles n'auraient pas été faites dans la forme voulue ou qu'elles émaneraient d'autres personnes que celles à qui la loi accorde le droit de les former; il faut que la mainlevée ait été donnée soit volontairement, soit en vertu d'une décision judiciaire; alors même que les opposants se désisteraient l'intervention des tribunaux serait nécessaire si l'empêchement à la célébration du mariage intéressait l'ordre public, par exemple, si l'opposition était fondée sur l'existence d'un précédent mariage non dissous.

221. La mainlevée peut résulter d'un jugement ou arrêt qui rejette l'opposition et ordonne qu'il sera passé outre au mariage, ou d'un acte notarié contenant désistement de la part de l'opposant, ou d'une signification faite par huissier à l'officier de l'état civil au nom de l'opposant, et contenant désistement de l'opposition. Dans quelque forme que la mainlevée ait lieu, l'officier de l'état civil doit en exiger

la justification (*voyez ci-après, n° 232*); et, quand il en a acquis la preuve par la remise des pièces justificatives, il doit faire mention sommaire de la mainlevée en marge de la mention qui a été inscrite sur le registre (Code civil, art. 67).

222. — *Formule de mention d'opposition au mariage, qui doit être faite sur le registre des publications.*

Par exploit de (*nom*), huissier à..., en date du..., il a été, à la requête de (*prénoms, noms, profession et domicile des opposants*), formé opposition à la célébration du mariage projeté entre (*prénoms, noms, profession et domiciles des personnes qui ont l'intention de contracter mariage*).

La présente mention sommaire faite par nous (*nom*), officier de l'état civil, en conformité de l'article 67 du Code civil, ce..., heure de..., dont acte.

[*Signature.*]

Formule de la mention de mainlevée qui doit être faite en marge de l'inscription de l'opposition au mariage.

Par acte reçu de (*nom*), notaire à... (*ou par jugement du tribunal civil de..., ou par arrêt de la Cour d'appel de....*) sous la date du..., il a été donné mainlevée de l'opposition formée par (*prénoms, noms, profession, domicile des opposants*) au mariage projeté entre (*prénoms, noms, profession, domicile des futurs contractants*). La présente mention sommaire faite par nous (*nom et qualité*), officier de l'état civil, conformément à l'article 67 du Code civil, ce..., heure de..., dont acte.

[*Signature.*]

Des pièces à produire avant la célébration du mariage.

223. Avant de célébrer un mariage, l'officier de l'état civil doit exiger la preuve de l'accomplissement de toutes les conditions et formalités préalables nécessaires à sa validité. Cette matière doit être l'objet d'une attention toute spéciale de la part de ceux qui préparent la confection des actes de l'état civil.

224. 1° *Justifications relatives à l'identité et à l'âge des futurs époux.* — L'officier de l'état civil se

fait remettre par chacun des futurs époux un extrait de son acte de naissance dans la forme prescrite pour ces sortes d'expéditions (*voyez* § 3, n° 121). (Code civil, art. 70.) Toutefois, d'après une décision du ministre de la Justice, en date du 10 août 1818, si les futurs sont nés dans la commune où le mariage se célèbre, et que les actes de leur naissance existent dans les registres de cette commune, ils peuvent être dispensés de produire un extrait en forme. Il suffit que l'officier de l'état civil en prenne connaissance sur le registre même des naissances, et qu'il le constate dans l'acte de mariage. Nous ne devons pas dissimuler que cette manière de procéder n'a pas été unanimement approuvée; peut-être fera-t-on mieux de se conformer exactement, dans tous les cas, à la loi qui exige, sans distinction, que l'officier de l'état civil se fasse remettre l'acte de naissance de chacun des futurs, alors même qu'ils sont nés dans la même commune où le mariage doit se célébrer.

Si l'un des futurs époux est dans l'impossibilité de se procurer son acte de naissance, soit parce qu'il n'a pas été inscrit, soit parce que le registre a été perdu ou détruit, ou qu'il offre des lacunes, soit enfin parce que le futur est né dans un pays étranger avec lequel les communications sont impossibles ou trop difficiles, la loi permet d'y suppléer par un acte de notoriété. Cet acte est délivré par le juge de paix, soit du lieu de la naissance, soit du lieu du domicile de celui qui le requiert, et contenant la déclaration de sept témoins, sur le futur époux, ses père et mère, le lieu et l'époque de sa naissance, les causes qui empêchent d'en rapporter l'acte, le tout revêtu de l'approbation ou homologation du tribunal d'arrondissement (Code civil, art. 70, 71, 72). L'officier de l'état civil doit se faire remettre : 1° l'expédition de l'acte de notoriété; 2° l'expédition du jugement d'homologation[1].

---

1. Voir ce qui est dit ci-dessus pour les actes détruits pendant la période insurrectionnelle de 1871, page 41.

S'il a été rendu des jugements dans la forme voulue pour le remplacement ou la rectification des actes de l'état civil, ces jugements, tenant lieu d'acte de naissance, l'officier de l'état civil auquel ils seraient remis ne devrait pas exiger un acte de notoriété pour suppléer à l'acte de naissance.

Enfin, il peut arriver qu'il existe un acte de naissance, mais qu'il soit informe ou irrégulier, par exemple, que les noms y soient mal orthographiés, qu'on y ait omis un ou plusieurs prénoms. A la rigueur, il faudrait obliger les futurs époux à faire rectifier l'acte par les tribunaux; mais il en résulterait des retards qui pourraient causer la rupture de l'union projetée. Pour remédier à cet inconvénient, le Conseil d'État a rendu, le 30 mars 1808, un avis ainsi conçu :

« Le Conseil d'État, qui, d'après le renvoi ordonné par Sa Majesté, a entendu le rapport de la section de législation sur celui du grand juge ministre de la justice, tendant à prévenir les inconvénients qui résultent, pour les personnes qui veulent se marier, de l'obligation de faire rectifier par les tribunaux les actes qu'elles sont obligées de produire, dans plusieurs occasions où, cependant, la rectification sur les registres n'est pas nécessaire ;

« Considérant que, s'il est important de ne procéder à la rectification des registres de l'état civil que par l'autorité de justice et en vertu de jugements rendus à cet effet, il n'est pas moins convenable de ne pas jeter les citoyens dans les frais d'une rectification sur les registres, lorsqu'elle n'est pas absolument nécessaire ;

« Est d'avis que, dans le cas où le nom d'un des futurs ne serait pas orthographié dans son acte de naissance comme celui de son père, et dans celui où l'on aurait omis quelqu'un des prénoms de ses parents, le témoignage des père et mère, ou aïeuls assistant au mariage et attestant l'identité, doit suffire pour procéder à la célébration du mariage ;

« Qu'il doit en être de même dans le cas d'absence des père et mère ou aïeuls, s'ils attestent l'identité dans leur consentement donné suivant la forme légale;

« Que, en cas de décès des père et mère ou aïeuls, l'identité est valablement attestée, pour les mineurs, par le conseil de famille ou par le tuteur *ad hoc*; et, pour les majeurs, par les quatre témoins de l'acte de mariage;

« Qu'enfin, dans le cas où les omissions d'une lettre ou d'un prénom se trouvent dans l'acte de décès des père et mère ou aïeuls, la déclaration à serment des personnes dont le consentement est nécessaire pour les mineurs, et celle des parties et des témoins pour les majeurs, doivent aussi être suffisantes, sans qu'il soit nécessaire, dans tous les cas, de toucher aux registre de l'état civil, qui ne peuvent jamais être rectifiés qu'en vertu d'un jugement.

« Les formalités susdites ne sont exigibles que lors de l'acte de célébration, et non pour les publications, qui doivent toujours être faites conformément aux notes remises par les parties aux officiers de l'état civil.

« En aucun cas, conformément à l'article 100 du Code civil, les déclarations faites par les parents ou témoins ne peuvent nuire aux parties qui ne les ont pas requises et qui n'y ont pas concouru. »

Les diverses déclarations dont parle cet avis, étant destinées à remplacer l'acte de naissance, qui est un acte authentique, doivent aussi être authentiques, c'est-à-dire faites devant un notaire ou autre officier public ayant caractère pour les recevoir.

S'il a été accordé dispense d'âge, on doit remettre à l'officier de l'état civil l'expédition de l'ordonnance pourtant dispense, délivrée par le greffier, d'après la transcription faite sur les registres (*voyez* ci-dessus, n° 188).

225. 2° *Dispense de parenté.* — Si le mariage se fait avec une dispense de parenté, l'officier de l'état

civil doit se fait remettre une expédition de l'ordonnance portant dispense, de la même manière que lorsqu'il s'agit de dispense d'âge.

226. 3° *Justifications relatives à la dissolution d'un précédent mariage.* — Si un des futurs a déjà été marié, l'officier de l'état civil doit se faire remettre un extrait, en forme, de l'acte ou du jugement qui en tient lieu, constatant le décès du premier mari ou de la première femme.

227. 4° *Justifications relatives au consentement des parents.* — Le consentement des père et mère, des autres ascendants, du tuteur spécial, peut être donné verbalement au moment de la célébration, en présence de l'officier de l'état civil, des futurs et des témoins : il est alors constaté par l'acte de célébration. Il en est de même pour le cas où ces personnes, au lieu de venir donner elles-mêmes leur consentement, le donnent par un fondé de pouvoir. Ce dernier, en se présentant pour consentir verbalement, doit remettre une procuration notariée, spéciale au mariage projeté; elle doit toujours indiquer par leurs prénoms, noms, profession, domicile, la personne à qui le consentement est donné, et celle avec qui le mandataire est chargé de l'autoriser à se marier.

Le consentement qui n'est pas donné en personne ou par un fondé de procuration spéciale et authentique doit l'être devant notaire et contenir les prénoms, noms, profession et domicile des futurs, de la personne ou des personnes qui donnent leur consentement et leur degré de parenté (Code civil, art. 73). Une expédition légalisée de cet acte est remise à l'officier de l'état civil. Les mêmes formalités doivent être suivies à l'égard de la délibération du conseil de famille, lorsque le consentement doit émaner de lui.

Pour le mariage d'un enfant trouvé déposé dans un hospice, l'officier de l'état civil doit se faire remettre une expédition légalisée de la délibération de la commission administrative de l'hospice.

228. Lorsque le consentement d'une personne

no doit être donné, ainsi qu'on l'a vu n° 100, qu'à défaut de celui d'une autre, il faut fournir à l'officier de l'état civil la preuve du décès, de l'absence de cette dernière ou de toute autre impossibilité de produire son consentement. D'abord, la preuve du décès des ascendants se fait par la remise d'un extrait, en forme, de l'acte de décès ou de l'expédition du jugement qui en tient lieu. L'absence des ascendants se prouve par la remise d'une expédition du jugement qui la déclare, ou, s'il n'a pas encore été rendu, par une expédition de celui qui permet de la prouver; ou enfin, si aucun de ces deux jugements n'a été rendu, par un acte de notoriété, délivré par le juge de paix du lieu où l'ascendant absent a eu son dernier domicile connu : cet acte est dressé sur la déclaration de quatre témoins, qui affirment que l'ascendant a disparu de son domicile, qu'on n'a pas de ses nouvelles depuis telle époque, et qu'ils ignorent le lieu de sa résidence actuelle (Code civil, art. 155).

Quant aux preuves des autres causes de l'impossibilité de manifestation de volonté de la part des ascendants, elles varient selon le fait à établir. Ainsi, pour prouver qu'un ascendant est sourd-muet ou atteint d'une infirmité grave et permanente, on remet à l'officier de l'état civil le certificat d'un docteur en médecine ou en chirurgie, ou d'un officier de santé, attestant l'infirmité. Pour prouver l'état d'imbécillité, de démence ou de fureur, on remet une expédition du jugement ou arrêt qui prononce l'interdiction, ou de celui qui admet à prouver l'imbécillité, la démence ou la fureur, ou l'extrait de l'avis du conseil de famille portant qu'il y a lieu à interdiction [1]. L'impossibilité légale résultant d'une condamnation judiciaire se justifie par la remise de l'extrait de l'arrêt ou du jugement, ou d'un certificat du greffier de la cour ou du tribunal qui a prononcé.

229. La difficulté qui peut exister souvent de

____

[1] Voyez nos *Éléments du droit français*, p. 364.

prouver le décès ou l'absence d'un ascendant, et la nécessité, en pareil cas, de faciliter la conclusion des mariages, ont fait rendre par le Conseil d'État, à la date du 4 thermidor an XIII, l'avis suivant, que les rédacteurs des actes de l'état civil doivent méditer avec attention, parce qu'ils ont souvent l'occasion de l'appliquer :

« Considérant que les difficultés viennent de ce que les officiers de l'état civil ne discernent pas assez soigneusement les divers cas que la loi a voulu régler, de ceux qu'elle a laissés à la disposition des principes généraux et du droit commun ;

« Que, quoique l'acte de naissance des futurs mariés soit nécessaire, il est pourtant permis de le remplacer par les formalités prescrites par l'article 71 ; mais que ces formalités, prescrites lorsqu'il s'agit de suppléer au titre constitutif de l'état des personnes, ne peuvent être exigées en remplacement d'actes moins essentiels ; qu'il ne faut donc pas, pour remplacer l'acte de décès des père ou mère ou ascendants, un acte de notoriété contenant la déclaration de sept témoins, et homologué par le tribunal ;

« Que le supplément naturel de l'acte de décès des père et mère est dans la présence des aïeuls et aïeules, et dans l'attestation qu'on peut leur demander de ce décès ;

« Que si, par l'ignorance du lieu où sont décédés les père et mère ou ascendants, on ne peut produire leurs actes de décès ; que si, comme cela arrive souvent dans les classes pauvres, par l'ignorance du dernier domicile, on ne peut recourir à l'acte de notoriété prescrit par l'article 155, et destiné à constater l'absence d'un domicile connu, dans ce cas la raison suggère de se contenter de la déclaration des témoins ; que déjà, dans beaucoup d'occasions semblables, les officiers de l'état civil de Paris ont procédé au mariage sur des actes de notoriété passés ou devant notaire, ou devant les juges de paix par des témoins que les parties ont produits ;

« Qu'il n'en est résulté aucun inconvénient ni plainte; qu'il en est au contraire résulté beaucoup lorsque, dans des cas pareils, on a voulu être plus rigoureux et exiger davantage;

« Que même plusieurs fois on a suivi une voie plus simple et encore moins coûteuse que celle des actes de notoriété et qui mérite d'être préférée et de devenir générale: on s'est contenté de la déclaration des quatre témoins nécessaires à l'acte de mariage, faite à l'officier public et mentionnée dans cet acte;

« Que cette déclaration, aussi solennelle qu'un acte de notoriété, est sans danger relativement au mariage des majeurs, pour lequel le consentement ou le conseil des ascendants n'est pas d'une nécessité absolue et dirimante;

« Que rien n'est à craindre relativement au mariage des mineurs, puisqu'en face de l'article 160 du Code civil, toutes les fois qu'il n'y a ni père ni mère, ni aïeuls ou aïeules, ou qu'ils se trouvent dans l'impossibilité de manifester leur volonté, les fils ou filles mineurs de vingt et un ans ne peuvent contracter mariage sans le consentement du conseil de famille;

« Est d'avis :

« 1º Qu'il n'est pas nécessaire de produire des actes de décès des pères et mères des futurs mariés, lorsque les aïeuls ou aïeules attestent ce décès; et, dans ce cas, il doit être fait mention de leur attestation dans l'acte de mariage;

« 2º Que, si les pères et mères, aïeuls ou aïeules dont le consentement ou conseil est requis, sont décédés, et si l'on est dans l'impossibilité de produire l'acte de leur décès ou la preuve de leur absence, faute de connaître leur dernier domicile, il peut être procédé à la célébration des mariages des majeurs, sur leur déclaration à serment que le lieu du décès et celui du dernier domicile de leurs ascendants leur sont inconnus. Cette déclaration doit être certifiée aussi par serment des quatre témoins de l'acte de mariage, lesquels affirment que, quoiqu'ils connaissent les futurs époux, ils ignorent le lieu du décès de leurs ascendants et leur dernier domicile. Les officiers de l'état civil doivent faire mention dans l'acte de mariage desdites déclarations. »

Cet avis n'a point prévu le cas où l'on connaîtrait le dernier domicile et le lieu du décès des ascendants, mais où l'on ne pourrait rapporter la preuve de ce décès par la représentation d'un extrait des registres, parce que l'acte n'y aurait pas été inscrit. Si l'on faisait une procédure judiciaire, comme on pourrait l'induire de l'article 46 du Code Napoléon, on retarderait le mariage par des lenteurs et on occasionnerait des frais; on pourrait alors, soit appliquer par analogie l'avis du Conseil d'État, soit étendre, aussi par analogie, la disposition de l'article 155, qui admet un acte de notoriété sur la déclaration de quatre témoins. Au surplus, dans une circonstance semblable, comme dans toutes celles qui laissent du doute, les officiers de l'état civil doivent demander l'avis et les directions du procureur de la République.

230. 5° *Justifications relatives aux actes respectueux*. — L'existence des actes respectueux, dans les cas où ils sont nécessaires, se prouve par la remise de la signification qui en a été faite. Quand un acte respectueux n'a été signifié qu'à l'une des personnes que la loi désignait en première ligne, il faut joindre à la signification la preuve du décès, de l'absence ou de l'impossibilité des autres à qui l'acte n'a pas été signifié; cette preuve se fait comme lorsqu'il s'agit du consentement.

231. 6° *Justifications des permissions pour les militaires*. — Indépendamment des pièces concernant le consentement de leurs parents, ou des actes respectueux destinés à le demander, les militaires ne peuvent se marier sans produire la permission de leurs chefs, en suivant, quant à celui de ces chefs dont elle doit émaner, les distinctions exposées n° 196.

232. 7º *Justifications relatives aux publications et oppositions.* — L'officier de l'état civil doit se faire remettre, par les futurs, des certificats attestant que les publications ont été faites dans tous les lieux où la loi ordonne d'en faire ; ces certificats, délivrés par les officiers qui ont fait les publications, énoncent la qualité du fonctionnaire qui les a faites, le jour, le lieu et l'heure de chacune d'elles, les prénoms, noms, professions, domicile des futurs et de leurs pères et mères ; les qualités de majeurs ou mineurs des futurs, l'existence ou la non-existence des oppositions (Code civil, art. 69). Ils sont signés par l'officier de l'état civil, légalisés et écrits sur du papier timbré (loi du 13 brumaire an VII, art. 12 ; loi du 28 avril 1816, art. 62).

Le certificat de publication est soumis à une rétribution de 30 centimes, outre le remboursement du papier timbré (décret du 12 juillet 1807, art. 1ᵉʳ ; circulaire du ministre de l'intérieur du 6 août 1807).

Quant aux publications qui ont été faites dans la commune même où se célèbre le mariage, elles n'ont pas besoin d'être constatées par des certificats particuliers ; elles le sont par la mention qui en est faite dans l'acte de célébration. Ainsi, dans ce cas, la rétribution de 30 centimes n'est pas due.

Lorsque les publications ont été faites en pays étranger, il faut remettre à l'officier un certificat délivré par les agents diplomatiques français, ambassadeurs, consuls ou autres, s'il y en a dans le pays, certificat qui doit être visé par le ministre des affaires étrangères. A défaut d'agents français dans le pays, les parties doivent remettre un certificat des autorités locales étrangères, constatant que les publications ont été faites dans les formes prescrites par les lois du pays, ou qu'on y a suppléé par des formalités analogues, suivant l'usage des lieux. Ce certificat est légalisé par l'agent diplomatique de la France, s'il y en a, et visé par le ministre des affaires étrangères (ordonnances du 23 et du 26 octobre 1833).

S'il y a eu dispense d'une des deux publications, il faut joindre aux pièces constatant la première, l'expédition de la décision qui accorde dispense de la seconde, expédition délivrée par le secrétaire de la mairie du lieu où le mariage se célèbre (voyez n° 210).

Les certificats devant mentionner l'existence ou la non-existence des oppositions, il est clair qu'ils ne peuvent être délivrés qu'après l'expiration du délai avant lequel le mariage ne peut être célébré, à partir de la seconde publication. Il est bon de mentionner dans le certificat même l'opposition qui serait survenue après cette époque. Il n'est pas besoin de produire un certificat de non-opposition dans le lieu où se célèbre le mariage : il suffit de mentionner dans l'acte de mariage qu'il n'a pas été signifié d'opposition, ou qu'il a été donné mainlevée de celles qui ont été signifiées (Code civil, art. 69 et 76). Les mainlevées sont justifiées par la remise des actes qui les accordent ou des jugements qui les ordonnent (voyez n° 221).

233. 8° *Justifications spéciales relatives aux étrangers.* — Lorsque deux étrangers, ou une personne française et une personne étrangère se présentent pour se marier en France, l'officier de l'état civil doit exiger d'eux la preuve de l'accomplissement de toutes les formalités prescrites par la loi française : il doit donc se faire représenter leur acte de naissance, le consentement de leurs parents, ou la preuve du décès de ces derniers, la justification des publications faites à l'étranger (justification faite comme celle qu'on exige de Français qui ont des publications à faire à l'étranger), et enfin la remise d'un certificat constatant l'aptitude de l'étranger à se marier avec la personne qu'il se propose d'épouser. Voici, à cet égard, la circulaire adressée par le garde des sceaux aux procureurs généraux, le 4 mars 1831 :

« Monsieur le procureur général, dans plusieurs États limitrophes ou voisins de la France, la loi défend aux regnicoles de se marier en pays étrangers sans une autorisation du Gouvernement, sous peine de la nullité de leur mariage ; il résulte de là que, lorsque les habitants de ces pays, attirés en France par l'activité de l'industrie ou par la richesse du sol, y ont épousé des Françaises sans avoir obtenu cette autorisation, s'ils veulent ensuite retourner dans léur patrie, leurs femmes et leurs enfants s'en voient repoussés comme illégitimes.

« Un tel état de choses impose au gouvernement français le devoir de recourir à quelques précautions propres à assurer la validité des mariages contractés de bonne foi par des femmes qui, après l'accomplissement de toutes les formalités requises par les lois françaises, ont dû compter sur la protection de ces lois.

« Le moyen le plus efficace me paraît être d'exiger de tout étranger *non naturalisé*, qui voudra désormais se marier en France, la justification, par un certificat des autorités du lieu de sa naissance ou de son dernier domicile dans sa patrie, qu'il est apte, d'après les lois qui régissent sa patrie, à contracter mariage avec la personne qu'il se propose d'épouser.

« En cas de contestation, les tribunaux compétents seront appelés à statuer.

« Je profite de cette occasion pour vous faire observer qu'aux termes de l'article 157 du Code civil les étrangers majeurs qui n'ont point acquis de domicile en France par une résidence de plus de six mois sont tenus de faire faire, à leur dernier domicile à l'étranger, les publications préalables à la célébration de leur mariage;

« Que les Français mêmes qui se trouvent, relativement au mariage, sous la puissance de personnes domiciliées en pays étranger, doivent faire faire à ce domicile les publications inscrites par l'article 168;

« Qu'enfin ces publications doivent avoir lieu suivant les formes usitées dans chaque pays, et que leur accomplissement doit être constaté par un acte émané des autorités locales.

« Ainsi l'a décidé, le 20 décembre 1823, le comité de législation du Conseil d'État, dont l'avis me paraît entièrement conforme au texte et à l'esprit de la loi. »

231. *Règles communes à toutes les pièces justificatives produites.* — Toutes les pièces que produisent les futurs époux doivent rester annexées à l'acte de mariage, après avoir été parafées ainsi qu'il a été dit § 3, nº 111. Les pièces venues de l'étranger sont légalisées par les agents diplomatiques français et visées par le ministre des affaires étrangères. Celles qui sont rédigées en langue étrangère doivent être préalablement traduites. A cet effet, l'officier de l'état civil désigne un export-interprète, lui fait prêter serment, et rédige sur papier timbré un procès-verbal énonçant la désignation de l'interprète, sa prestation de serment et la traduction. Ce procès-verbal, signé par l'officier de l'état civil et par l'interprète, reste annexé, avec l'original en langue étrangère, à l'acte de célébration.

Dans la vue de faciliter le mariage des personnes pauvres, l'article 8 de la loi des finances du 3 juillet 1846 permit d'enregistrer gratis et de viser pour timbre les actes nécessaires à la célébration du mariage des indigents et à la légitimation de leurs enfants, et dispensa les copies et expédition de tout droit de greffe. Le 30 décembre 1846, une ordonnance du roi détermina les formes selon lesquelles l'indigence serait constatée dans les cas prévus par cette loi.

On est allé plus loin par la loi du 10 décembre 1850, qui abroge celle de 1846 et l'ordonnance du 30 décembre de la même année : elle ajoute aux actes, dont l'accomplissement sera facilité aux indigents, le retrait des enfants déposés dans les hospices, et, indépendamment des exemptions ou diminutions de droits, elle ordonne l'intervention directe des officiers de l'état civil pour la réunion des papiers nécessaires. Ces dispositions créent, pour les officiers de l'état civil, des devoirs nouveaux qu'il leur importe de bien connaître.

Aux termes de cette loi, article 1er, les pièces nécessaires au mariage des indigents, à la légitimation de leurs enfants naturels et au retrait de ces enfants déposés dans les hospices, seront réclamées et réunies par les soins de l'officier de l'état civil de la commune dans laquelle les parties auront déclaré vouloir se marier. Les expéditions de ces pièces pourront, sur la demande du maire, être réclamées et transmises par les procureurs de la République.

Les extraits des registres de l'état civil, les actes de notoriété, de consentement, de publication; les délibérations de conseil de famille, les certificats de libération du service militaire, les dispenses pour cause de parenté, d'alliance ou d'âge, les actes de reconnaissance des enfants naturels, les actes de procédures, les jugements et arrêts dont la production sera nécessaire dans les cas prévus par l'article 1er, seront visés pour timbre et enregistrés gratis lorsqu'il y aura lieu à enregistrement. Il ne sera perçu aucun droit de greffe, ni aucun droit de sceau au profit du Trésor, sur les minutes et originaux, ainsi que sur les copies ou expéditions qui en seraient passibles. L'obligation du visa pour timbre n'est pas applicable aux publications civiles, ni au certificat constatant la célébration civile du mariage (art. 4).

La taxe des expéditions des actes de l'état civil requises pour le mariage des indigents est réduite, quels que soient les détenteurs de ces pièces, à 30 centimes lorsqu'il n'y aura pas lieu à légalisation, à 50 centimes lorsque cette dernière formalité devra être accomplie (art. 5).

Seront admises au bénéfice de la loi les personnes qui justifieront d'un certificat d'indigence à elles délivré par le commissaire de police, ou par le maire dans les communes où il n'existe pas de commissaire de police, sur le vu d'un extrait du rôle des contributions constatant que les parties intéressées payent moins de 10 francs, ou d'un certificat du percepteur de leur commune portant qu'elles ne sont pas imposées. Le certificat d'indigence sera visé et approuvé par le juge de paix du canton. Il sera fait mention dans le visa de l'extrait des rôles ou du certificat négatif du percepteur (art. 6).

Les actes, extraits, copies ou expéditions ainsi délivrés, mentionneront expressément qu'ils seront destinés à servir à la célébration d'un mariage entre indigents, à la légitimation ou au retrait de leurs enfants naturels déposés dans les hospices. Ils ne pourront servir à autres fins, sous peine de 25 francs d'amende, outre le payement des droits, contre ceux qui en auront fait usage ou qui les auront indûment délivrés ou reçus (art. 7.)

Le certificat prescrit par l'article 6 sera délivré en plusieurs originaux, lorsqu'il devra être produit à divers bureaux d'enregistrement. Il sera remis au bureau de l'enregistrement, où les actes, extraits, copies ou expéditions devront être visés pour timbre et enregistrés gratis. Le receveur en fera mention dans le visa pour timbre et dans la relation de l'enregistrement. Néanmoins, les réquisitions des procureurs de la République tiendront lieu des originaux ci-dessus prescrits, pourvu qu'elles mentionnent le dépôt du certificat d'indigence à leur parquet. L'extrait du rôle ou le certificat négatif du percepteur sera annexé aux pièces déposées pour la célébration du mariage (art. 8).

Cette loi est applicable au mariage entre Français et étrangers, et elle est exécutoire aux colonies (art. 9).

235. L'acte de mariage constate la remise des pièces justificatives nécessaires.

236. — *Formule de certificat de publication et de non-opposition.*

Nous soussigné (*nom et prénoms du fonctionnaire*), maire (*ou adjoint, ou conseiller municipal*) de la commune de..., canton de..., département de..., certifions que le.... dimanche du mois de..., année..., à.... heure du..., nous avons fait devant la porte de la maison commune la première publication du mariage, projeté entre (*noms, prénoms, âge, profession et domicile des futurs et de leurs pères et mères*) ; que pareille publication a été faite par nous, dans les mêmes formes pour la seconde fois le.... dimanche du mois de..., à.... heure du..., et qu'il ne nous a été signifié aucune opposition audit mariage. En foi de quoi nous avons délivré le présent certificat. A..., le....

[*Signature de l'officier de l'état civil.*]

Certificat de publication, s'il y a eu opposition et mainlevée.

Nous (*nom et prénoms*), maire (*ou adjoint, ou conseiller municipal*) de la commune de..., canton de..., département de..., certifions que les deux publications du mariage entre (*prénoms, noms, profession, domicile des futurs et de leurs pères et mères*), ont été faites et affichées devant la porte de la maison commune (*ou du maire ou adjoint, s'il n'y a pas de maison commune*) de..., le.... dimanche du mois de..., à.... heure du.... Certifions, en outre, qu'opposition a été formée à ce mariage au nom de.... (*prénoms, nom et qualité de l'opposant*), par exploit de (*nom et prénoms*), huissier près le tribunal de l'arrondissement de..., et que la mainlevée de cette opposition a été donnée par les opposants par acte reçu par M⁰ (*indication du notaire*), ou par jugement du tribunal de..., ou par arrêt de la Cour d'appel de..., en date du....

Fait à..., le....

[*Signature de l'officier de l'état civil.*]

Célébration du mariage.

237. Quand toutes les justifications nécessaires ont été faites, on célèbre le mariage dans la commune où l'un des deux futurs a son domicile. Ce domicile, quant au mariage, s'établit par une résidence continue de six mois dans le même lieu (Code civil, art. 74). Si une personne qui a, par la résidence continue pendant six mois, acquis le droit de se marier dans une commune, demande à se marier dans la commune de son domicile ordinaire et réel, l'officier de l'état civil de cette dernière commune peut-il le célébrer ? Cette question est controversée : si le cas se

présentait, il faudrait avoir recours au procureur de la République.

Si l'un des futurs était mineur, il semble que la résidence de six mois ne suffirait pas pour l'autoriser à faire célébrer son mariage dans une autre commune que celle du domicile de ses père et mère ou de son tuteur. C'est encore un de ces cas où l'officier de l'état civil ne devrait rien faire sans consulter le procureur de la République de l'arrondissement.

238. On avait eu d'abord des doutes sur la question de savoir où il faudrait célébrer le mariage des militaires. Le Conseil d'État a rendu, à cet égard, le quatrième jour complémentaire de l'an XIII, un avis ainsi conçu :

« Le Conseil d'État, qui, d'après le renvoi qui lui a été fait par S. M. l'empereur et roi, a entendu le rapport de la section de législation sur celui du grand juge ministre de la justice, tendant à faire décider *si les militaires ne peuvent contracter mariage que devant l'officier de l'état civil du domicile de l'un des époux, et si ce domicile doit être acquis, pour le militaire, par six mois d'habitation dans le lieu où le mariage sera célébré;*

« Considérant que l'article 165 du Code civil porte que le mariage sera célébré par l'officier du domicile de l'une des parties; que ce domicile, aux termes de l'article 74, est acquis par six mois d'habitation continue dans la même commune; que les articles 94 et 95 du Code civil ne concernent que les militaires hors du territoire de l'Empire; qu'il n'y a nulle exception en faveur des militaires en activité de service dans l'intérieur,

« Est d'avis que les militaires, lorsqu'ils se trouvent sur le territoire de l'Empire, ne peuvent contracter mariage que devant les officiers de l'état civil des communes où ils ont résidé sans interruption pendant six mois, ou devant l'officier de l'état civil de la commune où les futures épouses ont acquis le domicile fixé par l'article 74 du Code civil après avoir rempli les formalités prescrites par les articles 166, 167 et 168. »

239. Ce sont les parties qui indiquent à l'officier de l'état civil le jour où elles désirent faire célébrer le mariage, après l'expiration des délais des publications (Code civil, art. 75). Cette célébration, dont l'officier de l'état civil fixe l'heure, peut avoir lieu même un dimanche.

240. Les formalités requises doivent s'accomplir dans la maison commune (ou dans celle qui en tient lieu), les portes étant ouvertes et le public admis (Code civil, art. 75 et 165; décision du ministre de la justice, du 21 juillet 1818). Si cependant l'un des futurs était trop malade ou trop infirme pour pouvoir se transporter dans la maison commune ou dans celle qui en tient lieu, l'officier de l'état civil pourrait, après que l'impossibilité aurait été constatée par le certificat d'un docteur en médecine ou chirurgie, ou d'un officier de santé, se transporter au domicile du futur et y célébrer le mariage ; les portes de ce domicile devraient rester ouvertes, et le public être admis. L'acte de mariage doit faire mention de la cause qui a empêché la célébration dans la maison commune, et le certificat du médecin doit rester annexé à l'acte de célébration. Cette tolérance, imposée par la nécessité, ne doit pas être étendue ; les officiers de l'état civil qui, par déférence ou par complaisance, déplacent les registres et vont célébrer les mariages au domicile des particuliers, sans nécessité constatée, commettent un abus grave et engagent leur responsabilité.

241. À l'heure et au jour fixés, les futurs se rendent dans la maison commune, ou dans celle qui en tient lieu, avec quatre témoins, parents ou non parents, ayant les qualités requises pour les témoins des actes de l'état civil, mais autres que les personnes qui interviennent pour donner le consentement qui doit être obtenu ou demandé. Lorsque toutes ces personnes sont réunies, l'officier de l'état

civil se fait remettre les pièces justificatives qui ont été produites et en donne lecture à haute voix; il lit également les articles du Code civil relatifs aux droits et aux devoirs respectifs des époux; on se borne ordinairement à lire, non pas le chapitre entier du titre VI, mais les articles 212, 213 et 214. Après ces lectures, il demande au futur s'il veut prendre pour femme la future, qu'il désigne par ses prénoms et nom, et à la future si elle veut prendre pour mari le futur, désigné de la même manière; il reçoit de chaque partie la réponse affirmative, et prononce, au nom de la loi, que les futurs sont unis en mariage (Code civil, art. 75). Si l'un des futurs répondait négativement ou ne donnait pas une réponse clairement affirmative, l'officier ne devrait pas aller plus avant, et il n'y aurait pas de mariage.

242. Toutes les formalités qui viennent d'être énumérées doivent être accomplies par l'officier de l'état civil lui-même; ni le secrétaire de la mairie, ni aucune autre personne ne pourraient, à sa place, recevoir les déclarations des futurs et les déclarer unis. Seulement les pièces peuvent être préparées par le secrétaire de la mairie, et même lues par lui au moment de la célébration, mais toujours en présence de l'officier de l'état civil.

Des actes de mariage.

243. La loi veut que l'acte de mariage soit dressé sur-le-champ, c'est-à-dire aussitôt après la célébration (Code civil, art. 75). Sous aucun prétexte, il ne faut remettre à un autre moment la rédaction et la signature de l'acte.

L'acte de mariage est soumis aux formes communes à tous les actes de l'état civil.

244. Il doit spécialement contenir les énonciations suivantes prescrites par l'article 76 du Code civil :

Le lieu et la publicité de la célébration.

Les prénoms, noms, profession, âge, lieux de nais-

sance et domicile des deux époux. Si, dans l'acte de
naissance qui a été produit par l'un des futurs, il y
a des erreurs d'orthographe ou quelque omission
de prénoms, il n'est pas nécessaire qu'avant de célébrer le mariage on fasse procéder à la rectification de
l'acte, ce qui entraînerait trop de longueurs; il suffit
que les pères et mères ou les aïeuls qui assistent au
mariage attestent l'identité; s'ils n'assistent pas au
mariage, mais qu'ils y aient consenti, l'attestation
d'identité se trouve suffisamment dans l'acte de consentement. Si le consentement est donné par le conseil de famille ou par un tuteur spécial, l'attestation
d'identité peut être faite par la délibération du conseil
de famille, ou par la déclaration du tuteur spécial;
enfin, s'il s'agit de majeurs qui n'aient point à justifier d'un consentement, l'identité est suffisamment
constatée par la déclaration des quatre témoins de
l'acte de mariage (avis du Conseil d'État, du 30 mars
1807). Les attestations d'identité doivent être énoncées dans l'acte de mariage.

Si les époux sont majeurs ou mineurs.

Les prénoms, noms, âge, profession, domicile des
pères et mères, et ce, alors même qu'ils seraient
morts, afin que la filiation soit parfaitement constatée.

Le consentement des ascendants, du conseil de
famille ou du tuteur spécial, conformément aux
règles exposées n° 190, ou les actes respectueux, s'il
en a été signifié, ou les causes qui ont empêché de
rapporter le consentement requis et de signifier les
actes respectueux. Dans le cas où, pour la justification du décès d'une ou plusieurs personnes à qui le
consentement devait être demandé, il a été produit un
acte contenant une erreur d'orthographe dans les
noms du décédé, ou une erreur ou omission dans ses
prénoms, il n'est pas nécessaire, avant de procéder
à la célébration, d'obtenir la rectification judiciaire
de l'acte; il suffit que l'identité soit attestée par la
déclaration, avec serment, des ascendants, du conseil

de famille ou du tuteur spécial, qui donnent leur consentement au mariage; ou par celle des quatre témoins de l'acte, s'il s'agit de futurs majeurs de vingt et un ans, qui se marient sans pouvoir rapporter le consentement de leurs parents (avis du Conseil d'État, du 30 mars 1808). Toutes ces attestations d'identité doivent être énoncées dans l'acte.

Les publications faites dans les divers domiciles où elles doivent avoir lieu.

Les oppositions, s'il y en a eu, leur mainlevée, ou la mention qu'il n'y a point eu d'opposition;

La lecture, aux parties et aux témoins, des pièces produites.

La lecture aux parties, en présence des témoins, des dispositions du Code civil sur les droits et les devoirs des époux.

La déclaration des contractants de se prendre pour époux, et le prononcé de leur union par l'officier de l'état civil.

Les prénoms, noms, âges, professions et domiciles des quatre témoins, et leurs déclarations, s'ils sont parents ou alliés des contractants ou de l'un d'eux, de quel côté et à quel degré.

245. Les énonciations qui précèdent doivent se trouver dans tous les actes de mariage. Il faut y ajouter, selon les circonstances, les dispenses d'âge, de parenté, l'indication détaillée du premier époux lorsque les futurs ou l'un d'eux ont déjà été mariés, et les pièces d'où résulte la preuve de la dissolution du premier mariage; la permission accordée par l'autorité compétente, si le futur est militaire; les dispenses de seconde publication, s'il en a été accordé; la reconnaissance d'un enfant naturel que les futurs veulent légitimer, si la reconnaissance n'a pas été faite par un acte précédent; il est bon de rappeler dans l'acte, la reconnaissance antérieure, bien que cela ne soit pas nécessaire pour que la légitimation s'opère complètement.

Un même acte peut rassembler plusieurs de ces

circonstances exigeant des mentions spéciales. Tel serait le cas du mariage d'un militaire veuf, épousant, après dispense d'une publication, une demoiselle dont il aurait ou un enfant qu'ils voudraient légitimer par leur union. C'est à l'intelligence du rédacteur de l'acte à y faire entrer toutes les énonciations que les circonstances exigent.

240. — Formules.

1° Acte de mariage passé avec l'assistance des pères et mères des futurs, majeurs ou mineurs.

L'an mil huit cent..., le.... du mois de..., à.... heure du..., par-devant nous (*nom et prénoms*), maire (*ou adjoint*) de la commune de..., canton de..., arrondissement de...., département de...., remplissant les fonctions d'officier de l'état civil, sont comparus en la maison commune (*prénoms, nom, profession, âge du futur*), né à..., le.... du mois de.... de l'année..., ainsi que cela résulte de l'acte de naissance qu'il nous a produit, qu'il a parafé avec nous et qui restera annexé au présent acte de mariage, domicilié à..., fils majeur (*ou mineur*) de (*prénoms, nom, profession et domicile du père du futur*), et de (*prénoms, nom, profession et domicile de la mère du futur*), et (*prénoms, nom, profession, âge de la future*), née à..., le.... du mois de.... de l'année..., ainsi que cela résulte de l'acte de naissance qu'elle nous a produit, qu'elle a parafé avec nous et qui restera annexé au présent acte de mariage, domiciliée à..., fille majeure (*ou mineure*) de (*prénoms, nom, profession et domicile du père de la future*), et de (*prénoms, nom, profession et domicile de la mère de la future*), lesquels, assistés de leurs pères et mères à ce consentant, nous ont requis de procéder à la célébration du mariage projeté entre eux, et dont les publications ont été faites devant la principale porte de notre maison commune : savoir, la première le..... du mois de.... de l'an..., à.... heure, et la seconde le.... du mois de.... de l'année..., à.... heure ; aucune opposition audit mariage ne nous ayant été signifiée, faisant droit à leur réquisition, après avoir donné lecture de toutes les pièces ci-dessus mentionnées et du chapitre 6 du Code civil relatif au mariage, avons demandé au futur époux et à la future épouse s'ils veulent se prendre pour mari et pour femme : chacun d'eux ayant répondu séparément et affirmativement, déclarons au nom de la loi que (*prénoms, nom du futur*), et (*prénoms, nom de la future*) sont unis en mariage. De tout quoi nous avons dressé acte sur-le-champ, en présence de (*prénoms, noms, âge, profession et domicile des quatre témoins, mention du degré de leur parenté et de quel époux ils sont parents ou alliés*), lesquels ont signé avec nous, ainsi que les parties contractantes et les pères et mères de celles-ci, après que lecture du tout leur a été faite.

[*Suivent les signatures ou la mention prescrite en cas de défaut de signature.*]

2° *Acte de mariage célébré ailleurs qu'à la maison commune.*

" L'an mil huit cent..., le.... du mois de..., à.... heure du..., par-devant nous (*prénoms, nom*), maire (*ou adjoint*) de la commune de..., canton de..., arrondissement de..., département de..., remplissant les fonctions d'officier de l'état civil, et étant en la maison de (*le nom du propriétaire de la maison où se célèbre le mariage*), sise dans la rue de..., n°..., où nous nous étions transporté sur la demande de (*le nom de l'époux malade*), et en raison de la maladie grave dont il est atteint et qui l'empêche de se rendre à la maison commune, ainsi qu'il nous a été attesté par le certificat de (*prénoms, nom, qualité du médecin*), lequel certificat, parafé avec nous par les parties, demeurera annexé au présent acte, sont comparus, etc. (*Le reste comme au modèle ci-dessus.*)

3° *Acte de mariage avec dispense d'âge.*

On suivrait le modèle n° 1 jusqu'à ces mots : *assistés de leurs pères et mères à ce consentant.*
On ajouterait :

Nous ont déclaré qu'ils étaient dans l'intention de s'unir en mariage avec l'autorisation de la dispense d'âge qui a été accordée à (*un des époux, ou les deux*) par le gouvernement, le..., enregistrée au greffe du tribunal de première instance de l'arrondissement de...; et dont il nous a été présenté une expédition délivrée par le greffier dudit tribunal le..., laquelle expédition, parafée par nous et par la partie produisante, restera annexée au présent acte de mariage. En conséquence, ils nous requièrent de procéder, etc. (*Le reste comme au modèle n° 1.*)

4° Acte de mariage avec dispense de parenté.

L'an mil huit cent..., le.... du mois de..., à.... heure du..., par-devant nous (*prénoms et nom*), maire (*ou adjoint*) de la commune de..., canton de..., arrondissement de..., département de..., remplissant les fonctions d'officier de l'état civil, est comparu en la maison commune (*prénoms, nom, profession, âge du futur époux*), né à..., le.... du mois de.... de l'année..., ainsi que cela résulte de l'acte de naissance qu'il nous a représenté, qu'il a parafé avec nous et qui restera annexé au présent acte de mariage, domicilié à..., fils majeur (*ou mineur*) de (*prénoms, nom, profession et domicile des père et mère du futur*), lequel nous a déclaré qu'il est dans l'intention de s'unir en mariage avec (*prénoms, nom de la future*), sa nièce (*ou sa tante, ou sa belle-sœur, ou sa grand'tante*), avec l'autorisation de la dispense de parenté que lui a accordée le gouvernement, le..., enregistrée au greffe du tribunal de première instance de l'arrondissement de..., et dont il nous a présenté une expédition, délivrée par le greffier du tribunal, le...., laquelle expédition, parafée par nous et par la partie produisante, restera annexée au présent acte de mariage. Est aussi comparue (*prénoms, nom, profession, âge de la future*), née à..., le.... du mois de.... de l'année..., ainsi que cela résulte de l'acte de naissance qu'elle nous a produit, qu'elle a parafé avec nous et qui restera annexée au présent acte de mariage, domiciliée à..., fille majeure (*ou mineure*) de (*prénoms, nom, profession et domicile du père de la future*), et de (*prénoms, nom, profession et domicile de la mère de la future*), laquelle nous a déclaré qu'elle est dans l'intention de s'unir en mariage avec (*prénoms, nom du futur*), son oncle (*son neveu, son beau-frère ou son grand-oncle*), en vertu de la dispense ci-dessus mentionnée ; en conséquence, et étant assistés de leurs pères et mères à ce consentant, ils nous requièrent, etc. (*Le reste comme au modèle n° 1.*)

5° Acte de mariage dans le cas où l'un des époux ne peut pas représenter son acte de naissance.

L'an mil huit cent..., le... du mois de..., à.... heure du..., par-devant (*prénoms et nom*), maire (*ou adjoint*) de la commune de..., canton de..., arrondissement de..., département de..., remplissant les fonctions d'officier de l'état civil, sont comparus ou la maison commune (*prénoms, nom, profession, âge et domicile du futur époux*), fils majeur (*ou mineur*) de (*prénoms, nom, profession et domicile du père du futur époux*), et de (*prénoms, nom,' profession et domicile de la mère du futur époux*), ainsi que cela résulte d'un acte de notoriété qui nous a été produit, le futur époux étant dans l'impossibilité de représenter son acte de naissance, lequel acte de notoriété, rédigé dans les formes voulues par les articles 71 et 72 du Code, a été parafé par nous et par la partie produisante, et restera annexé au présent acte de mariage. (*Le reste comme au modèle n° 1 ; si c'est la future qui ne peut représenter son acte de naissance, on fera, en ce qui la concerne, les mêmes énonciations.*)

6° *Acte de mariage avec le consentement des pères et mères non assistant à la célébration.*

Dans cette hypothèse, l'acte de mariage se rédigerait ainsi : on suivrait exactement le modèle n° 1, sauf les mots : *assistés de leurs pères et mères à ce consentant,* jusqu'à ceux-ci : *aucune opposition ;* mais, avant ces dernières expressions, on dirait :

Les pères et mères des époux (*ou de tel des époux*) consentant au présent mariage, ainsi que cela résulte d'un acte reçu le..., par M°..., notaire à..., enregistré le..., qui nous a été représenté, parafé par nous et par la partie produisante, et qui restera annexé au présent acte de mariage. (*Le reste comme au modèle n° 1.*)

7° *Acte de mariage avec le consentement des aïeuls et aïeules, les pères et mères, ou l'un d'eux, étant décédés ou dans l'impossibilité de manifester leur volonté.*

L'an mil huit cent..., le.... du mois de..., à.... heure du..., par-devant nous (*prénoms et nom*), maire (*ou adjoint*) de la commune de..., canton de..., arrondissement de..., département de...., remplissant les fonctions d'officier de l'état civil, sont comparus en la maison commune (*prénoms, nom, profession, âge du futur époux*), né à..., le.... du mois de.... de l'année..., ainsi que cela résulte de l'acte de naissance qu'il nous a produit, qu'il a parafé avec nous et qui restera annexé au présent acte de mariage, domicilié à..., fils majeur (*ou mineur*) de (*prénoms, nom, profession et domicile du père du futur*), décédé à..., le.... du mois de.... de l'année..., ainsi que cela résulte de son acte de décès qui nous a été produit, a été parafé par nous et par la partie produisante, et qui restera annexé au présent acte de mariage, et de (*prénoms, nom, profession de la mère du futur époux*), décédée à..., le.... du mois de.... de l'année..., ainsi que cela résulte de l'acte de décès qu'il nous a représenté, qu'il a parafé avec nous, et qui restera annexé au présent acte de mariage ; et (*prénoms, nom, profession, âge de la future épouse*), domiciliée à..., fille majeure (*ou mineure*) de (*prénoms, nom, profession et domicile du père de la future*), décédé à..., le.... du mois de.... de l'année..., ainsi que cela résulte de son acte de décès qui nous a été remis, qui a été parafé par nous et par la partie produisante, et qui restera annexé au présent acte de mariage, et de (*prénoms, nom, profession, domicile de la mère de la future*) décédée à..., le... du mois de... de l'année... ainsi que cela résulte de son acte de décès qui nous a été remis, qui a été parafé par nous et par la partie produisante et qui restera annexé au présent acte de mariage ; lesquels, assistés de (*prénoms, nom, profession et domicile*), aïeul paternel de l'époux, et de (*prénoms, nom, profession et domicile*), son aïeule paternelle, ainsi que de (*prénoms, nom, profession et domicile*), son aïeul maternel, et de (*prénoms, nom, profession et domicile*), son aïeule maternelle (*les mêmes énonciations pour les aïeuls et aïeules de l'épouse*), à ce consentant.... (*Le reste comme au modèle n° 1.*)

Si l'un ou l'autre des ascendants était décédé, on se ferait représenter l'acte de décès, et on le relaterait dans l'acte dans les mêmes termes que ceux des pères et mères ; et alors, après avoir dit, *fils ou fille d'un tel ou d'une telle*, on ajouterait, *petit-fils d'un tel ou d'une telle*, exprimant d'abord les aïeuls de la branche paternelle, et ensuite ceux de la branche maternelle.

8° Acte de mariage dans le cas d'absence d'un ascendant qui devait consentir.

On suivrait le modèle n° 1 jusqu'aux mots *aucune opposition ;* mais, avant ceux-ci, l'on dirait :

Un tel (*prénoms, nom, profession*), l'ascendant de l'époux ou de l'épouse, n'a pas été appelé à donner son conseil pour le présent mariage, en raison de son absence, qui nous a été justifiée (soit par la représentation du jugement rendu pour déclarer l'absence, soit, à défaut de celui-ci, par la représentation du jugement qui a ordonné l'enquête ; soit, s'il n'y a encore eu aucun jugement, par la représentation d'un acte de notoriété délivré par le juge de paix du lieu où l'ascendant a eu son dernier domicile, en la forme prescrite par l'article 155 du Code Napoléon), lequel jugement ou lequel acte de notoriété a été parafé par nous, officier de l'état civil, et par la partie produisante, et restera annexé au présent acte de mariage. (*Le reste comme au modèle n° 1.*)

9° Acte de mariage dans le cas où un ascendant qui devait consentir serait décédé sans qu'il eût été dressé acte de son décès.

On exigerait un acte de notoriété semblable, et l'on rédigerait l'acte de mariage de même que pour les cas précédents ; on dirait, après avoir suivi le modèle n° 1 jusqu'aux mots *aucune opposition* :

Un tel (*prénoms, nom, profession*), domicilié à..., ascendant de l'époux ou de l'épouse, dont le conseil aurait dû être demandé, est décédé à..., le.... du mois de.... de l'année..., ainsi que cela résulte, à défaut de l'acte de décès, d'un acte de notoriété, dressé le.... du mois de.... de l'année..., sur la déclaration de quatre témoins, par M. le juge de paix du canton de..., arrondissement de..., département de..., lequel acte de notoriété, à nous produit, a été parafé par nous, officier de l'état civil, et par la partie produisante, et restera annexé au présent acte de mariage. (*Le reste comme au modèle n° 1.*)

10° Acte de mariage sur l'attestation, par les aïeuls, du décès des pères et mères, d'après l'avis du 3 thermidor an XIII.

Après avoir, sauf les mots *assistés de leurs pères et mères à ce consentant*, suivi le modèle n° 1 jusqu'aux expressions *aucune opposition*, on dirait :

Les pères et mères des futurs époux sont décédés sans qu'il ait été possible d'en rapporter la preuve légale ; mais, ainsi que cela résulte de l'attestation de (*prénoms, nom, profession et domicile*), aïeul et aïeule des futurs époux, qui, présents à l'acte de mariage, ont déclaré que leur fils ou leur fille, père ou mère de l'époux ou de l'épouse, est en effet décédé à..., le.... du mois de.... de l'année..., et que, quant à eux, aïeul et aïeule, ils assistent leur petit-fils ou leur petite-fille, et donnent leur consentement au présent acte de mariage.

11° Acte de mariage sur attestation du décès des ascendants.
Arts du 4 thermidor an XIII.

Après avoir, sauf les mots *assistés de leurs pères et mères à ce consentant*, suivi le modèle n° 1 jusqu'aux expressions *aucune opposition*, on dirait :

Les pères et mères ou autres ascendants des futurs époux (*ou de l'un d'eux*), dont le conseil serait requis par la loi, sont décédés, sans que l'on nous en ait représenté la preuve légale ; mais, ainsi que l'attestent les époux (*ou l'un d'eux*), qui nous ont déclaré sous la foi du serment que le lieu du décès et celui du dernier domicile de leurs ascendants leur sont inconnus, laquelle déclaration a été certifiée, aussi sous serment, par les quatre témoins du présent acte de mariage, qui ont affirmé que, quoiqu'ils connaissent les futurs époux, ils ignorent le lieu du décès de leurs ascendants et leur domicile. (*Le reste comme au modèle n° 1.*)

12° Acte de mariage après des actes respectueux.

Après avoir, sauf les mots *assistés de leurs pères et mères à ce consentant*, suivi le modèle n° 1 jusqu'aux mots *aucune opposition*, on dirait :

Les pères et mères (*ou autres ascendants*) des futurs époux ayant refusé leur consentement au présent mariage, il nous a été exhibé : 1° par le futur époux, un acte respectueux fait le.... du mois.... de l'année...., par M'..., notaire à..., adressé à (*prénoms, nom, profession et domicile de l'ascendant, et son degré de parenté à l'égard du futur époux*), par lequel il lui demande de consentir à son union avec (*prénoms, nom, profession et domicile de la future épouse*); (si le futur a moins de 30 ans, on ajoutera : ledit acte respectueux renouvelé à deux reprises, ainsi que le justifient les procès-verbaux dressés par M⁰..., notaire à...), lesquels actes respectueux et procès-verbaux ont été parafés par nous et par la partie produisante, et resteront annexés au présent acte de mariage ; — 2° par la future épouse, un acte respectueux fait le.... du mois de.... de l'an..., par M⁰..., notaire à..., adressé à (*prénoms, nom, profession et domicile de l'ascendant refusant et son degré de parenté avec la future épouse*), par lequel elle lui demande de vouloir bien consentir à son mariage avec (*prénoms, nom, profession et domicile du futur époux*); (si la future a moins de 25 ans, on ajoutera : ledit acte respectueux renouvelé à deux reprises, ainsi que le justifient les procès-verbaux dressés par M⁰..., notaire à...), lesquels actes respectueux et procès-verbaux ont été parafés par nous et par la partie produisante, et resteront annexés au présent acte de mariage.

Vu par nous, officier de l'état civil, lesdits actes respectueux et les procès-verbaux dressés, considérant que les formalités requises par la loi ont été remplies, que les délais sont expirés, et que nous sommes requis par (*prénoms, nom, profession du futur époux*), et par (*prénoms, nom de la future épouse*) de procéder à la célébration du mariage projeté entre eux. (*Le reste comme au modèle n° 1.*)

S'il n'y avait refus que de la part des parents de l'un des futurs époux, on énoncerait que, quant à l'autre, il est assisté de ses père et mère ou autres ascendants, qui consentent au mariage.

13° *Acte de mariage après mainlevée d'une opposition.*

On suivra le modèle n° 1 jusqu'aux mots *aucune opposition* ; mais, à ceux-ci on substituera les expressions suivantes :

Vu l'opposition à nous signifiée le.... du mois de.... de l'année..., par..., huissier au tribunal de première instance de..., au nom de (*prénoms, nom, profession et domicile de la personne opposante*), par lequel il (*ou elle*) déclare s'opposer à ce qu'il soit procédé à la célébration du mariage de (*prénoms, nom, profession et domicile de celui des époux au mariage duquel on s'oppose*), laquelle opposition a été levée par la déclaration de l'opposant lui-même (*ou de l'opposante*), suivant acte en date du.... du mois de.... de l'année..., reçu par M°...., notaire à..., lequel acte de déclaration nous a été représenté, a été parafé par nous et par la partie produisante, et restera annexé au présent acte de mariage. — *Ou bien par jugement du tribunal de première instance de..., en date du.... du mois de...* passé en force de chose jugée, et dont expédition, parafée par nous et par la partie produisante, restera annexée au présent acte de mariage ; faisant droit à la réquisition de (*prénoms et nom du futur*) et de (*prénoms et nom de la future*). (*Le reste comme au modèle n° 1.*)

14° Acte de mariage, le consentement étant donné par le conseil de famille.

L'an mil huit cent..., le.... du mois de..., à.... heure du..., par-devant nous (*prénoms et nom*), maire (*ou adjoint*) de la commune de..., canton de..., arrondissement de..., département de..., sont comparus en la maison commune (*prénoms, nom, profession et âge du futur époux*), né à..., le.... du mois de.... de l'an..., ainsi que cela résulte de l'acte de naissance qu'il nous a produit, qu'il a parafé avec nous, et qui restera annexé au présent acte de mariage, domicilié à..., fils mineur de (*prénoms, nom, profession et domicile du père du futur*), décédé à..., le.... du mois de.... de l'année..., ainsi que cela résulte de son acte de décès, qui nous a été représenté, a été parafé par nous et par la partie produisante, et qui restera annexé au présent acte de mariage (*ou bien s'il n'est pas décédé, mais seulement dans l'impossibilité de manifester sa volonté, on dira :* fils mineur de [*prénoms, nom, profession et domicile du père du futur*], lequel ne peut manifester sa volonté en raison de son état d'imbécillité, de démence ou de toute autre cause qui l'empêchera d'exprimer clairement ses intentions). On fera ensuite les mêmes énonciations pour la mère du futur, ainsi que pour ses aïeuls et aïeules de la ligne paternelle et de la ligne maternelle ; les mêmes énonciations aussi en ce qui concernera la future, si elle est dans la même position ; puis on ajoutera :

Les père et mère ou autres ascendants du futur époux étant décédés ou dans l'impossibilité de manifester leur volonté, et le futur époux étant mineur de vingt et un ans, le conseil de famille dûment convoqué s'est réuni le...., du mois de.... de l'année..., sous la présidence de M. le juge de paix du canton de..., et, par sa délibération dudit jour, a déclaré donner son consentement au mariage que (*prénoms et nom du futur époux*) projette avec (*prénoms, nom, âge et domicile de la future*), de laquelle délibération expédition nous a été remise, a été parafée par nous et par la partie produisante, et restera annexée au présent acte de mariage.

Les mêmes énonciations seront faites en ce qui concerne la future, si elle se trouve dans la même position que le futur. S'il n'y a que l'un des futurs époux dont les ascendants soient décédés ou dans l'impossibilité de manifester leur volonté, on énoncera que, pour l'autre, il est assisté de ses père et mère ou est dans telle ou telle autre position ; puis on ajoutera : lesdits futurs époux nous ont requis de procéder à la célébration du mariage, etc. (*Le reste comme au modèle n° 1.*)

15° *Acte de mariage des enfants naturels.*

Si les deux futurs époux, ou l'un d'eux, étaient enfants naturels reconnus, leur acte de mariage se rédigerait suivant le modèle n° 1 ; mais s'ils n'étaient pas reconnus, ou si, l'ayant été, leurs pères ou leurs mères se trouvaient dans l'impossibilité de manifester leur volonté, et que les futurs époux fussent mineurs de vingt et un ans, il y aurait lieu alors à leur nommer un tuteur spécial ; dans ce cas, on suivrait le modèle n° 1, sauf cependant que, au lieu d'énoncer que les époux sont enfants d'un tel et d'une telle, on dirait enfants *nés de parents inconnus*, s'ils n'avaient pas été reconnus par leur père ou par leur mère ; puis, arrivés à ces mots *assistés*, au lieu de dire *de leurs pères et mères*, on dirait :

Assisté de (*prénoms, nom, profession et domicile*), nommé tuteur *ad hoc* par délibération du conseil de famille en date du..., ainsi que cela résulte du procès-verbal qui nous a été représenté, qui a été parafé par nous et par la partie produisante, et qui restera annexé au présent acte de mariage, ledit tuteur *ad hoc* consentant au présent mariage. (*Le reste comme au modèle n° 1.*)

16° Acte de mariage avec légitimation d'enfants naturels.

On suivra le modèle n° 1 jusqu'à ces mots : *sont unis en mariage*, puis on ajoutera :

Et à l'instant même (*prénoms et nom de l'époux*) et (*prénoms et nom de l'épouse*) nous ont déclaré qu'il existe (*ou qu'il a existé*) de leur union naturelle un (*ou des*) enfant inscrit sur les registres de l'état civil de la commune de..., à la date du.... et sous les noms de..., lequel (*ou laquelle ou lesquels*) ils reconnaissent pour leur fils (*ou leur fille*); voulant que la présente déclaration légitime sa (*ou leur*) naissance, et lui (*ou leur*) donne les mêmes droits que pourraient avoir les enfants qui viendraient à naître de leur union légitime. (*Le reste comme au modèle n° 1.*)

17° Acte de mariage après publications dans différentes communes.

On suivrait le modèle n° 1 jusqu'aux mots *dont les publications*, puis on dirait :

Dont les publications ont été faites devant la principale porte de notre maison commune; savoir : la première le.... du mois de.... de l'an..., à.... heure..., et la seconde le.... du mois de..... de l'année..., heure, ainsi que devant la principale porte de la maison commune de... (*et de...*); savoir : la première le.... du mois de.... de l'année..., à.... heure, et la seconde le.... du mois de.... de l'année..., à.... heure, ainsi que cela résulte du (*ou des*) certificat de publication délivré par le maire (*ou les maires*), lequel certificat, après avoir été parafé par nous et par la partie produisante, est resté annexé au présent acte de mariage.

18° Acte de mariage avec dispense d'une publication.

On suivrait le modèle n° 1 jusqu'aux mots *projeté entre eux*, puis on continuerait :

Et dont la première publication a été faite devant la principale porte de notre maison commune, le.... du mois de.... de l'an..., à l'heure de....

La seconde n'a pas eu lieu, en vertu de la dispense délivrée (*date de la dispense*), au nom du gouvernement, par le procureur de la République près le tribunal de première instance de l'arrondissement de..., laquelle, nous ayant été représentée est restée déposée au secrétariat de la commune, et dont une expédition, dûment parafée par nous et par la partie produisante, est restée annexée au présent acte de mariage. (*Le reste comme au modèle nº 1.*)

De la célébration religieuse.

247. Le mariage ne peut être célébré à l'église, au temple, à la synagogue, qu'après l'avoir été à la maison commune devant l'officier de l'état civil. C'est ce qui est expressément déclaré par l'article 54 de la loi du 18 germinal an X et l'arrêté du 1er prairial an X, aux termes desquels les ministres du culte, chrétiens ou israélites, devant lesquels on se présente pour faire bénir un mariage, doivent exiger la remise d'un certificat constatant la célébration civile. Ce certificat est délivré par l'officier de l'état civil devant lequel le mariage a été contracté. Il mentionne le jour, l'heure, le lieu du mariage, l'officier qui l'a célébré, les prénoms, noms, âge, profession, domicile des époux et de leurs pères et mères. Des décisions du ministre des finances l'affranchissent du timbre ; cependant un décret spécial pour cet objet, du 9 décembre 1810, dispose formellement que ces sortes de certificats sont assujettis au timbre de dimension de 25 centimes porté aujourd'hui à 60 centimes.

Le Code pénal prononce des peines sévères contre les ministres du culte qui procéderaient aux cérémonies religieuses du mariage sans s'être fait délivrer le certificat de l'officier de l'état civil (Code pénal, art. 199, 200). Ce serait un devoir, pour l'officier de l'état civil qui connaîtrait une pareille contravention, d'en informer le procureur de la République.

Certificat de mariage pour la célébration des cérémonies religieuses.

Nous (*nom et prénoms*), maire de la commune de..., canton de..., département de..., certifions que (*prénoms, nom, âge, profession et domicile de l'époux*), et (*prénoms, nom, âge, profession et domicile de l'épouse*) ont contracté mariage par-devant nous, en notre maison commune, le..... En foi de quoi nous avons délivré le présent certificat.

Fait à..., le....

[*Suit la signature.*]

Des actes de mariage célébrés à l'étranger.

248. Les mariages ne peuvent être célébrés en mer ; ils n'ont pas le caractère d'urgence qui a fait prescrire la rédaction en mer, des actes de naissance et de décès. Pour les militaires hors de France, les actes de mariage sont envoyés à l'officier de l'état civil du dernier domicile des époux, qui les transcrit immédiatement, comme lorsqu'il s'agit des actes de naissance (*voyez* § 4, et Code civil, art. 95, 98).

Les actes des mariages contractés à l'étranger peuvent être dressés soit dans les formes usitées dans le pays, soit avec les formes françaises devant un agent diplomatique français (Code civil, art. 47, 48). Dans l'un et dans l'autre cas, ils doivent être transcrits sur le registre des mariages du domicile du mari, si le mari et la femme, ou le mari seulement sont Français, ou sur le registre du domicile de la femme, si la femme seulement est Française. Cette transcription se fait, à la réquisition des parties intéressées, dans les trois mois du retour du Français ou de la Française en France (Code civil, art. 171). Si la transcription n'est requise qu'après les trois mois, l'officier de l'état civil ferait bien de consulter le procureur de la République pour savoir s'il peut la faire, malgré l'expiration des délais.

Modèle de transcription d'un acte de mariage passé à l'étranger.

L'an..., le.... du mois de..., à.... heure du..., devant nous (*noms et qualité*), officier de l'état civil de la commune de..., canton de..., département de..., a comparu (*prénoms, nom, âge, profession et domicile, résidant à l'étranger*), lequel nous a requis de procéder à la transcription de l'acte constatant son mariage avec (*prénoms, nom de l'épouse*), reçu par (*indiquer l'autorité étrangère ou l'agent diplomatique français qui a reçu l'acte*), le..., et dont il nous a remis une expédition, légalisée par (*l'agent diplomatique français*), et visée à Paris par M. le ministre des affaires étrangères; nous, officier de l'état civil, faisant droit à cette réquisition, avons immédiatement transcrit ledit acte, dont la teneur suit. (*Copier ici l'acte entier.*)

Et de cette transcription nous avons dressé le présent acte, dont nous avons donné lecture au comparant et que nous avons signé avec lui.

[*Suivent les signatures, ou mention de la cause qui aurait empêché le comparant de signer.*]

§ 8. — *Des décès.*

Déclaration de décès.

249. De même que les naissances, les décès doivent être déclarés à l'officier de l'état civil de la commune dans laquelle ils ont eu lieu, dans les vingt-quatre heures. Une déclaration tardive ne devrait pas être reçue autrement qu'en vertu d'un jugement (avis du Conseil d'État, du 12 brumaire an XII), disposition qu'il ne faut pas interpréter trop rigoureusement; car il est souvent impossible, par exemple dans les pays de montagnes, durant la saison des neiges, de venir, dans les vingt-quatre heures, faire une déclaration au chef-lieu de la commune à laquelle appartiennent des habitations isolées : dans tous les cas de retard, l'officier de l'état civil fera bien d'en référer au procureur de la République.

250. La déclaration est faite par deux témoins, qui, venant attester, non pas le décès, qui doit être vérifié comme nous le dirons bientôt, mais l'identité de la personne décédée, sont, autant que possible, ses deux plus proches parents, ou voisins, si elle est décédée dans son domicile (Code civil, art. 78).

Comme leur mission est de certifier, d'après leur connaissance personnelle, l'époque du décès et l'identité de la personne décédée, on ne doit pas, comme on le fait dans plusieurs communes, prendre pour témoins les premières personnes venues, ou des employés de la mairie, à qui l'on fait signer les actes.

Si une personne est morte hors de son domicile, la déclaration doit être faite par celui chez qui le décès a eu lieu, et par un parent, un voisin ou tout autre individu ayant connaissance du décès (Code civil, art. 78).

251. Si la personne décédée est un militaire mort en activité de service et à son corps, la déclaration se fait de la manière suivante, aux termes de l'instruction du ministre de la guerre, du 24 brumaire an XII : « L'officier, quel que soit son grade, qui commandera la compagnie dont un militaire décédé faisait partie, sera tenu de faire aussitôt la déclaration à l'officier de l'état civil, et de veiller à ce que deux officiers et sous-officiers, ou au moins un officier ou sous-officier et un soldat, se tiennent à portée de servir de témoins de l'acte à dresser par l'officier de l'état civil. »

Constatation du décès et inhumation.

252. L'officier de l'état civil qui a reçu une déclaration de décès doit se transporter auprès de la personne décédée, pour s'assurer du décès. (Code civil, art. 77). Dans beaucoup de communes, l'accomplissement rigoureux de cette obligation serait impossible ; dans toutes, il est pénible. Aussi, dans l'usage, les officiers de l'état civil délèguent à d'autres personnes le soin de vérifier les causes et la réalité des décès. Cet objet si important a été traité, dans plusieurs villes, par des règlements auxquels les officiers de l'état civil et les secrétaires de mairie doivent se conformer. En général, la mission de con-

stater les décès ne doit être confiée qu'à des hommes éclairés, et, autant que possible, à des médecins. Dans les petites communes, les officiers de l'état civil font bien de visiter eux-mêmes les corps des décédés, ou, au moins, de les faire visiter par des personnes dignes de confiance, et spécialement déléguées à cet effet. Mais ils manquent essentiellement à leurs devoirs s'ils ne prennent aucune mesure pour vérifier les décès et s'en rapportent uniquement aux déclarations des témoins. Ils ne doivent pas perdre de vue l'immense responsabilité morale que ferait peser sur eux la conséquence possible d'une négligence de leur part : on a vu trop fréquemment des personnes inhumées vivantes, parce que leur décès n'avait pas été vérifié ou qu'on s'était trop facilement arrêté aux symptômes d'une mort apparente. Les maires ne sauraient se conformer avec trop de soin aux précautions qui ont pour but de prévenir de pareils malheurs.

253. Ce n'est qu'après avoir vérifié ou fait vérifier le décès que l'officier de l'état civil doit délivrer la permission d'inhumer. Sans cette autorisation, donnée sur papier libre et sans frais, aucune inhumation ne peut se faire. La permission doit désigner la personne décédée, et le jour et l'heure où l'inhumation pourra avoir lieu; dans les cas ordinaires, il ne doit être permis d'inhumer que vingt-quatre heures après le décès (Code civil, art. 77). Cette disposition entraîne l'obligation pour l'officier de l'état civil de se faire indiquer et de constater l'heure du décès. Le terme de vingt-quatre heures est le plus court; mais rien n'empêche de prolonger le délai, si la prudence paraît le demander.

L'inhumation peut être plus prompte dans les cas prévus par les règlements de police (Code civil, art. 77), c'est-à-dire lorsqu'il peut y avoir danger pour la salubrité publique à attendre l'expiration du délai ordinaire, par exemple, en cas de putréfaction, de maladie contagieuse ou épidémique. Mais alors l'officier de l'état civil doit avoir soin de faire constater la mort par un homme de l'art et de mentionner, dans le permis d'inhumer, le motif d'urgence qui a obligé d'accélérer l'inhumation.

254. Ceux qui font inhumer, sans autorisation préalable de l'officier de l'état civil, un individu décédé ; ceux qui contreviennent, de quelque manière que ce soit, à la loi et aux règlements relatifs aux inhumations précipitées, sont passibles d'un emprisonnement de six jours à deux mois et d'une amende de 16 à 50 francs (Code pénal, art. 358). Cette peine s'applique notamment aux curés, desservants, pasteurs, rabbins, qui auraient été lever le corps et l'auraient accompagné à l'église, au temple, au cimetière, ou qui l'y auraient reçu avant l'autorisation ou avant l'heure fixée par l'autorisation ; aux maires, adjoints ou autres membres des administrations municipales qui l'auraient souffert (décret du 4 thermidor an XIII).

255. L'inhumation ne peut être permise que dans l'un des cimetières publics de la commune où le décès a eu lieu. Toutefois, chacun peut être enterré sur sa propriété, close ou non close, pourvu qu'elle soit à plus de 40 mètres de distance de l'enceinte des villes, villages ou bourgs (décret du 23 prairial an XII, art. 1er et 2). Quand cette dernière circonstance se présente, l'officier de l'état civil doit mentionner, dans le permis d'inhumer, le vœu exprimé par le défunt, par sa famille ou par ses amis, et indiquer le lieu où l'inhumation se fera.

Si le lieu d'inhumation est dans une autre commune, c'est au préfet qu'il appartient d'autoriser le transport du corps, mais l'officier de l'état civil veille à ce que ce transport se fasse avec toutes les précautions convenables. Si ce transport doit être long, le corps est embaumé ; dans tous les cas, on doit le placer dans un ou plusieurs cercueils assez solidement fermés pour qu'aucune émanation putride ne s'en échappe. Une circulaire ministérielle, du 14 août 1814, prescrit à cet égard de sages formalités que l'on doit suivre dans les mairies. L'officier de l'état civil dresse un procès-verbal énonçant l'état du corps et du cercueil, la personne ou les personnes à qui il le confie sous leur responsabilité, et le lieu où il doit être transporté. Une expédition de ce procès-verbal est immédiatement adressée au maire de la commune où l'inhumation doit avoir lieu; enfin il est délivré au voiturier, charretier, conducteur chargé du transport, une sorte de passeport contenant la désignation du corps et du cercueil, l'indication du lieu où il doit être conduit et déposé, et des personnes sur la demande de qui l'enlèvement a été autorisé; enfin les mesures particulières que l'officier de l'état civil aurait cru devoir prendre dans l'intérêt de la décence ou de la salubrité publique.

250. — Formules.

1° *Permis d'inhumation ordinaire.*

Nous (*nom, prénoms et qualité du fonctionnaire*), remplissant les fonctions d'officier de l'état civil de la commune de...., canton de...., arrondissement de..., département de...., autorisons l'inhumation de (*nom, prénoms, âge, profession et domicile de la personne décédée*), décédé, ainsi que nous nous en sommes assuré, le.... du présent mois, à.... heure du....

Fait et délivré à..., le... du mois de..., an..., à... heure... du...

[Suit la signature.]

2° *Permis d'inhumer sur une propriété particulière dans la commune où le décès a eu lieu.*

Nous (*prénoms, nom, qualité du fonctionnaire*), officier de l'état civil de la commune de...., canton de...., arrondissement de...., département de...., vu la demande formée par (*nom, prénoms, profession et domicile*), permettons d'inhumer, le.... (*jour et heure*), le corps de (*prénoms, nom, profession et domicile du décédé*), dans (*désignation de la propriété où l'inhumation se fera*). Le sieur...., demeurant...., est chargé de faire opérer, sous sa responsabilité, le transport et l'inhumation du corps, selon les règles prescrites par la loi.

Fait à...., le....

[Signature.]

*3° Permission d'inhumer dans une autre commune, et procès-verbal
de remise du corps.*

Nous (*noms et qualité*), officier de l'état civil de la commune
de..., canton de..., arrondissement de..., département de...,
vu l'acte de décès de (*prénoms, nom, profession et domicile du
décédé*), mort dans notre commune, le..., à.... heure du....
Vu l'autorisation donnée par le préfet du département de....
que le corps dudit.... soit transporté à.... pour y être
inhumé; permettons cette inhumation et en conséquence,
remise faisons à M..., qui le requiert, du corps de..., lequel
est renfermé dans (*désigner l'appareil en détail*). Le transport
aura lieu sous la responsabilité dudit requérant, et le corps
devra, à son arrivée à..., être représenté au maire, auquel
sera adressée une expédition du présent acte, que nous avons
signé avec le requérant.
Fait à..., le....

[Signature.]

*4° Passeport ou permis pour le voiturier chargé du transport
du corps.*

Nous (*noms et qualité*), officier de l'état civil de la commune
de..., canton de..., département de..., certifions que le sieur
(*prénoms et nom*), voiturier, est chargé de transporter à..., sous
condition de le représenter au maire dudit..., le corps de
(*prénoms, nom, profession, domicile*), mort dans notre commune,
le..., lequel corps est enfermé dans.... En conséquence,
invitons les autorités civiles et militaires à laisser librement
circuler, de la présente commune à..., ledit sieur..., avec
le corps dont le transport a été autorisé.
Fait à..., le....

[Signature.]

Actes de décès ordinaires.

257. Outre les formalités communes à tous les
actes de l'état civil, les actes de décès doivent contenir, d'après l'article 79 du Code civil :
Le jour, l'heure et le lieu du décès : le lieu est pré-
cisé par la désignation de la commune et de la maison où il a eu lieu ; la désignation de la commune

suffit si le défunt a été trouvé mort sur une grande route, dans les champs, dans l'eau, sur le bord d'une rivière ;

Les prénoms, nom, profession et domicile de la personne décédée, son âge, approximativement, le lieu de sa naissance, s'il est connu ;

Les prénoms, nom, âge, profession et domicile de son époux, si la personne décédée était mariée ou veuve ; les prénoms, noms, profession, domicile de ses père et mère, autant qu'on pourra les savoir ;

Les prénoms, noms, âge, profession, domicile des deux déclarants ; le degré de parenté avec le défunt, ou l'indication de leur qualité, s'ils sont seulement voisins ou maîtres de la maison dans laquelle le décès a eu lieu. On peut croire, d'après la rédaction de la loi, qu'il n'est pas nécessaire que ces personnes aient les qualités requises pour les témoins ; que l'officier de l'état civil devrait d'autant moins refuser la déclaration d'un mineur ou d'une femme, que souvent il peut arriver que ces personnes soient seules à même d'attester le décès par suite d'une connaissance personnelle.

Enfin l'acte doit mentionner que l'officier de l'état civil s'est assuré du décès (décision du ministre de la justice du 28 avril 1836).

258. Le genre de mort ne doit pas être indiqué, à moins qu'il ne s'agisse d'un militaire ou d'un marin tué dans un combat ou décédé par suite de ses blessures. Non seulement la mention d'une pareille mort est un titre de gloire pour la famille, mais elle peut servir pour faire valoir des droits à une pension pour la veuve et les orphelins.

259. Les déclarants signent l'acte avec l'officier de l'état civil, ou mention est faite de la cause qui a empêché leur signature.

Acte de décès d'un inconnu.

260. Lorsqu'une personne inconnue est trouvée morte dans une commune, il est évident que l'officier de l'état civil ne peut insérer, dans l'acte de décès, toutes les mentions ordinaires. Il doit mentionner le sexe, l'âge apparent de la personne inconnue, ses vêtements, les marques particulières qu'elle aurait sur le corps, les papiers et autres objets trouvés sur elle ou auprès d'elle, et toutes les circonstances propres à la faire reconnaître dans la suite.

Actes de décès des enfants dont la naissance n'a point été enregistrée.

261. Ces actes doivent énoncer seulement que l'enfant a été présenté sans vie à l'officier de l'état civil; ils sont inscrits sur les deux registres ordinaires des décès, et rédigés aussi sur la déclaration de deux témoins (décret du 4 juillet 1806; *voyez* § 4, n° 148).

Si des enfants décédés dans cette circonstance étaient jumeaux, il faudrait dresser pour chacun d'eux un acte de décès spécial et séparé, en énonçant, pour chacun, la qualité de jumeau, et l'ordre dans lequel il est sorti du sein de sa mère (*voyez* § 4, n° 147.)

Il faudrait aussi des actes distincts, si la mère et l'enfant mouraient dans le travail de l'enfantement; le décès de l'enfant serait nécessairement constaté dans la forme tracée par le décret du 4 juillet 1806, puisqu'il serait présenté sans vie à l'officier de l'état civil.

Actes de décès dans les hôpitaux, maisons publiques et prisons.

262. Quand une personne meurt dans un hôpital militaire ou civil, ou dans toute autre maison

publique ou établissement public, les supérieurs, directeurs, administrateurs et maîtres de ces maisons sont tenus d'en donner avis, dans les vingt-quatre heures, à l'officier de l'état civil, qui s'y transporte pour s'assurer du décès et en dresse l'acte sur les déclarations qui lui sont faites et les renseignements qu'il a pris (Code civil, art. 80). Cet acte est rédigé sur la déclaration des deux personnes comparaissant comme témoins.

L'officier de l'état civil envoie cet acte de décès à celui du dernier domicile de la personne décédée qui l'inscrit sur les registres (même article).

Il doit, en outre, si ce sont des militaires qui décèdent dans des hôpitaux non militaires ou autres maisons, envoyer deux doubles de l'acte de décès au ministre de la guerre; il a soin d'y relater le numéro d'ordre du registre matricule qu'il a trouvé sur le billet d'entrée et sur les autres papiers des militaires (instruction du ministre de la guerre, du 24 brumaire an XII). Quand le décès a lieu dans les hôpitaux militaires, l'envoi est fait par les économes de ces établissements.

Les registres particuliers, tenus par les hôpitaux et autres maisons publiques, pour inscrire les déclarations et renseignements relatifs aux décès, ne dispensent pas l'officier de l'état civil de tenir exactement les registres de décès et ne sauraient, en aucun cas, suppléer ces derniers.

263. Les décès qui surviennent dans les lazarets et autres lieux avec lesquels la communication est interdite par les lois et règlements sanitaires sont constatés par les intendances ou commissions sanitaires ; l'officier de l'état civil doit en recevoir une expédition dans les vingt-quatre heures et la transcrire sur les registres courants, à la date du jour où il la reçoit (loi du 3 mars 1822, art. 10).

264. Pour les décès dans les prisons et les maisons de réclusion et de détention, il est donné avis sur-le-champ, par les concierges ou gardiens, à l'officier de

l'état civil, qui s'y transporte et procède comme il vient d'être dit pour les autres maisons publiques (Code civil, art. 84). L'acte est dressé dans la forme ordinaire : seulement il ne doit y être rien inséré qui indique ou fasse soupçonner que la personne décédée était retenue en prison (art. 85).

Acte de décès dans les cas d'exécution ou de mort violente.

265. Quand la mort est le résultat d'exécution judiciaire, les greffiers sont tenus d'envoyer, dans les vingt-quatre heures de l'exécution, à l'officier de l'état civil du lieu où le condamné a été exécuté, tous les renseignements que doit contenir un acte ordinaire; c'est d'après ces renseignements que l'acte est dressé (Code civil, art. 83).

Il est évident que, dans ce cas, l'officier de l'état civil est dispensé de toute vérification de décès. L'acte ne doit pas moins être rédigé sur la déclaration de deux témoins, dont il énonce l'assistance. Il ne fait aucune mention du genre de mort. Une expédition en est adressée à l'officier de l'état civil du dernier domicile du décédé, si ce domicile est connu.

266. Lorsque les déclarations de décès, ou les vérifications faites, ou les circonstances, ou la rumeur publique, ou des renseignements particuliers fournissent des signes ou indices de mort violente, il doit être sursis à l'inhumation (quand même le maire en aurait déjà donné le permis) jusqu'à ce qu'un officier de police, assisté d'un docteur en médecine ou en chirurgie, ait dressé procès-verbal de l'état du cadavre et de toutes les circonstances constatant son état ou pouvant servir à faire connaître les causes de la mort. Le procès-verbal doit renfermer aussi tous les renseignements que l'officier de police aura pu recueillir sur les prénoms, nom, âge, profession, lieu de naissance et domicile de la personne décédée (Code civil, art. 81).

267. Non seulement l'officier de l'état civil doit défendre l'inhumation, mais même il peut et doit autoriser l'exhumation du cadavre, si elle est nécessaire pour les opérations de l'officier de police.

268. Dans l'étendue de leurs communes, les maires sont officiers de police judiciaire; ainsi, lorsqu'il y a indice ou soupçon de mort violente, ils peuvent, avant de dresser l'acte de décès et de délivrer le permis d'inhumer, dresser eux-mêmes le procès-verbal prescrit par l'article 81. Ils doivent le faire à défaut ou en cas de négligence ou retard des fonctionnaires particulièrement chargés de la police judiciaire, c'est-à-dire des procureurs de la République et de leurs substituts, juges d'instruction, juges de paix, officiers de gendarmerie, commissaires de police, préfets.

269. Si le maire ou adjoint a lui-même dressé le procès-verbal, il rédige l'acte de décès d'après les renseignements recueillis dans l'opération, et il transmet ensuite le procès-verbal au procureur de la République. Si c'est un autre officier de police judiciaire qui a fait le procès-verbal, il est tenu d'envoyer tout de suite à l'officier de l'état civil du lieu où la personne est décédée, les renseignements énoncés dans son procès-verbal, d'après lesquels l'acte est rédigé, dans la forme ordinaire, et sans aucune mention du genre de mort (Code civil, art. 82, 85). Le duel et le suicide sont des cas de mort violente, dont il n'est pas permis de faire mention dans l'acte de décès.

270. Si la personne décédée n'était pas domiciliée dans la commune où elle est morte, l'officier de l'état civil envoie une expédition de l'acte de décès à celui du dernier domicile de cette personne, s'il est connu, et cet acte est transcrit sur les registres (Code civil, art. 82).

271. Les renseignements transmis par l'officier de police à l'officier de l'état civil, ainsi que l'expédition de l'acte de décès au dernier domicile du décédé, se font sur papier libre.

Décès accidentels dans les mines et carrières, ou dans d'autres lieux, sans que les corps des décédés soient retrouvés.

272. Il est expressément prescrit aux maires et autres officiers de police de se faire représenter les corps des ouvriers qui auraient péri par accident dans une exploitation, et de ne permettre leur inhumation qu'après que le procès-verbal de l'accident aura été dressé conformément à l'article 81 du Code civil, et cela sous les peines portées dans les articles 358, 359 du Code pénal. S'il y a impossibilité de parvenir jusqu'au lieu où se trouvent les corps des ouvriers qui ont péri dans les travaux, les exploitants, directeurs, ou leurs agents et représentants, sont tenus de faire constater cette circonstance par le maire ou autre fonctionnaire public, qui en dresse procès-verbal et le transmet au procureur de la République. Sur la réquisition de ce magistrat et sur l'autorisation du tribunal, ce procès-verbal est annexé aux registres des décès; mais il ne peut être transcrit sur ces registres pour tenir lieu d'acte de décès qu'autant que le tribunal l'aurait ainsi ordonné. Telles sont les dispositions des articles 18, 19, 21 du décret du 3 janvier 1813, sur l'exploitation des mines.

273. Une personne peut disparaître sous les eaux, dans un incendie, dans une explosion de poudre, sans qu'on puisse retrouver son corps; l'officier de l'état civil ne doit dresser aucun acte de décès; car, à l'exception du cas d'exécution judiciaire, il ne peut constater un décès qu'après l'avoir vérifié ou fait vérifier par l'inspection du corps. Il pourra seulement et devra même dresser un procès-verbal de l'accident, recueillir les renseignements et déclarations, et l'annexer aux registres de décès; mais un acte de décès en forme ne pourrait être inscrit sur les registres qu'en vertu d'un jugement rendu sur la demande des parties intéressées.

274. Quant aux actes de décès de personnes mortes à l'étranger, ils se font aussi dans les mêmes formes que les actes de naissance et peuvent être transcrits sur les registres du dernier domicile du décédé (*voyez* § 4, n°s 166, 167, et Code civil, art. 47, 48).

Obligations diverses des officiers de l'état civil et des secrétaires de mairie à la suite des décès.

275. Quand une personne décédée dans une commune laisse pour héritiers des mineurs ou des absents, les officiers de l'état civil doivent s'empresser d'en donner connaissance au juge de paix du canton, pour que celui-ci, étant averti, puisse venir apposer les scellés [1] (arrêté du 22 prairial an V).

276. Ils doivent envoyer au juge de paix de leur canton une expédition de l'acte de décès des rentiers viagers et des pensionnaires de l'État, décédés dans leurs communes, avec indication du montant de la rente viagère ou de la pension et de sa nature, civile, ecclésiastique, ou de veuve de militaire (circulaire du 22 novembre 1814).

277. Ils doivent envoyer au procureur de la République de l'arrondissement, une copie, sur papier libre, des actes de décès des membres de la Légion d'honneur morts dans la commune (circulaire du 10 juillet 1817).

278. Ils doivent envoyer à l'intendant ou sous-intendant militaire de la division ou subdivision, une expédition de l'acte de décès de tout militaire en non-activité, en retraite ou en réforme jouissant d'une solde ou pension (circulaire du 22 novembre 1814); deux expéditions de l'acte de décès de tout militaire en activité de service, mort dans un hôpital militaire, en mentionnant le numéro du registre matricule indiqué sur le billet d'entrée ou sur les autres

1. Voyez nos *Éléments du droit français,* p. 520.

papiers du militaire (instruction du ministre de la guerre, du 24 brumaire an XII).

279. Nous avons dit précédemment que, dans tous les cas de décès aux hôpitaux, prisons, maisons publiques, ou de mort violente, l'officier de l'état civil qui a dressé l'acte doit en envoyer une expédition à celui du dernier domicile du décédé, si ce domicile est connu.

280. Les maires doivent transmettre exactement au préfet les actes de décès des étrangers morts sur leurs communes, soit dans une maison publique, soit dans une maison privée. Ces actes n'ont pas besoin de légalisation; il suffit du visa du préfet. Ils sont adressés, par l'intermédiaire du préfet, au ministre des affaires étrangères, pour être transmis aux différentes légations.

281. Les secrétaires de mairie doivent faire, dans les mois de janvier, avril, juillet et octobre de chaque année, le relevé des actes de décès survenus dans les trois mois précédents, et l'envoyer au receveur de l'enregistrement du canton, sous peine de 10 francs d'amende. Le relevé et le récépissé que donne le receveur se font sur papier non timbré (loi du 22 brumaire an XII, art. 55; du 17 juin 1824, art. 10).

282. Les expéditions et extraits faits et transmis aux divers fonctionnaires ci-dessus indiqués sont exempts de la formalité du timbre, pourvu que la destination y soit énoncée (loi du 13 frimaire an VII, art. 16).

283. — Formules.

1° *Acte de décès ordinaire.*

L'an mil huit cent...., le.... du mois de...., à..... heure du...., par-devant nous (*noms et qualité du fonctionnaire*), remplissant les fonctions d'officier de l'état civil de la commune de...., canton de...., département de...., sont comparus (*prénoms, noms, âge, profession et domicile des deux déclarants, leur degré* de parenté avec le défunt; si les déclarants, ou l'un d'eux, ne sont pas parents du défunt, il est inutile de le mentionner), lesquels nous ont déclaré que (prénoms, nom, âge, profession et domicile de la personne décédée; si cette personne était mariée, on dira, époux ou épouse, veuf ou veuve de (prénoms et nom de l'autre époux), fils ou fille de (prénoms, noms, profession et domicile des père et mère de la personne décédée), est décédé à..., le.... du mois de..., à.... heure du..., en la maison n°..., rue..., et, après nous être assuré du décès, nous avons dressé le présent acte, que les déclarants ont signé avec nous, après que lecture leur en a été faite (mentionner si les déclarants n'ont pas signé, et la cause qui les en a empêchés).

[Suivent les signatures.]

2° Acte de décès d'un inconnu.

L'an..., le.... du mois de..., à.... heure du..., par-devant nous (noms et qualité du fonctionnaire), officier de l'état civil de la commune de..., canton de..., département de..., sont comparus (indication des déclarants comme au modèle n° 1), lesquels nous ont déclaré qu'un individu à eux inconnu, du sexe (masculin ou féminin), paraissant âgé de..., vêtu de (désigner les vêtements dont le décédé était couvert, les papiers ou effets trouvés sur lui, les marques ou signes remarqués sur son corps et pouvant servir à le faire reconnaître), a été trouvé mort, ou bien est décédé le..., heure de..., à (indiquer le lieu, mais sans rien mentionner qui puisse faire soupçonner une mort violente), et, après nous être assuré du décès, nous avons dressé le présent acte, que les déclarants ont signé avec nous, après que lecture leur en a été faite (mentionner si les déclarants n'ont pas signé, et quelle cause les en a empêchés).

[Signatures.]

3° Acte de présentation d'un enfant mort.

(Voyez § 4, n° 148.)

4° Acte de décès, lorsque l'événement a lieu dans une maison publique ou dans un hôpital civil ou militaire.

L'an..., le.... du mois de..., à.... heure du..., nous (prénoms, nom, qualité de l'officier de l'état civil), officier de l'état civil de la commune de..., canton de..., département de..., sur l'avis qui nous a été donné par (nom du supérieur ou administrateur qui a donné l'avis du décès, avec sa qualité), que (prénoms, nom, âge, profession, domicile, lieu de naissance du défunt), habitant (ou déposé provisoirement) en ladite maison, y est décédé, ce jour, à (date de l'heure), nous étant transporté au lieu qui nous a été indiqué, avons reconnu que ledit (prénoms, nom du défunt) est réellement décédé; et, après avoir fait inscrire ce décès sur le registre tenu à cet effet, dans ladite maison, nous avons, en présence de (prénoms, noms, âge, profession et domicile des deux témoins déclarants), dressé et transcrit le présent acte sur les deux registres de l'état civil de la commune, que nous avons signé avec les deux témoins susdits, après lecture faite, lesdits jour, mois et an (mention de la cause d'empêchement si les déclarants n'ont pas signé).

[Suivent les signatures.]

3° Acte de décès, dans les cas de mort violente ou dans les prisons et d'exécution à mort.

L'an...., le.... du mois de..., à.... heure du..., par-devant nous (prénoms, nom et qualité de l'officier de l'état civil), officier de l'état civil de la commune de..., département de..., se sont présentés (prénoms, noms, âge, profession des deux témoins déclarants), lesquels nous ont déclaré que (prénoms, nom, âge, profession, domicile et lieu de naissance du défunt), est décédé en ce jour, en cette commune, à (date de l'heure); sur quoi, après avoir pris les renseignements nécessaires sur l'individu décédé et nous être assuré de son décès, nous avons dressé le présent acte, que nous avons transcrit et signé avec les témoins, après lecture faite, lesdits jour, mois et an (mentionner la cause d'empêchement si les témoins n'ont pas signé).

[Suivent les signatures.]

6° Permission d'exhumer, s'il est nécessaire, pour dresser procès-verbal en cas de soupçon ou indice de mort violente.

Nous soussigné, maire de la commune de..., canton de..., département de...,

Vu la demande du sieur..., tendant à être autorisé à faire exhumer du cimetière.... le corps de..., déposé dans ledit cimetière, à l'effet de...,

Autorisons ledit sieur.... à faire procéder à l'exhumation dudit corps, à la charge de prendre les précautions nécessaires, soit sous le rapport de la salubrité, soit sous celui de la décence ; le tout en présence de l'officier de police, lequel dressera procès-verbal de l'exhumation et la réinhumation, et nous le transmettra.

(En cas de tout autre motif, il est énoncé dans la permission.)

Délivré à..., le.... du mois de.... 188 .

[*Signature du maire ou adjoint.*]

7° *Procès-verbal constatant le décès d'un ouvrier qui a péri dans l'exploitation d'une mine, et la représentation de son corps.*

L'an mil huit cent..., et le.... du mois de..., à.... heure du..., je soussigné (*prénoms et nom*), maire (*ou adjoint au maire*) de la commune de..., averti qu'un ouvrier a péri par accident dans l'exploitation de la mine située à..., appartenant à..., me suis transporté à l'instant sur les lieux (*au besoin, assisté de tel ou tel témoin, ou de tel docteur en chirurgie ou en médecine*). Y étant arrivé, assisté comme dit est, j'ai fait retirer de la mine et me suis fait représenter le corps dudit ouvrier. Ledit corps étant exposé sous mes yeux, j'ai observé qu'il avait (*telle ou telle contusion, ou qu'il était asphyxié, ou qu'il avait été noyé par l'eau qui avait monté trop rapidement : exprimer quelle peut être la cause de la mort*); je n'ai point eu lieu de soupçonner que la mort eût été occasionnée par quelque crime. (*Si quelque signe faisait présumer qu'elle eût été au contraire causée par un crime, il faudrait le dire, pour que les poursuites pussent être faites immédiatement, et on procéderait alors avec l'assistance obligée d'un docteur, comme l'exige l'article 81 du Code civil.*)

[*Signature.*]

(*Si le maire a été assisté, il fait signer ses assistants ; s'ils ne le peuvent ou ne le savent, on fait mention de la déclaration qu'ils n'ont pu signer ou ne le savaient pas.*)

8° *Procès-verbal constatant qu'il n'a pas été possible d'arriver jusqu'au lieu où se trouvent les corps des ouvriers qui ont péri dans les travaux.*

L'an..., le.... du mois de..., à.... heure du..., je soussigné (*prénoms et nom*), maire de la commune de..., canton de..., département de..., averti qu'un éboulement venait d'avoir lieu dans la mine exploitée par...; sise au lieu de..., appartenant à...; et que plusieurs ouvriers se trouvent pris sous les terres (*ou sous les masses de minerai*), me suis immédiatement transporté sur les lieux, accompagné du sieur (*prénoms et nom*), docteur en médecine ou en chirurgie, par nous requis à cet effet; y étant arrivé, j'ai demandé aux personnes présentes, ouvriers, exploitants et directeurs, quel obstacle s'opposait à ce qu'on pût arriver au lieu où se trouvent les corps de *tel* et *tel* ouvriers; ils m'ont déclaré que *tel* obstacle s'y opposait; j'ai reconnu la réalité de cet obstacle. En conséquence, j'ai rédigé le présent procès-verbal, qui sera immédiatement transmis à M. le procureur de la République.

[*Signatures ou mention des causes qui empêchent la signature des déclarants.*]

9° Transcription d'un acte de décès envoyé par l'autorité, ou par l'officier de l'état civil d'une autre commune.

L'an..., le .... du mois de..., à.... heure du..., nous (*noms et qualité*), officier de l'état civil de la commune de..., canton de..., département de...., avons reçu de M. le ministre de la marine et des colonies une expédition de l'acte de décès de (*prénoms, nom du décédé*); en conséquence et en conformité de l'article 87 du Code civil, nous avons transcrit de suite sur les deux registres le contenu en ladite expédition, qui demeurera annexée au registre qui doit être déposé au greffe du tribunal d'arrondissement; de quoi nous avons dressé le présent acte, que nous avons signé sur les deux registres, lesdits jour, mois et an. (*Ici, on met la transcription littérale de l'acte.*)

Certifié conforme par nous, officier de l'état civil soussigné.

[*Signature.*]

Le procès-verbal de transcription se rédige dans la même forme, pour les différentes circonstances où l'officier de l'état civil du domicile du décédé reçoit un acte de décès à transcrire, ainsi qu'on l'a vu ci-dessus; il en serait de même si la transcription devait se faire en vertu d'un jugement ou arrêt.

§ 9. — *De la rectification et du remplacement des actes de l'état civil.*

284. Si un acte de l'état civil contient une erreur dans les prénoms, le nom des parties ou des témoins, ou les autres énonciations exigées par la loi, s'il s'y trouve quelque omission ou altération, l'acte peut être rectifié (Code civil, art. 99). On peut aussi, lorsqu'il n'a pas existé de registres, ou qu'ils ont été perdus ou détruits, ou présentent des lacunes, ou que des actes y ont été omis, faire rétablir les actes qui manquent, en prouvant leur existence par titres, papiers de famille ou témoins.

285. L'officier de l'état civil ne peut, de lui-même, opérer aucune rectification, aucun remplacement; il faut que les tribunaux en aient donné l'ordre (Code civil, art. 99, 100). Toutefois, si, au moment où il transcrit ou vient de transcrire un acte, l'officier de l'état civil ou les parties s'aperçoivent d'une erreur ou d'une omission, le rédacteur de l'acte peut la réparer immédiatement, pourvu que les parties et les témoins soient encore présents et concourent à la rectification, qui se fait alors au moyen d'une rature, d'une addition et d'un renvoi, approuvés et signés par les parties, les témoins et l'officier de l'état civil, dans la forme ordinaire (*voyez* § 3, n° 96; avis du Conseil d'État, du 13 frimaire an XII; décisions du ministre de la justice du 29 prairial an XIII et du 6 janvier 1829; avis du Conseil d'État, du 13 nivôse an X).

286. Ce sont les parties intéressées qui doivent demander aux tribunaux les rectifications et les remplacements d'actes. S'il s'agit d'un acte omis, elles doivent remettre, à l'appui de la demande, un certificat de l'officier de l'état civil du lieu où l'acte aurait dû être inscrit, ou du greffier du tribunal de l'arrondissement, constatant que, recherches faites sur les registres déposés en leurs mains, l'acte dont il s'agit n'y a pas été trouvé. Dans l'usage, ces recher-

ches s'étendent à dix années avant et dix années après l'époque présumée de l'acte : le certificat doit mentionner les recherches. Pour certains cas intéressant l'ordre public, le procureur de la République peut demander d'office la rectification, ou le remplacement des actes de l'état civil.

287. Quand le tribunal compétent a ordonné la rectification, le rétablissement ou le remplacement d'un acte, l'officier de l'état civil doit se conformer à la décision de la justice, sans toutefois porter aucune atteinte aux registres tels qu'ils existent, et quelles que soient les erreurs ou altérations des actes à rectifier. Voici comment il doit être procédé.

On remet une expédition du jugement ou de l'arrêt à l'officier de l'état civil du lieu où l'acte rectifié ou rétabli avait été inscrit, ou de celui où il aurait dû l'être, s'il s'agit d'un acte omis. L'officier transcrit immédiatement cette expédition sur les deux exemplaires du registre auquel l'acte appartient par sa nature ; cette transcription a lieu sur les registres de l'année courante, à la date du jour où l'expédition est parvenue à la mairie, quelle que soit la date de l'acte rectifié, remplacé ou omis. L'expédition demeure annexée aux registres dans la forme ordinaire (Code civil, art. 101 ; Code de procédure, art. 857).

288. L'officier de l'état civil opère la transcription du jugement qu'on lui présente, sans avoir à s'enquérir si le jugement n'est pas susceptible d'être réformé sur le recours de l'une des parties ; dans le cas où une nouvelle décision réformerait la précédente déjà transcrite, elle serait transcrite comme la première, en la mentionnant en marge de l'acte réformé et du premier jugement inscrit, mention qui devrait également se faire sur les extraits qui seraient délivrés

289. Bien qu'une rectification ait été ordonnée, l'officier de l'état civil ne peut se permettre aucun changement à l'acte rectifié, qui doit rester tel qu'il a été fait primitivement ; seulement on doit faire, en

marge de l'acte réformé, une mention sommaire de la rectification, indiquant le tribunal ou la cour qui l'a prescrite, la date du jugement ou de l'arrêt, et les corrections, additions ou suppressions ordonnées; cette mention est signée par l'officier de l'état civil.

200. Lorsque l'acte rectifié appartient à l'année courante, la mention de rectification est faite sur chacun des doubles par l'officier de l'état civil; s'il appartient à une année expirée, ce dernier doit dans les trois jours donner avis de la mention qu'il a inscrite au procureur de la République afin que ce magistrat la fasse insérer dans le registre déposé au greffe (Code civil, art. 49).

201. L'acte rectifié et la rectification se confondent, en ce sens que, s'il est demandé expédition d'un acte dont la rectification a été ordonnée, cette expédition ne peut être délivrée qu'avec la mention expresse de la rectification; en conséquence, l'expédition doit contenir : 1º la copie littérale et exacte de l'acte, tel qu'il a été primitivement rédigé; 2º la copie littérale de la mention de rectification portée en marge de l'acte rectifié (Code de procédure, art. 857; avis du Conseil d'État du 4 mars 1808).

292. S'il ne s'agit pas d'une rectification, mais du rétablissement ou du remplacement d'un acte, les jugements qui l'ordonnent et qui sont destinés à tenir lieu de l'acte doivent être transcrits, à la date de leur réception, sur les deux exemplaires du registre courant auquel ils appartiennent par leur nature. Comme cette transcription supplée à une omission, il est évident qu'il ne peut en être fait mention sur aucun registre des années précédentes : les mentions ainsi faites se placent en marge des actes auxquels elles se rapportent; et, dans le cas dont il est ici question, on suppose que ces actes n'existent pas. La demande tendant à faire suppléer au refus d'un maire de recevoir un acte de l'état civil doit être introduite par voie de justice, non suivant les formes de la rectification (Cour de Pau, 1er mai 1853).

293. Les actes admis pour suppléer aux actes de naissance des futurs époux, où pour rectifier, lors de la célébration, des actes de l'état civil, ne sont pas transcrits et ne doivent être mentionnés que dans l'acte du mariage, parce qu'ils ne peuvent servir que pour le mariage.

294. — *Modèle de transcription d'un jugement de vérification.*

L'an..., le... du mois de..., à.... heure du..., par-devant nous (*noms et qualité*), officier de l'état civil de la commune de..., canton de..., département de..., a comparu.... (*prénoms, nom, âge, profession, domicile*), lequel nous a remis une expédition du jugement rendu le..., par le tribunal de..., portant rectification de l'acte de..., inscrit sur les registres de la présente commune, à la date du.... et ordonnant (*mentionner ici la rectification ordonnée*), et il nous a requis de procéder à la transcription dudit jugement; faisant droit à cette réquisition, nous avons immédiatement transcrit ce jugement, dont la teneur suit :

(*Copier ici en entier le jugement ou arrêt, et toutes les mentions dont il est revêtu.*)

Cette transcription opérée, nous avons fait mention de la rectification ordonnée, en marge de l'acte rectifié, et nous en avons dressé le présent acte, dont nous avons donné lecture au comparant, et que nous avons signé avec lui.

[*Signatures, ou mention de la cause qui a empêché le comparant de signer.*]

Modèle de mention d'une rectification, en marge de l'acte rectifié.

Par jugement (*ou arrêt*) rendu le...., par le tribunal (*ou la cour*) de...., transcrit sur le registre de ladite année, à la date du...., il a été ordonné que dans l'acte de... inscrit ci-contre (*ici indiquer les rectifications ordonnées*).

[*Signature de l'officier de l'état civil.*]

CHAPITRE III

DES PROCÈS-VERBAUX

205. On appelle en général procès-verbal un acte constatant qu'une chose a été faite, qu'un événement est arrivé, qu'un délit a été commis. Les secrétaires de mairie peuvent être appelés ou concourir à la rédaction de ces actes, dont il leur importe, par ce motif, de connaître les règles principales. Il demeure bien entendu qu'ils ne peuvent qu'écrire ou rédiger, et jamais signer les procès-verbaux : ce droit n'appartient qu'aux maires ou adjoints, dans les cas où la loi leur reconnaît le pouvoir d'en dresser.

Les maires ou adjoints font deux espèces de procès-verbaux : les uns sont destinés à constater des actes ou faits administratifs, les autres constatent les actions contraires aux lois et règlements.

§ 1er. — *Procès-verbaux administratifs.*

206. On a vu au chapitre II les formalités tracées par la loi pour les procès-verbaux ou actes relatifs à l'état civil. En général, quand une loi spéciale ne prescrit pas de formes particulières, il suffit qu'un procès-verbal administratif mentionne exactement et clairement sa date, le lieu de sa confection, le nom et la qualité du fonctionnaire qui le reçoit, son objet et les circonstances du fait ou de l'opération, et porte la signature du fonctionnaire (*voyez* d'ailleurs le § 2).

207. Nous ne parlerons pas des procès-verbaux

rédigés dans les conseils municipaux ou par le maire en conseil municipal, mais seulement des principaux de ceux qu'il dresse comme administrateur faisant exécuter les lois, maintenant l'ordre, ou prévenant les désordres, ou constatant les faits qu'il importe de connaître dans l'intérêt de la commune ou des habitants en particulier. Les exemples que nous donnerons ne se rapportent pas à tous les actes de l'administration municipale; ils n'ont rien d'exclusif, rien de limitatif, et peuvent servir seulement comme guides dans la rédaction de ceux qui se présentent le plus fréquemment dans le plus grand nombre des communes.

Ordre et sûreté.

208. Parmi les attributions des maires relatives à la sûreté et à l'ordre se trouve celle de constater les accidents imprévus, les morts accidentelles, les faits relatifs aux aliénés.

209. *Accidents.* — Lorsqu'un incendie éclate dans une commune, le maire doit se transporter sur les lieux, donner tous les ordres nécessaires pour arrêter les progrès du feu, et en prévenir ou diminuer les dommages, puis rédiger, du tout, un procès-verbal.

Procès-verbal d'incendie.

L'an mil huit cent..., le..., à....heure de..., nous (*qualité du fonctionnaire public*), de la commune de...., canton de..., département de..., sur l'avis qui nous a été donné par le sieur (*prénoms, nom, profession et domicile ou* par la clameur publique), qu'un incendie avait éclaté dans la maison, ou la forêt de (*prénoms, nom, profession et domicile du propriétaire*), située rue (*ou au lieu de....*), en cette commune, avons aussitôt donné ordre..., et nous étant de suite transporté au lieu de l'incendie, et y ayant trouvé un certain nombre de personnes, nous sommes occupé de (*détailler les mesures prises*).

Au moyen de ces dispositions, on est parvenu à se rendre maître du feu, et, par suite, à l'éteindre, après.... heure de travail.

Procédant ensuite à l'examen des dommages, avons reconnu que le feu avait détruit (*détail du dégât*).

Ayant pris des informations sur les causes qui avaient pu occasionner cet incendie, il nous a été déclaré par le sieur.... que (*mentionner la déclaration qui serait faite*).

Et de tout ce que dessus avons rédigé le présent procès-verbal, lesdits jour et an.

[*Signature.*]

Dès que les maires sont avertis, soit par les exploitants, soit par la voix publique, d'un accident arrivé dans une mine ou une usine, ils en préviennent les autorités supérieures, prennent, avec les ingénieurs, les mesures nécessaires, donnent les ordres, et font, au besoin, les réquisitions que demandent les circonstances.

Procès-verbal constatant un accident arrivé dans une mine.

L'an mil huit cent..., le..., du mois de..., heure de..., nous, maire de la commune de..., ayant appris qu'un éboulement venait d'avoir lieu à la mine située à..., exploitée par..., nous avons immédiatement donné avis de cet accident à M. le sous-préfet de l'arrondissement, et nous nous sommes aussitôt transporté à ladite mine, assisté de (*l'ingénieur, ou, en son absence, les élèves conducteurs et les gardes-mines assermentés, ou enfin, à défaut de ceux-ci, par deux experts nommés par le maire pour visiter l'exploitation ; le rédacteur du procès-verbal doit donner ici tous les détails relatifs à l'événement, et mentionner les précautions prises pour faire cesser le danger*).

De ce que dessus le présent procès-verbal a été dressé, conformément au titre III du décret du 3 janvier 1813, pour servir et valoir ce que de raison, et être immédiatement transmis à M. le sous-préfet et à M. le procureur de la République, lequel procès-verbal nous avons signé avec (*la personne qui a assisté le maire*), les jour, mois et an susdits.

[*Signatures.*]

300. *Morts accidentelles.* — Lorsqu'un individu est trouvé mort hors de son domicile, le décès est

constaté par le maire, assisté d'un docteur en médecine ou chirurgie. Quand il y a signe ou indice de mort violente, ou qu'on peut penser ou qu'on sait que la mort a été causée par négligence, maladresse, imprudence, inobservation des règlements, la constatation donne lieu à un procès-verbal de police judiciaire, dont il sera parlé au § 2.

Procès-verbal constatant une mort subite ou accidentelle.

L'an mil huit cent...., le...., du mois de..., à.... heure du...., nous (*maire ou adjoint*), de la commune de...., sur la réquisition du sieur (*profession et demeure*), nous sommes transporté en la maison sise rue...., n°...., accompagné de M...., docteur en...., demeurant rue...., n°...., par nous requis, à l'effet de constater la mort subite d'un individu. Arrivé dans ladite maison, et dans un...., au.... étage, avons trouvé (*position du corps*) le corps d'un...., qui nous a paru mort, vêtu de...., paraissant âgé de.... ans (*signalement*); avons trouvé dans ses vêtements (*décrire tous les objets, les mettre à part, faire mention sommaire des papiers et les annexer au procès-verbal*).

De suite, ledit M.... (*le médecin ou le chirurgien*), après avoir prêté en nos mains le serment prescrit par la loi de procéder et nous faire son rapport en son honneur et conscience, a examiné le cadavre ici présent, sur toute l'habitude du corps, et nous a fait rapport que la mort est certaine et que les signes en sont évidents; que, d'après...., elle a dû avoir lieu il y a environ....; que l'on peut présumer qu'elle a eu pour cause....; qu'au surplus il n'existe sur toute l'habitude du corps aucun indice qui puisse donner soupçon de mort violente *ou* accidentelle, laquelle, au contraire, paraît purement naturelle.

Duquel rapport ledit sieur M.... a affirmé la vérité après lecture faite, et a signé.

Avons ensuite reçu les déclarations ci-après sur l'événement dont s'agit :

1° Le sieur.... (*profession et demeure; s'il est parent, allié ou ami du défunt*).

Lequel nous a dit que le cadavre ici présent est le corps du sieur (*âge, lieu de naissance, profession, domicile habituel, s'il est célibataire, marié ou veuf, les nom et prénoms de la femme virante ou morte; ceux du père et de la mère du défunt; s'il a des enfants, ou parents, ou alliés, ou amis, leurs noms et demeures);*

Que (détails sur les circonstances de la mort, le moment précis où elle est arrivée, etc.).

Lecture faite de ce que dessus au sieur...., il a affirmé la vérité de sa déclaration, et a signé.

(Recevoir ainsi les déclarations de deux ou trois personnes pour bien constater les causes de l'événement, et qu'il n'y a ni crime ni délit.)

Sur quoi, attendu qu'il résulte de ce que dessus que la mort du sieur.... est purement naturelle ou accidentelle, sans que personne y ait contribué directement ni indirectement, disons que son corps sera inhumé en la manière accoutumée, et dans les délais voulus par la loi, à l'effet de quoi extrait de notre présent procès-verbal sera transmis au maire de ladite commune de...., pour être procédé à ladite inhumation, sauf le visa dudit extrait par M. le procureur de la République près le tribunal de première instance de l'arrondissement de.... Et avons dudit décès donné avis à M. le juge d'instruction de...., pour, par lui, être procédé, s'il y a lieu, à l'apposition des scellés et autres actes conservatoires.

De tout ce que dessus avons rédigé le présent procès-verbal, auquel nous avons vaqué jusqu'à.... heure du...., par.... vacations, et auquel nous avons joint les objets et papiers trouvés sur le défunt, pour être remis à qui de droit. Le tout en présence des sieurs...., susnommés, témoins de notre opération, qui ont signé avec nous.

Fait à...., le.... 188....

[Signatures.]

301. *Aliénés.* — Les maires sont chargés d'obvier ou de remédier aux inconvénients qui pourraient naître de la liberté laissée aux fous, quand leur folie dégénère en fureur, ou peut être dangereuse ou nuisible aux personnes ou aux propriétés. D'après les articles 19 et 24 de la loi du 30 juin 1838, en cas de danger imminent attesté par le certificat d'un médecin ou par la notoriété publique, les maires ordonnent, à l'égard des personnes atteintes d'aliénation mentale, toutes les mesures provisoires néces-

saires, à la charge d'en référer dans les 24 heures au préfet, qui statuera sans délai; dans toutes les communes où il existe des hospices ou hôpitaux, les aliénés ne peuvent être déposés ailleurs que dans ces hospices ou hôpitaux : dans les lieux où il n'en existe pas, les maires doivent pourvoir à leur logement, soit dans une hôtellerie, soit dans un local loué à cet effet; dans aucun cas, les aliénés ne peuvent être ni conduits avec les condamnés ou les prévenus, ni déposés dans une prison.

Procès-verbal d'envoi provisoire d'un aliéné dans un hospice, ou une hôtellerie, ou un local loué à cet effet.

L'an...., le.... du mois de.... à.... heure du...., devant nous (*noms et qualité*), maire de la commune de...., sont comparus (*noms et prénoms des déclarants*), lesquels nous ont déclaré que le sieur (*prénoms, nom, âge, lieu de naissance, profession, domicile, qualité de parent ou ami des déclarants*) est atteint de démence, que les effets de cette maladie sont devenus dangereux tant pour lui que pour ceux qui l'entourent; vu le certificat délivré par (*prénoms, nom, qualité du médecin*), attestant qu'il y a danger imminent à laisser ledit.... libre de ses actions, nous sommes immédiatement transporté au domicile du sieur.... (*décrire ici tout ce qui s'est passé*), avons fait conduire ledit sieur...., accompagné de.... à l'hospice de la présente commune (*s'il n'y en a pas, à l'hôtellerie de...., ou dans la maison de....*), pour y être déposé provisoirement jusqu'à ce qu'il ait été statué définitivement par M. le préfet, auquel nous en référons immédiatement; de tout quoi nous avons dressé le présent procès-verbal, que nous avons lu aux déclarants, lesquels ont signé avec nous.

[*Signatures.*]

Un procès-verbal pareil peut être aussi motivé sur la seule notoriété publique attestée par des déclarants, sans qu'il soit besoin, dans ce cas, d'un certificat de médecin; le maire agira ainsi dans le cas où un aliéné, arrêté sur la voie publique, lui serait amené pour être placé dans un établissement, conformément à la loi du 30 juin 1838.

301 *bis. Nourrissons en garde.* — L'application de la loi du 23 décembre 1874 sur la protection des enfants du premier âge, et en particulier des nourrissons, donne lieu à plusieurs déclarations et certificats à recevoir ou à délivrer par la mairie.

a. Déclaration de la personne qui place un enfant en sevrage, en nourrice ou en garde (art. 7);

b. Certificat du maire dont la nourrice sur lieu doit se munir (art. 8);

c. Déclarations à faire à la mairie par la nourrice, sevreuse ou gardienne : 1° à la réception de l'enfant; 2° en cas de changement de résidence; 3° en cas de retrait de l'enfant par les parents ou de sa remise à toute autre personne; 4° en cas de décès de l'enfant (art. 9).

Il est ouvert dans les mairies un registre spécial pour les déclarations ci-dessus prescrites. — Ce registre est coté, parafé et vérifié tous les ans par le juge de paix. Ce magistrat fait un rapport annuel au procureur de la République, qui le transmet au préfet, sur les résultats de cette vérification. En cas d'absence ou de tenue irrégulière du registre, le maire est passible de la peine édictée à l'article 50 du Code civil (art. 10).

La forme des déclarations, registres, certificats des maires et des médecins, etc., est déterminée par le règlement d'administration publique.

Procès-verbal constatant le refus par une personne ayant un nourrisson en garde de recevoir la visite du maire (loi du 23 déc. 1874).

L'an mil huit cent...., le.... à.... heure du...., nous, maire (*ou adjoint*) de la commune de..., sur l'avis qui nous a été donné que le nourrisson confié à la veuve X.... était malade et que cette femme ne lui donnait pas les soins nécessaires, nous nous sommes présenté chez la veuve X.... accompagné du docteur Z...., de la commune de....; mais celle-ci a refusé de nous laisser pénétrer dans sa demeure et, sur notre insistance, nous a traités de.... menaçant, si nous passions outre, de.... Et de ce que dessus avons dressé le présent, que le docteur Z.... a signé avec nous après lecture faite, pour être adressé à qui de droit... Fait à, lesdits jour, mois et an.

Force publique.

302. Les maires ont plusieurs attributions relatives à l'armée. Ils dressent les tableaux de recensement des jeunes gens ayant atteint l'âge de vingt ans révolus dans l'année précédente (loi du 27 juillet 1872, art. 8) ; ils assistent le préfet ou sous-préfet dans l'examen de ces tableaux et dans l'opération du tirage au sort en séance publique (art. 13); ils publient et affichent la liste du tirage (art. 15), présentent au conseil de révision la liste des jeunes gens désignés par le conseil municipal comme pouvant être provisoirement dispensés de servir à titre de soutien de famille, et font connaître la situation de ceux qui ont obtenu des dispenses à ce titre pendant les années précédentes (art. 22); ils reçoivent et instruisent les demandes de sursis d'appel (art. 24), assistent aux séances des conseils de révision et peuvent y être entendus (art. 27). Les certificats signés de trois pères de famille et que la loi exige dans les cas de dispense doivent être signés et approuvés par eux (art. 28); ils reçoivent les déclarations des hommes inscrits sur les registres matricules qui changent de domicile et transmettent copie de ces déclarations au bureau du registre matricule de la circonscription dans laquelle se trouve la commune (art. 34 et 35), reçoivent les engagements volontaires (art. 50) et les engagements conditionnels, dans les formes et les conditions prescrites par les lois et les décrets. La loi du 3 juillet 1877 fait jouer un rôle très actif aux municipalités en matière de réquisitions militaires. Elles ont à faire le recensement des logements (art. 10), à délivrer les billets de logement (art. 11), à répartir les prestations exigées entre les habitants et les contribuables; le maire en délivre reçu et prend les

mesures nécessitées par les circonstances pour que, dans le cas d'absence de tout habitant ou contribuable, la répartition en ce qui le concerne soit effective (art. 20); il adresse à la commission chargée d'évaluer ces indemnités un état nominatif contenant l'indication de toutes les personnes qui ont fourni des prestations avec la mention des quantités livrées, des prix réclamés par chacune d'elles et de la date des réquisitions, et, d'une manière générale, il sert d'intermédiaire entre l'autorité militaire et les parties pour les communications relatives au règlement tant de ces indemnités que de celles qui peuvent être allouées en cas de dommages causés aux propriétés privées par le passage ou le stationnement des troupes dans les grandes manœuvres (art. 25, 26, 27, 28, 54, 55). Aux termes de cette même loi, le maire effectue chaque année le recensement des chevaux et mulets susceptibles d'être requis par l'autorité militaire, en raison de l'âge qu'ils ont eu au 1er janvier, ainsi que des voitures attelées de chevaux et mulets autres que celles qui sont exclusivement affectées au transport des personnes.

Il assiste à l'inspection et au classement des voitures, harnais, et des animaux reconnés, au tirage au sort qui détermine, par catégories, l'ordre dans lequel animaux et voitures doivent être appelés en cas de mobilisation, et convoque dans ce cas les propriétaires des animaux et des voitures sujets à réquisition (art. 37, 38, 43, 45, 48).

Le maire préside la Commission d'admission dans les communes où il est procédé à la création ou à la réorganisation d'un corps de sapeurs-pompiers (décret du 29 décembre 1875, art. 10). Il arrête le règlement du service sur la proposition du chef de corps et avec l'approbation du préfet (art. 16), autorise, s'il y a lieu, les rassemblements du corps non prévus au règlement (art. 18), adresse ses réquisitions au chef du corps, qui est tenu d'y obtempérer, soit qu'il s'agisse de faire un service d'ordre ou d'honneur, soit qu'il s'agisse de porter secours en cas d'incendie ou autre sinistre (art. 19).

Voirie.

303. *Bâtiments en péril.* — La sûreté de la voie publique est un des objets confiés à la vigilance de l'autorité municipale. Si un bâtiment menace ruine, un procès-verbal doit constater le fait, afin de motiver les mesures qui seront ultérieurement ordonnées. Dans les communes où il n'y a point de commissaire de police, c'est le maire ou adjoint qui dresse le procès-verbal.

Procès-verbal constatant l'état d'un bâtiment en péril.

Cejourd'hui....., du mois de....., an mil huit cent....., nous (*maire ou adjoint*) de la commune de....., faisant fonction de commissaire de police, assisté du sieur H..., maître maçon, requis par nous à l'effet de nous accompagner dans la visite de la maison sise rue....., n°....., à....., laquelle nous a été déclarée par le sieur N.... être dans un état complet de délabrement et menacer la sûreté publique par son état d'abandon; nous étant transporté sur les lieux, et, d'après les indications du sieur H....., ayant remarqué *telles* causes de ruine (*les indiquer*) qui peuvent compromettre la sûreté publique, nous avons à l'instant sommé le sieur A....., propriétaire de la maison, de se conformer en tous points, et de faire exécuter à l'instant les travaux qui lui sont indiqués par M. H....., maître maçon, lesquels consistent en (*indiquer en quoi consistent les précautions*) pour éviter les accidents qui résulteraient inévitablement de la chute de son bâtiment, le tout sous sa responsabilité personnelle, et jusqu'à la décision qui sera prise ultérieurement par le maire.

Fait à....., ce.... du mois de.... 18.....

[*Signatures.*]

Si, dans le cas auquel se rapporte le précédent procès-verbal, le propriétaire ni personne le représentant ne se trouvait sur les lieux, il serait fait mention de cette circonstance.

Procès-verbal pour constater une démolition d'office.

L'an mil huit cent...., et le... du mois de...., à.... heure du...., devant nous, etc., s'est présenté M. (*l'architecte commissaire de la petite voirie, ou l'un des architectes inspecteurs, ou, dans les communes où il n'y en a pas, l'architecte qui a été désigné par le maire*), demeurant rue...., n°...., quartier de...., lequel nous a dit qu'en conséquence de l'ordonnance de (*indiquer le fonctionnaire*), en date du...., qui enjoint au sieur....., propriétaire d'une maison située rue...., n°...., de, dans le délai de.... jours, faire démolir ou réparer (*désigner les objets*), dépendants de ladite maison, déclarés et reconnus en péril lors de la visite contradictoire qui a été faite le....; et, à défaut par ledit sieur.... d'avoir satisfait à ladite ordonnance, le comparant se présente pour procéder à ladite démolition, conformément à ladite ordonnance ; à l'effet de quoi il a amené avec lui (*désigner l'entrepreneur, le nombre et l'espèce d'ouvriers, la nature et la quantité des équipages*).

Pour quoi il requiert notre transport sur les lieux pour être par nous dressé procès-verbal du tout, à telles fins qu'il appartiendra, et a signé après lecture faite.

Sur quoi nous...., avons donné acte audit sieur de ses comparutions et réquisitions ; et y déférant, attendu que, par acte du...., nous avons fait audit sieur...., propriétaire de la maison dont il s'agit, itérative sommation de se conformer à ladite ordonnance, et que, par autres actes du..., nous avons fait sommation aux locataires des lieux déclarés en péril, de les évacuer de tous meubles avant le.... du présent mois, et aux propriétaires voisins de se retenir ; nous nous sommes, cejourd'hui, accompagné dudit sieur....., transporté rue...., à ladite maison dont s'agit, où nous avons trouvé le nombre et l'espèce d'ouvriers et équipages ci-dessus désignés. Avons reconnu (*indiquer l'état des choses*).

1° *Si la démolition est commencée ou achevée :* En conséquence, nous nous sommes retiré, sous les réserves de mondit sieur.... de se pourvoir ainsi qu'il appartiendra pour le payement de la portion de journée due aux ouvriers par lui amenés et des frais de transport des équipages ; et a mondit sieur.... signé avec nous.

2° *Si la démolition n'est pas commencée, et que les déménagements soient faits :* En conséquence, et attendu que ledit sieur....., propriétaire, ne s'est pas présenté ni personne pour lui, à l'effet de faire démolir, mondit sieur... a sur-le-champ mis à ladite démolition (*désigner les ouvriers*), ainsi qu'au rangement des matériaux provenant de la démolition, consistant en..., pour lesdits travaux être continués jusqu'à parfaite et entière démolition, et par mondit sieur..., nous a été déclaré que, pour sûreté des frais de démolition, il entendait faire déposer lesdits matériaux (*désigner l'endroit*), et qu'il en tiendrait attachement pour en justifier au besoin; et a mondit sieur.... signé avec nous.

De tout ce que dessus avons rédigé le présent procès-verbal, pour ledit sieur.... être traduit au tribunal de police municipale de..., comme ayant refusé d'exécuter les règlements et arrêtés concernant la petite voirie, contravention de simple police prévue par le paragraphe 5 de l'article 471 du Code pénal; et aussi être condamné au payement des frais de démolition, sur l'état qui en sera fourni; et avons signé.

3° *Si le propriétaire est présent, dire avant l'alinéa premier ci-dessus :* Avons également trouvé sur les lieux ledit sieur..., propriétaire, auquel nous avons de nouveau fait sommation de mettre sur-le-champ des ouvriers à ladite démolition, sinon que nous allions y faire procéder à l'instant même; à quoi ledit sieur.... a répondu..., et a signé.

Si la réponse porte soumission de démolir sous peu de jours, dire : De laquelle réponse nous avons, sous toutes réserves, donné acte audit sieur...; lui avons en même temps déclaré que nous allions nous retirer à la charge par lui de payer la somme de..., à quoi mondit sieur.... a fixé les salaires des ouvriers et les frais de transport des équipages, ce qu'il a effectué; et lui avons fait par le présent nouvelle sommation de faire démolir, ledit jour de.... par lui indiqué, ce à quoi il s'est soumis; nous nous sommes en conséquence retiré, et ont ledit sieur.... et ledit sieur.... signé avec nous après lecture faite.

Si la réponse est évasive ou porte refus : Laquelle réponse nous avons prise pour refus d'exécuter ladite ordonnance; avons en conséquence autorisé mondit sieur.... à procéder de suite à la démolition, ce qu'il a effectué; et s'est mis sur-le-champ en notre présence à ladite démolition. *Le surplus comme à l'alinéa 2° ci-dessus.*

4° *Si les déménagements des locataires ne sont pas effectués, qu'il y ait non-comparution du propriétaire, ou refus de sa part d'exécuter, faire une nouvelle sommation de vider les lieux le lendemain avant midi, et se retirer, sous toutes réserves relativement aux frais.*

Si le lendemain à midi il n'y a pas eu de déménagement, le commissaire le constate, et dit : Avons en conséquence fait faire lesdits déménagements par les nommés..., hommes de peine par nous requis à cet effet; avons fait déposer les meubles sur le carreau ou autrement, aux risques, périls et frais de qui il appartiendra; avons fixé le salaire desdits hommes de peine à la somme de..., et attendu que ledit sieur..., propriétaire, etc. (le surplus comme ci-dessus, alinéa 2°).

Copie des procès-verbaux ci-dessus est notifiée et laissée, dans le jour, au propriétaire.

304. *Chemins vicinaux.* — La vicinalité d'un chemin est déclarée par le préfet sur une délibération du conseil municipal. Les maires doivent constater l'existence et le classement des chemins de leur commune; le tableau qu'ils dressent indique l'état et les besoins des chemins communaux et vicinaux; il est publié et reste déposé au secrétariat de la mairie pendant quinze jours au moins, pour que les habitants puissent en prendre communication et soumettre au maire leurs observations, dont la remise est constatée par un procès-verbal. Le maire met ensuite le tableau sous les yeux du conseil municipal.

Procès-verbal de reconnaissance et de classement des chemins communaux ou vicinaux d'une commune.

L'an..., le.... du mois de..., nous soussigné, maire de la commune de..., assisté des sieurs..., tous trois membres du conseil municipal, délégués par la délibération dudit conseil municipal, en date du..., à l'effet de procéder à la reconnaissance et au classement des chemins de ladite commune, conformément à la loi du 9 ventôse an XIII, à celle du 28 juillet 1824, et à l'arrêté de M. le préfet, en date du..., nous sommes rendus, accompagnés du sieur..., commissaire voyer de l'arrondissement, successivement sur chacun desdits chemins, et, après les avoir parcourus, examinés et mesurés dans leurs parties, nous en avons dressé le tableau général ainsi qu'il suit. (*Ce tableau énonce le nom et la direction du chemin, sa longueur, sa largeur, l'élargissement à lui donner, les propriétés sur lesquelles il convient de prendre*

11.

l'élargissement, l'état de viabilité du chemin, la nature des réparations proposées, enfin les observations du maire.)

Fait à..., le....

[Signature.]

Procès-verbal de publication du tableau de classement.

Nous, maire de la commune de..., arrondissement de..., département de..., en exécution de l'article.... de l'arrêté de M. le préfet, en date du..., avons publié (*ou fait publier*), à l'issue de la messe paroissiale (*ou sur les places publiques de la commune, ou à la porte principale de la mairie*), le tableau dressé par nous des chemins communaux de ladite commune; et afin que chaque habitant puisse en avoir suffisante connaissance, nous avons en même temps annoncé que ledit tableau resterait déposé, à dater de ce jour, jusqu'au..., au bureau de la mairie, où il en sera donné communication à tous ceux qui le réclameront, chaque jour, depuis quatre heures du matin jusqu'à six heures du soir.

Nous avons, de plus, fait connaître au public que toute personne, propriétaire ou domiciliée dans cette commune, pourrait nous remettre ses observations contre le travail dressé par nous, et qu'elles seront soumises à l'examen du conseil municipal, conformément à l'arrêté précité.

Et du tout nous avons dressé le présent procès-verbal.

A..., ce..., du mois de.... an 18....

[Signature.]

Procès-verbal de clôture des réclamations contre le tableau.

L'an..., le.... du mois de..., nous, maire de la commune de...,attendu l'expiration du délai prescrit par l'arrêté de M. le préfet, en date du..., pour recevoir les réclamations des habitants et propriétaires contre le tableau des chemins communaux et vicinaux dressé par nous, avons clos le présent procès-verbal, qui sera soumis au conseil municipal dans sa prochaine réunion.

Fait à..., les jour, mois et an que dessus.

[Signature.]

Le classement des chemins vicinaux ne se fait qu'après une enquête faite dans chaque commune pour recueillir les observations des habitants dans la forme ci-après indiquée, n° 305.

Procès-verbal négatif d'enquête de commodo et incommodo.

Le maire de la commune de... certifie que l'état de classement des chemins est demeuré déposé au secrétariat de la mairie pendant quinze jours consécutifs, à partir du... et que, durant cet espace de temps, personne ne s'est présenté pour faire des réclamations ni des observations au sujet de son contenu.

A..., le.... 18.

[*Signature du maire.*]

305. Enquêtes administratives et propriétés communales.

Dans plusieurs circonstances, les lois demandent qu'une enquête administrative soit faite dans les communes ; par exemple, lorsqu'il s'agit du classement des chemins vicinaux ou de la création d'établissements rangés dans la classe des établissements insalubres, incommodes ou dangereux.

Procès-verbal d'enquête administrative pour un établissement insalubre ou incommode.

L'an..., le.... du mois de..., à.... heure du..., nous (*noms*), maire de la commune de..., chargé par M. le préfet du département (*ou le sous-préfet de l'arrondissement*), suivant sa lettre du.... de ce mois, de procéder, conformément aux dispositions de l'article 7 du décret du 11 octobre 1810, à une enquête *de commodo et incommodo*, relativement à (*énoncer l'objet de l'enquête*), que M.... se propose d'établir dans (*indiquer exactement le lieu de la commune où doit être placé l'établissement*);

Après avoir fait connaître au public les jours et heures auxquels seraient reçues les déclarations des citoyens concernant l'établissement projeté, par affiches dont un exemplaire est ci-joint, et qui ont été placardées dans les lieux accoutumés ;

Avons ouvert le présent procès-verbal, et procédé, ainsi qu'il suit, à l'enquête dont il s'agit.

Est comparu, sur les.... heures du matin :

1° M. (*indiquer les nom, prénoms, âge, profession et domicile*), lequel, après avoir fait serment de dire la vérité, toute la vérité, et déclaré n'être parent, allié ou domestique de mondit sieur .., a dit qu'il était un des plus proches voisins de l'établissement que ledit sieur se propose de faire, et que (*énoncer les motifs de son opposition ou de son assentiment*); et a, avec nous, signé après lecture.

[Signatures.]

2° M. (*même formule pour chaque comparant*).

Et attendu qu'il est.... heures sonnées, et qu'il ne s'est présenté personne autre, nous avons renvoyé la suite de notre opération à demain.... du courant..., à.... heure du....

[Signature du maire.]

Procès-verbal d'enquête avant la déclaration d'utilité publique
de travaux à entreprendre.

Tous les grands travaux d'utilité publique, tels que routes, chemins de fer, canaux, reboisement de montagnes, etc., ne peuvent être exécutés qu'en vertu d'une loi ou d'une ordonnance rendue après une enquête administrative.

L'an..., le.... du mois de..., à.... heures du..., nous (*prénoms et nom*), maire (*ou adjoint*) de la commune de..., agissant en vertu des articles   de la loi du
à l'effet de procéder à une enquête préalable relative à l'établissement du chemin de fer (*canal ou autre travail*) projeté pour..., et devant entraîner cession ou expropriation de terrains ou bâtiments situés sur notre commune;

Après avoir publié à son de trompe (*ou de caisse*) et affiché le (*date*), tant à la principale porte de l'église qu'à celle de la maison commune, l'avertissement de prendre communication au secrétariat de la mairie du plan y déposé depuis le..., des terrains ou édifices dont la cession parait nécessaire, lesquelles publications et affiches nous certifions, par ce présent acte, avoir eu lieu conformément à la loi;

Avons ouvert le procès-verbal, et procédé, ainsi qu'il suit, à l'enquête dont il s'agit :

Est comparu à.... heures du... :

1° Le sieur (*prénoms, nom, âge, profession, domicile*), lequel nous a déclaré (*rédiger les réclamations présentées verbalement par le comparant*), et avons requis le comparant de signer ses déclarations et réclamations verbales; ce qu'il a fait (*ou qu'il a refusé, ou n'a pas fait, ne pouvant ou ne sachant signer*) après lecture.

[*Signatures.*]

2° Le sieur (*même formule pour chaque comparant*), et lesdits comparants (*ou l'un d'eux qu'il faut désigner*), nous ayant remis un écrit contenant d'autres réclamations, avons annexé ledit écrit au présent procès-verbal, après l'avoir signé et parafé avec les comparants.

Si le comparant ne venait que pour déposer ses réclamations écrites, il ne serait fait mention que de la comparution, de la remise, du parafe, de la signature et de l'annexe, sans indication de ce que contiendraient les réclamations. Il en serait de même des réclamations qui seraient envoyées par une personne non comparante.

Et attendu qu'il est.... heures de..., et qu'il ne s'est présenté personne autre, nous avons renvoyé la suite de notre opération à demain.... du courant, à heure.... du...

[*Signature du maire.*]

Le jour de la clôture, on met :

Et attendu qu'aujourd'hui.... expire le délai accordé par la loi pour la présentation des déclarations et réclamations des propriétaires intéressés; qu'il ne se présente plus aucun réclamant; avons déclaré et déclarons clos le présent procès-verbal, pour être envoyé et servir à qui de droit.

Fait à..., le....

[*Signature du maire.*]

306. Propriété particulière.

Déménagement furtif. — Les contestations entre un propriétaire et un locataire pour le payement des loyers, ou l'enlèvement des meubles, sont de la compétence, soit du juge de paix, soit du tribunal de première instance. Le maire peut intervenir seulement pour constater les déménagements furtifs consommés.

*Procès-verbal pour déménagement furtif, si les lieux
ont été laissés ouverts.*

L'an..., le.... du mois de..., heure de..., devant nous, maire ou adjoint de la commune de..., faisant fonction de commissaire de police, s'est présenté le sieur.... (*profession et demeure*), propriétaire *ou* principal locataire de la maison située rue..., n°..., demeurant rue..., n°...., *ou* habitant ladite maison.

Lequel nous a déclaré que depuis.... il avait pour locataire *ou* sous-locataire d'une boutique, *ou* d'un appartement, *ou* d'une chambre, situé au.... étage de ladite maison, le sieur..., qui le *ou* la tenait sans bail *ou* par bail sous seing privé, en date du..., dûment enregistré le..., *ou* par bail notarié, ainsi que le déclarant en justifiera au besoin; que ledit sieur.... lui doit.... termes de loyer; que ce matin, vers.... heures, on est venu prévenir le déclarant que la boutique dudit sieur.... n'était pas ouverte comme à l'ordinaire; que les volets et la porte d'entrée en étaient fermés, et la clef en dehors de la porte; que le comparant est venu aussitôt à la porte de ladite boutique avec deux voisins ici présents, et a reconnu cet état de choses; qu'il a frappé à la porte à plusieurs reprises, sans que personne lui ait répondu; qu'ayant ouvert la porte, on a vu dans la boutique tous les indices d'un déménagement furtif; qu'il a aussitôt refermé la porte, en a pris la clef qu'il nous représente en dépôt et s'est rendu par-devant nous pour faire la présente déclaration, requérant notre transport sur les lieux, à l'effet de constater les faits, l'état où se trouvent les lieux, ainsi que les objets qui peuvent y avoir été laissés, et qui sont le gage de.... loyers qui lui sont dus.

Et, à l'appui de sa déclaration, il nous a présenté les sieurs.... et.... (*profession et demeure des deux témoins*), lesquels ont attesté la vérité des faits ci-dessus, et qu'il est à leur connaissance (*faits à leur connaissance faisant présumer le déménagement furtif*).

Desquelles déclarations et attestations ledit sieur.... nous a requis acte, et a signé, ainsi que les témoins susnommés.

(*Si le locataire a renvoyé les clefs au propriétaire, il faut en faire mention et dire* : Lesquelles clefs et lettre le comparant déposé sur notre bureau, que le comparant est allé aussitôt devant ladite boutique et l'a trouvée fermée.

Et, attendu que ledit sieur.... est déménagé furtivement, le comparant requiert notre transport sur les lieux, à l'effet de constater les faits, l'état où se trouvent les lieux, ainsi que les objets qui peuvent y avoir été laissés et qui sont le gage des loyers dus.

De laquelle déclaration le comparant a affirmé la vérité, et a requis acte et signé avec nous.)

Sur quoi nous avons donné acte audit sieur.... de ses déclaration et réquisition; et y faisant droit, nous sommes transporté, de lui accompagné, en la maison sus-indiquée, où ledit sieur.... nous a conduit devant une boutique dépendante de ladite maison, dont les volets de fermeture et la porte d'entrée étaient fermés, et qu'il nous a dit être le local dont ledit sieur.... était locataire. De suite, en présence dudit sieur.... et des sieurs.... (*professions et demeures*), par nous requis comme témoins, nous avons ouvert la porte de ladite boutique avec la clef à nous remise par ledit sieur...; entré dans les lieux, accompagné comme dit est, nous avons reconnu et constaté ce qui suit :

(*Énoncer en détail l'état où se trouvent les lieux, les objets mobiliers y existant, et appartenant au locataire absent; les cloisons ou boiseries et autres objets appartenant à la maison; si la paillasse a été vidée dans les lieux, et toutes autres circonstances qui caractérisent le déménagement; les réparations locatives à la charge du locataire absent; recevoir, s'il y a lieu, les déclarations des personnes ayant connaissance des faits.*)

Ce fait, et attendu qu'il résulte de ce que dessus, que ledit sieur.... est déménagé furtivement avec ses meubles et effets, à l'exception de ceux ci-dessus décrits, avons remis le sieur.... en jouissance et possession desdits lieux, pour, par lui, en disposer ainsi qu'il avisera.

A l'égard des objets mobiliers ci-dessus décrits, laissés dans lesdits lieux par le sieur..., les avons laissés à la garde dudit sieur..., qui s'en est chargé, sous sa soumission de les représenter en même quantité et qualité, lorsqu'il en sera légalement requis, sans pouvoir en disposer de quelque manière que ce soit, jusqu'à ce qu'il en ait été ordonné par justice.

(*Si parmi les objets mobiliers il est trouvé des armes de guerre, l'adjoint les séquestre et les fait transporter à la mairie. Il est fait mention du tout au procès-verbal, et le reçu desdites armes y est annexé.*)

De tout ce que dessus avons rédigé le présent procès-verbal, auquel nous avons vaqué jusqu'à.... heures de.... par.... vacations : en ayant fait lecture au sieur.... et aux témoins susnommés, ils ont déclaré y reconnaître vérité; en a été requis acte par le sieur...., sous la réserve de tous ses droits et actions contre ledit sieur...; ce que nous lui avons délivré; et ont lesdits sieurs signé avec nous.

Fait à..., le.... du mois de..., année 18.

[Signatures.]

Procès-verbal de déménagement furtif, si le locataire a emporté
les clefs des lieux qu'il occupait.

L'an mil huit cent..., et le.... du mois d..., heure de..., par-devant nous, maire ou adjoint de la commune de..., faisant fonctions de commissaire de police, s'est présenté le sieur A.... (profession et demeure), propriétaire ou principal locataire de la maison située rue..., n°..., y demeurant, ou demeurant rue..., n°....

Lequel nous a dit que depuis.... il avait pour locataire ou sous-locataire d'une boutique, ou d'un appartement, ou d'une chambre, situé au.... étage de ladite maison, le sieur B..., qui le ou la louait sans bail, ou par bail sous seing privé en date du..., dûment enregistré le..., ou par bail notarié, ainsi que le déclarant en justifiera au besoin; que ledit sieur B.... lui doit.... termes de loyer, sans que le déclarant ait pu obtenir de lui aucun à-compte; que ce matin, vers.... heures, on est venu prévenir le déclarant que la boutique du sieur B.... n'était pas ouverte comme à l'ordinaire, et que les volets et la porte d'entrée en étaient fermés; que le comparant est venu aussitôt à la porte de ladite boutique, qu'il a frappé à plusieurs reprises, ainsi qu'à une porte de derrière donnant sur..., sans que personne ait répondu; qu'on ne peut supposer que le sieur B.... soit mort dans les lieux qu'il occupait; qu'il paraît certain au contraire qu'il a déménagé furtivement, en emportant avec lui les clefs des lieux qu'il occupait; ce qui est d'autant plus à présumer que (détailler les circonstances qui prouvent un déménagement furtif).

Et, à l'appui des faits ci-dessus, le comparant nous présente pour témoins les sieurs Julien K.... et Dominique X.... (profession et demeure des deux témoins); lesquels ont attesté la vérité des faits ci-dessus, et aussi qu'il est à leur connaissance (*faits à leur connaissance faisant présumer le déménagement furtif*).

Desquelles déclaration et attestation le sieur A.... nous a requis acte, que nous lui avons délivré; et a signé ainsi que les témoins sus-nommés.

Sur quoi nous soussigné, adjoint de la commune d..., attendu que, dans l'espèce, il ne nous appartient point de faire l'ouverture des portes sans une ordonnance du juge, renvoyons ledit sieur A.... à se pourvoir civilement, à l'effet d'être autorisé à faire faire ladite ouverture, et à séquestrer les objets mobiliers qui se trouveraient dans les lieux, pour sûreté des loyers à lui dus; et provisoirement, autorisons ledit sieur A... à faire placer un cadenas de sûreté aux portes extérieures desdits lieux, et avons signé.

A...., le.... du mois de.... 18.

[*Signatures.*]

Expédition de cette déclaration est délivrée au propriétaire ou principal locataire, et, lorsqu'il a obtenu l'ordonnance du juge, le maire ou l'adjoint, sur le vu de cette ordonnance, rédige le procès-verbal suivant :

Procès-verbal de descente sur les lieux en cas de déménagement furtif.
(Papier timbré et enregistré.)

L'an mil huit cent..., et le.... du mois de..., heure de..., nous, maire ou adjoint de la commune d..., faisant fonctions de commissaire de police, par suite de la déclaration à nous faite le.... par le sieur A..., relativement au déménagement furtif du sieur B..., et en exécution d'une ordonnance rendue le..., par..., dûment enregistrée, dont expédition en forme nous a été représentée par ledit sieur A..., et que nous lui avons à l'instant rendue, laquelle ordonnance porte (*libeller le dispositif de l'ordonnance*); et aussi sur la réquisition dudit sieur A..., nous sommes transporté, de lui accompagné, devant la boutique d'une maison sise rue..., n°..., et dont nous avons trouvé les volets et la porte fermés, laquelle boutique ledit sieur A.... nous a dit être celle qu'occupait le sieur B...; ce qui nous a été confirmé par les sieurs K.... et X.... (*prénoms, profession et demeure des deux témoins*), tous deux témoins par nous requis pour être présents à notre opération; de suite, en présence dudit sieur

A.... et desdits sieurs K.... et X..., témoins susnommés, avons fait ouvrir la porte de ladite boutique par le sieur S..., serrurier, par nous requis, demeurant.... Entré dans ladite boutique et lieux en dépendant, accompagné et assisté comme dit est, avons reconnu et constaté ce qui suit :

(Énoncer en détail l'état où se trouvent les lieux, les objets mobiliers y existant, et appartenant au locataire absent, les cloisons ou boiseries et autres objets appartenant à la maison; si la paillasse a été vidée dans les lieux, et toutes autres circonstances qui caractérisent le déménagement; les réparations locatives à la charge du locataire absent; recevoir, s'il y a lieu, les déclarations des personnes ayant connaissance des faits.)

Ce fait, et attendu qu'il résulte de ce que dessus, que ledit sieur B.... est déménagé furtivement avec ses meubles et effets, à l'exception de ceux ci-dessus décrits : avons remis le sieur A.... en possession et jouissance desdits lieux, pour, par lui, en disposer ainsi qu'il avisera.

A l'égard des objets mobiliers ci-dessus décrits, laissés dans lesdits lieux par le sieur B..., les avons confiés à la garde dudit sieur A..., qui s'en est chargé, sous sa soumission de les représenter en même quantité et qualité, lorsqu'il en sera légalement requis, sans pouvoir en disposer de quelque manière que ce soit, jusqu'à ce que par justice il en ait été ordonné.

(Si dans le mobilier il se trouve des armes de guerre, le maire les séquestre et les fait transporter à la mairie. Il est fait mention du tout au procès-verbal, et le reçu desdites armes y est annexé.)

De tout ce que dessus avons rédigé le présent procès-verbal; en ayant fait lecture au sieur A.... et aux témoins susnommés, ils ont déclaré y reconnaître vérité. En a été requis acte par le sieur A..., sous la réserve de tous ses droits et actions contre ledit sieur B..., ce que nous lui avons octroyé; et ont signé avec nous.

Fait à..., les jour, mois et an susdits.

[*Signatures.*]

Carence. — Les maires dressent des procès-verbaux ou délivrent des certificats de carence (ou insolvabilité) pour les individus condamnés à l'amende en simple police ou police correctionnelle, pour tout individu mort sans rien laisser, et à la famille duquel le receveur de l'enregistrement réclame les droits de succession.

Procès-verbal de carence, constatant ala pauvreté d'un défunt, l'insolvabilité d'un débiteur.

Le.... du mois de.... année mil huit cent..., nous, maire de la commune de..., certifions que le sieur T.... (*profession*), demeurant (*ou décédé*) en cette commune *ou* au hameau de..., se trouve (*ou est mort*) en état absolu de carence (*insolvabilité*), n'ayant à sa disposition (*ou n'ayant laissé*) aucune propriété mobilière ou immobilière, ou étant (*ou étant décédé*) entièrement à la charge de ses enfants;

Lesquels faits sont à notre parfaite connaissance, et nous sont de plus certifiés par le témoignage des sieurs L.... et K..., propriétaires, habitant dans la commune; en foi de quoi lesdits ont signé au présent avec nous.

Fait à..., le.... du mois de..., au 18.

[*Signatures.*]

307. Disparition d'un citoyen.

Lorsqu'un individu a disparu sans qu'on sache ce qu'il est devenu, les parties intéressées ou les voisins doivent en faire la déclaration, en indiquant avec détails la personne absente et les circonstances de la disparition. Si l'on ne peut pas présumer que l'individu disparu soit mort dans son habitation, le maire ou le commissaire de police reçoit la déclaration et la transmet au juge de paix; si cette présomption existe, le maire là où il n'y a pas de commissaire de police, se transporte sur les lieux, fait ouvrir la porte en présence de deux témoins, entre et dresse procès-verbal du tout. Voici des exemples des procès-verbaux dressés dans ces deux circonstances.

1er Procès-verbal de disparition d'un individu de son domicile.

L'an mil huit cent..., et le.... du mois d..., heure de..., par-devant nous, maire *ou* adjoint de la commune d..., s'est présenté le sieur (*nom et profession*), demeurant en cette commune, lequel nous a déclaré que depuis le.... du mois d..., le sieur (*nom et profession*), son parent *ou* ami, habitant la même maison que ledit sieur... déclarant, a quitté son domicile vers.... heures du..., et que depuis ce moment il n'est pas reparu chez lui.

Ledit sieur.... nous a dit en outre que lors de sa disparition le sieur.... (*signalement et costume de l'individu disparu*).

De tout quoi le sieur.... nous a fait la présente déclaration aux fins de faciliter les recherches urgentes à faire dans l'intérêt de la famille du sieur..., et a demandé que, dans le cas où son corps viendrait à être retrouvé, il en fût donné avis au déclarant, lequel a affirmé la vérité de sa déposition et en a requis acte après lecture faite, et a signé ainsi que nous, les jour, mois et an que dessus.

[Signatures.]

2e *Procès-verbal de disparition d'un individu de son domicile.*

L'an mil huit cent..., et le.... du mois de..., heure de..., par-devant nous, maire *ou* adjoint de la commune de..., s'est présenté le sieur (*noms et profession*), habitant cette commune, lequel nous a dit et déclaré que le sieur.... (*noms et profession*), habitant la maison n°..., n'a donné nuls signes de vie depuis huit jours, et que depuis cette époque la porte de sa chambre est restée fermée sans que l'on sache s'il est mort chez lui ou s'il n'y est point rentré.

Aussitôt nous avons requis le sieur..., serrurier, de nous accompagner, ainsi que les sieurs.., comme témoins; et nous étant transporté au domicile dudit..., nous en avons fait ouvrir la porte et avons constaté que le sieur.... n'y était point renfermé, et qu'une autre cause devait être attribuée à sa disparition; en conséquence, copie du présent a été transmise au juge de paix, ainsi qu'aux sous-préfet et préfet, pour éclairer la justice sur cet événement.

Fait à..., le.... du mois de.... 18.

[Signatures.]

§ 2. — *Procès-verbaux de police judiciaire.*

308. La police judiciaire recherche les crimes, les délits et les contraventions, en rassemble les preuves et en livre les auteurs aux tribunaux chargés de les punir. Les maires et adjoints exercent les fonctions d'officiers de police judiciaire, sous l'autorité des cours d'appel.

309. Dans les communes où il n'y a point de

commissaire de police, et dans celles où le commissaire de police se trouve momentanément empêché, le maire, ou, à son défaut, un adjoint recherche les contraventions de simple police, même celles qui sont sous la surveillance spéciale des gardes champêtres et forestiers; ils reçoivent les rapports, dénonciations et plaintes qui y sont relatifs; ils consignent dans des procès-verbaux la nature et les circonstances des contraventions, le temps et le lieu où elles ont été commises, les preuves ou indices à la charge de ceux qui en sont présumés coupables. Ils remettent, dans les trois jours, les pièces et renseignements à l'officier remplissant les fonctions du ministère public près le tribunal de police (Code d'instruction criminelle, art. 9, 11, 13, 14, 15).

310. Les maires ou adjoints n'agissent que comme auxiliaires du procureur de la République chaque fois qu'il s'agit de délits ou de crimes; ils reçoivent les dénonciations, dressent les procès-verbaux, reçoivent les déclarations, font les visites, les perquisitions et les autres actes, en suivant les formes tracées par les procureurs de la République (Code d'instruction criminelle, art. 49, 50). Ils doivent envoyer sans délai à ces derniers les dénonciations, procès-verbaux et autres actes (Art. 53).

311. On voit, par ce qui précède, quelle grande quantité d'infractions les maires et adjoints sont appelés à constater; leurs procès-verbaux sont d'une haute importance, puisqu'ils servent de point de départ à l'instruction des affaires criminelles. Ils ne sauraient donc apporter trop de soin à la rédaction de ces actes, pour lesquels nous devons nous borner à quelques règles générales et à quelques exemples, que méditeront les secrétaires de mairie pour les cas où ils concourront à la rédaction des procès-verbaux. Quelle que soit la main qui ait écrit un procès-verbal, il ne peut être signé que par l'officier de police judiciaire lui-même.

312. Le rédacteur d'un procès-verbal doit tou-

jours rapporter les faits avec clarté, préciser toutes les circonstances, les présenter de manière à éviter toute fausse interprétation ; il doit se borner aux faits et aux circonstances qui s'y rattachent, sans aucune digression étrangère, sans aucune réflexion inutile ; les exposer avec exactitude, avec simplicité, avec impartialité, sans expression d'aucune opinion ni observation personnelle.

313. Tout procès-verbal doit mentionner : l'année, le jour, l'heure et le lieu de sa rédaction ; les noms et qualités du fonctionnaire ou de l'agent qui le dresse; la circonstance qui donne lieu à sa rédaction ; l'exposé des faits ; les prénoms, noms, âge, demeure des témoins ou déclarants, s'il y en a. Il doit être signé par le fonctionnaire qui le dresse, et par le plaignant s'il y a plainte, ou mentionner que les personnes qui y concourraient n'ont pas voulu ou pu signer. Il doit être visé pour timbre, et enregistré en débet dans les quatre jours de sa date, à peine de nullité. Lorsqu'il a été revêtu de ces formalités, il est transmis à l'autorité judiciaire, et une copie doit en être adressée en même temps au préfet et au sous-préfet.

314. Une formalité spéciale est prescrite pour les procès-verbaux rédigés par les gardes champêtres ou forestiers; ils doivent être, à peine de nullité, affirmés devant le juge de paix, dans la commune du chef-lieu de canton, ou, s'il est empêché, devant le maire ou l'adjoint; dans les autres communes du canton, c'est devant le maire ou adjoint directement que se fait l'affirmation; dans la huitaine, il doit être donné avis de l'affirmation au procureur de la République.

Formule d'affirmation.

Cejourd'hui..., le.... du mois de..., an..., à.... heure de...., s'est présenté devant nous (*nom et prénoms*), maire de la commune de.... (*si c'est au chef-lieu de canton, dire que c'est en l'absence, ou pour empêchement du juge de paix et de son sup-*

pléant), le sieur..., garde champêtre, rédacteur du procès-verbal ci-dessus, lequel nous a affirmé le contenu dudit procès-verbal comme étant sincère et véritable. De laquelle affirmation nous avons dressé acte conformément à la loi.

Fait à..., les jour, mois et an que dessus.

[*Signature du maire.*]

315. Indépendamment des mentions qui composent les formalités des procès-verbaux, ils doivent constater la remise ou l'objet de la dénonciation ou de la plainte, l'existence et le corps du délit, en indiquer la nature, le lieu, le temps, les circonstances; en recueillir les indices, les présomptions, les preuves; constater l'état des lieux, les déclarations des personnes présentes ou appelées, les documents propres à manifester la vérité; retracer les interrogatoires subis par le prévenu lors de son arrestation ou depuis; désigner les papiers, effets, armes, instruments, etc., saisis sur le prévenu, ou chez lui, ou sur le lieu du délit; décrire les détails et le résultat des visites domiciliaires, des opérations des médecins quand il en a été appelé; préciser l'instant de l'arrestation du prévenu et la remise de sa personne dans la maison d'arrêt; constater la notification de l'ordre en vertu duquel il est arrêté et traduit en prison.

316. Les procès-verbaux que les maires ont le plus fréquemment occasion de rédiger sont ceux qui concernent soit la police municipale, soit la police rurale. La loi du 16 août 1790 énumère les principaux objets confiés à la vigilance de l'autorité municipal; la police rurale est réglée par la loi du 6 octobre 1791.

317. Pour les objets qui rentrent dans leurs attributions de police municipale, les maires ont le pouvoir de prendre des arrêtés; les contraventions à ces arrêtés, ou les infractions aux anciens règlements remis par eux en vigueur, ou les violations des articles 471 et suivants, qui énumèrent les contraven-

tions de police, sont constatées par les procès-verbaux des officiers de police judiciaire, ainsi qu'il a été dit ci-dessus, n° 309.

318. La constatation des morts violentes, et même l'examen des cadavres quand il y a seulement indice ou soupçon de mort qu'on puisse attribuer à un crime, donnent lieu à des procès-verbaux de police judiciaire. Nous allons donner les formules relatives à ce cas, et nous y joindrons des exemples de procès-verbaux constatant des crimes, délits ou contraventions.

Procès-verbal constatant la découverte et la levée d'un cadavre trouvé sur la voie publique ou ailleurs.

Cejourd'hui..., le... du mois de...., année mil huit cent..., devant nous, maire de la commune de..., s'est présenté le nommé (*nom, prénoms, profession et demeure*), lequel par la présente nous a déclaré qu'un cadavre du sexe masculin *ou* féminin avait été trouvé dans..., près de..., à...; que l'individu trouvé paraissait avoir succombé sous...; qu'il avait telle blessure. Ledit sieur..., nous ayant attesté sa déposition sincère et véritable, a signé avec nous, après lecture faite.

Nous nous sommes immédiatement transporté sur le lieu indiqué, accompagné du sieur.... sus-nommé, du sieur.... et de M...., docteur-médecin, par nous requis, demeurant à...., chef-lieu de la commune. Arrivé sur les lieux, nous avons trouvé le corps d'un homme paraissant mort, ainsi qu'il est dit à la déposition du sieur... (*donner le signalement, indiquer les blessures apparentes, les armes qui peuvent se trouver près de lui, enfin toutes les circonstances qui pourraient faire reconnaître si la mort provient d'un suicide ou si elle est la suite d'un assassinat*). Nous avons immédiatement fait transporter le cadavre dans..., à...., afin de procéder à l'examen du corps hors de la présence du public; et de suite, mondit sieur...., médecin susnommé, après avoir prêté le serment prescrit par la loi de procéder et de nous faire son rapport en toute conscience, a procédé en notre présence à l'examen dudit cadavre, et ce avec la plus scrupuleuse attention, ne négligeant aucune partie du corps; et nous a déclaré que la mort était certaine et provenait sans nul doute de...; que du reste il n'a remarqué aucunes autres blessures, ce qui le porterait à croire que l'individu gisant n'a opposé aucune résistance et a dû périr sous le coup : duquel rapport mondit sieur.... a affirmé la vérité.

Après lecture faite, a requis le payement de ses honoraires, qu'il a fixés à..., laquelle somme lui sera soldée sur la caisse des frais extraordinaires de police.

Ne pouvant prendre à l'instant aucuns renseignements sur les auteurs de ce crime, et autant pour prévenir l'enlèvement du corps que pour lui faire rendre les honneurs de la sépulture, nous avons ordonné de le transporter immédiatement au cimetière de la commune, où il sera inhumé dans un lieu distinct et séparé, d'où il pourrait être retiré si le cas échéait. Le corps a été porté suivant notre ordre par.... et.... au cimetière, et enterré en no.re présence (*en tel endroit*), pour être retrouvé au besoin.

Personne de la commune ne reconnaissant le cadavre, et aucun acte de décès ne pouvant être fait, conformément aux dispositions de l'article 81 du Code civil, nous nous sommes borné à rédiger le présent procès-verbal, nous réservant de dresser l'acte de décès lorsque nous nous serons procuré les renseignements nécessaires; et ont les sieurs.... et...., docteur-médecin, signé avec nous, les jour, mois et an susdits.

[*Signatures.*]

Procès-verbal pour débris de cadavre ou ossements trouvés dans des fouilles ou ailleurs.

Cejourd'hui..., le.... du mois de..., année mil huit cent..., nous, maire, informé par le sieur (*nom, prénoms, profession, demeure*), qu'en faisant fouiller son jardin, situé à..., commune de..., il venait d'y être trouvé à environ.... mètres de profondeur, un squelette encore intact; nous avons immédiatement requis le sieur..., docteur-médecin, demeurant à..., rue d..., n°..., de nous accompagner chez le déclarant sus-nommé, afin de constater d'une manière exacte le sexe et l'époque de l'inhumation.

Nous nous sommes immédiatement transporté sur le lieu indiqué, accompagné du sieur.... susnommé, du sieur.... et de M...., docteur requis par nous : arrivé sur les lieux, ledit sieur...., docteur-médecin, après avoir prêté entre nos mains le serment prescrit par la loi de procéder et nous faire son rapport en son honneur et conscience, nous a déclaré, après examen, que le squelette trouvé était celui (*d'un homme ou d'une femme ou d'un enfant*) enterré depuis près de.... années; qu'il lui était impossible de rien préjuger sur les causes de sa mort; duquel rapport ledit sieur.... affirme la vérité.

De suite, ledit sieur..., propriétaire du lieu susindiqué, et sur notre réquisition, a fait extraire du lieu où ils étaient enfouis lesdits ossements, et les ayant mis à notre disposition, nous les avons fait placer dans une charrette ouverte, et fait transporter, toujours les accompagnant, au cimetière de la commune, situé à..., chef-lieu de la commune, où, par les soins du sieur..., fossoyeur, nous les avons fait inhumer, non dans la fosse commune, mais dans une fosse particulière que nous avons fait creuser, et sur laquelle a été placé.... devant servir à la faire connaître.

La découverte d'ossements humains dans le lieu qui n'a jamais servi de lieu de sépulture nous ayant paru de nature à fixer l'attention de la justice, et se rattacher à la disparition inopinée de.... (*ici dire les circonstances relatives à ce fait*), avons dressé du tout le présent procès-verbal, qui sera immédiatement transmis à M. le procureur de la République, pour y être donné telles suites qu'il appartiendra.

Avons alloué au conducteur de la voiture, pour son salaire, la somme de..., que nous lui avons à l'instant payée, et qui devra nous être remboursée sur les fonds de police affectés à la préfecture.

Ont signé avec nous les sieurs..., mentionnés au présent procès-verbal, lesquels, sur notre réquisition, ont assisté à sa rédaction.

Fait à..., le.... du mois de..., an 18.

(Signatures.)

Procès-verbal constatant un vol.

L'an mil huit cent...., le... à heure du...; nous, maire ou adjoint de la commune de...; sur l'avis qui nous a été donné par le sieur (*prénoms, nom, profession, demeure*), que des voleurs se sont introduits la nuit dernière dans sa maison; qu'ils ont ouvert une armoire, etc., nous nous sommes à l'instant transporté dans ladite maison, où étant, nous avons remarqué que (*détailler l'état des lieux et les circonstances*). Le sieur..., interrogé par nous sur la nature et le nombre des objets volés, a répondu qu'il avait été enlevé de ladite armoire, savoir... (*faire ici la désignation détaillée*):

Nous avons également demandé au sus-nommé s'il soupçonnait quelqu'un de ce vol, et quels pouvaient être les motifs de ses soupçons, à quoi il a répondu (*mentionner ici la réponse avec détail et exactitude*).

Et de ce que dessus avons dressé le présent, que ledit sieur.... a signé avec nous, après lecture faite, pour être adressé à qui de droit.

Fait à...., lesdits jour, mois et an.

[*Signatures.*]

Procès-verbal contre un charcutier dont on a trouvé les vases de cuivre non étamés ou tenus malproprement.

Le.... du mois de..., année mil huit cent..., à.... heure du..., nous soussigné, maire ou adjoint de la commune de..., département de..., assisté des sieurs L...., garde champêtre, et D...., agent de police, informé par la rumeur publique que, depuis notre dernière visite, en date du..., chez le sieur F...., charcutier, demeurant rue..., n°..., il avait été vendu des viandes de charcuterie qui avaient donné lieu à des accidents plus ou moins graves, accidents qui pouvaient être causés par la présence du vert-de-gris; nous sommes immédiatement transporté chez le sieur F....; et, lui ayant fait connaître le sujet de notre visite, nous avons immédiatement procédé à l'examen de ses chaudières et ustensiles : nous avons trouvé que dans une des chaudières de..., préparée pour..., cette.... avait été déjà mise sur le feu et avait refroidi dans ladite chaudière, ce qui est expressément défendu, vu le danger qui peut en résulter; avons en outre remarqué aux parois intérieures de la chaudière une quantité de vert-de-gris assez grande pour compromettre la santé des personnes qui pourraient manger des viandes apprêtées dans ladite chaudière. (*Consigner ici les observations de l'inculpé, s'il en fait.*)

Nous avons signifié au sieur F.... que sa négligence et les dangers qui pouvaient résulter de la vente de ses viandes ainsi apprêtées compromettent la vie des citoyens : et, attendu que ces viandes sont évidemment insalubres, en avons ordonné la confiscation et saisie, conformément à la loi des 19-22 juillet 1791, et à l'article 605 du Code du 3 brumaire an IV (25 octobre 1795) et, les avons remises au sieur L...., nous accompagnant, pour être enfouies en notre présence et celle dudit sieur F...., délinquant; avons de plus ordonné la saisie de la chaudière précitée, pour être remise, ainsi que le présent procès-verbal, au ministère public, chargé d'exercer les poursuites exigées par la loi.

De tout ce que dessus avons dressé le présent procès-verbal, et avons signé avec lesdits sieurs L..., garde champêtre, et D..., agent de police, nous accompagnant dans notre visite, ainsi que ledit sieur F..., charcutier.

Fait à..., les jour, mois et an que dessus.

[Signatures.]

Procès-verbal pour avoir mutilé, abattu, coupé, ébranlé, écorcé
ou écorché des arbres.

Cejourd'hui..., le.... du mois de..., an..., le garde champêtre faisant sa tournée, nous a déclaré que, passant (désigner l'endroit), il a vu un arbre (ou tant d'arbres) étant sur la place, ou sur le chemin de..., ou dans la rue de..., qui était abattu, ou dont les branches étaient cassées, ou dont l'écorce était enlevée, ou dont un individu coupait les branches (ou autres circonstances qu'il faut désigner).

Nous avons arrêté l'individu pris en flagrant délit et l'avons conduit au bureau de police, ou à la mairie de..., où nous avons reconnu et constaté que c'était le sieur.... qui avait commis le délit ci-dessus, et a signé avec nous, maire, après lecture faite.

Et, vu les dispositions des articles 445 et 446 du Code pénal, disons que le présent procès-verbal sera envoyé à monsieur le procureur de la République.

[Signatures.]

Procès-verbal d'accidents par suite de divagation, sur la voie publique,
d'animaux malfaisants et nuisibles.

Cejourd'hui..., du mois de..., année mil huit cent..., heure de..., s'est présenté devant nous (l'officier public) le sieur (nom, prénoms, âge, qualité ou profession et demeure du déclarant), lequel nous a déclaré que, se trouvant (désigner le moment et l'endroit), il a été (désigner toutes les circonstances de l'accident qui est arrivé et l'animal qui l'a causé); que ledit animal errait sans maître ou conducteur; et que, après avoir pris d'exactes informations, il a su que ledit animal appartient au sieur (noms, prénoms, qualité ou profession et demeure); que telles personnes (désigner leurs noms, prénoms, qualités ou professions, et demeure) ont été témoins des faits ci-dessus rapportés.

Desquels faits le comparant nous a fait la présente déclaration, afin qu'il y soit donné telles suites qu'il appartiendra, conformément à la loi.

Après avoir donné lecture de ce que dessus au déclarant, il a affirmé sa déclaration sincère et véritable, en a requis acte, et a signé avec nous.

Sur quoi nous.... (*s'il est résulté des blessures de l'accident sus-relaté*), attendu qu'il s'agit d'un délit de police correctionnelle prévu par l'article 320 du Code pénal, ledit sieur.... n'ayant pas pris toutes les précautions nécessaires pour empêcher la divagation de l'animal dont il s'agit, disons qu'il y a lieu à suivre, sur notre présent procès-verbal, par voie de police correctionnelle, et avons signé.

[Signature.]

Les maires sont chargés de prévenir par des précautions et de faire cesser par des secours les épizooties. Les particuliers qui ont des animaux soupçonnés d'être infectés de maladie contagieuse doivent en faire la déclaration, sous peine d'un emprisonnement de six jours à deux mois, et d'une amende de 16 francs à 200 francs. Le défaut de déclaration donne lieu à un procès-verbal, de même que les mesures ordonnées, suivant les circonstances, par les autorités municipales.

Procès-verbal dressé, en cas de non-déclaration, contre le propriétaire d'animaux malades.

Cejourd'hui...., du mois de...., année mil huit cent...., nous, maire de la commune de..., vu les dispositions de la loi des 26-24 août 1790, tit. XI, art. 5, et celles de l'article 459 du Code pénal; instruit par la notoriété publique que le sieur...., habitant de cette commune, avait chez lui des bestiaux attaqués par la maladie contagieuse qu'il conduisait aux pâturages et abreuvoirs communs, nous sommes transporté au domicile dudit...., accompagné de..., vétérinaire *ou* maréchal expert. Examen fait desdits bestiaux, nous avons reconnu que (*désigner les animaux et leur nombre*) étaient attaqués de la maladie de (*énoncer le genre de la maladie*); sur quoi nous avons fait observer audit sieur (*le propriétaire*) qu'il était en contravention aux lois et règlements pour

12.

n'avoir pas fait la déclaration de la maladie dont étaient attaqués ces animaux. Il nous a répondu que (*ses réponses*); nous lui avons répliqué..., et lui avons fait défense de les conduire jusqu'à nouvel ordre aux pâturages et abreuvoirs communs, et lui avons enjoint de les tenir en garde chez lui, aussi jusqu'à nouvel ordre, et avons de tout ce que dessus dressé le présent procès-verbal, dont copie sera envoyée à monsieur le procureur de la République et que nous avons signé, les jour, mois et an que dessus.

[*Signatures.*]

Procès-verbal en cas de maladie contagieuse et incurable des animaux.

Cejourd'hui..., du mois d..., année mil huit cent..., nous, maire de la commune d..., instruit par la notoriété publique (*ou par la déclaration du propriétaire en date du....*) que le sieur..., habitant de la commune, avait chez lui des bestiaux attaqués de maladie contagieuse, nous sommes transporté au domicile dudit..., accompagné d..., vétérinaire *ou* maréchal expert. Examen fait desdits bestiaux, nous avons reconnu que (*désigner les animaux et leur nombre*) étaient attaqués de la maladie de (*énoncer le genre de la maladie*) qui pouvait être communiquée aux autres...., et était incurable. Nous avons alors ordonné que lesdits animaux seraient tués immédiatement et enfouis (*désigner l'endroit*), à deux mètres cinquante-cinq centimètres de profondeur, et que l'écurie, *ou* l'étable, *ou* la bergerie où ont séjourné lesdits animaux serait purifiée, et que les murs, l'auge et le ratelier seraient lavés à l'eau de chaux dans les vingt-quatre heures, sinon qu'il y serait pourvu par nous, aux frais dudit sieur (*le propriétaire*). De tout ce que dessus nous avons dressé le présent procès-verbal pour servir et valoir ce que de droit, et avons signé, les jour, mois et an que dessus.

[*Signatures.*]

Procès-verbal de contravention à un règlement de police sur les cabarets, cafés et autres lieux publics.

Cejourd'hui..., le.... du mois de..., année..., nous (*prénoms et nom*), maire (*ou adjoint*) de la commune de...; sur les (*désigner l'heure, en ayant soin de spécifier si l'on procède avant ou après l'heure fixée pour la fermeture des lieux publics précités*), faisant notre ronde, accompagné d..., informé qu'il y avait du tumulte au café du sieur..., nous sommes immédiate-

ment transporté sur les lieux; ayant acquis la certitude du
fait, et étant entré dans ledit lieu, nous y avons trouvé
plusieurs personnes discutant vivement entre elles, réunies
autour d'une table à jeu, dite *roulette*.

Ayant fait appeler le sieur..., propriétaire du café, il s'est
aussitôt présenté devant nous; nous lui avons fait observer
qu'il était en contravention au règlement de police, en date
du..., concernant les heures de fermeture des cafés, billards
et autres lieux publics, ainsi qu'aux lois et règlements qui
interdisent la tenue des jeux de hasard.

Le sieur... nous a répondu..., et a signé, après lecture
faite.

Après avoir interrogé les personnes présentes sur la cause
de la querelle, le sieur..., habitant la commune de..., nous
a répondu que... Sa déclaration nous étant confirmée par
les assistants, nous en avons pris acte et avons engagé les
susdits assistants, au nombre de..., à se retirer, attendu
qu'il était heure indue.

A l'égard du sieur..., cafetier, susmentionné, et nonobs-
tant sa déclaration, attendu qu'il s'est placé dans le cas de
double contravention prévu par le règlement de police,
art... et..., qui interdisent la tenue des jeux de hasard dans
les maisons et lieux publics, et ordonnent que les établissements du genre du sien soient fermés en été à..., en hiver
à..., contraventions qui le rendent passible des peines mentionnées au n° 15 de l'article 471 du Code pénal, en les
assimilant au cas de simple police;

Disons que, conformément à l'article 138 du Code d'instruction criminelle, ledit sieur..., cafetier, sera traduit au tribunal de police municipale, pour s'y voir condamner ainsi
qu'il appartiendra, sur les conclusions du ministère public.

Et avons signé le présent, ainsi que les sieurs assistant.

Fait à..., le.... du mois de..., année 18...

                                        [*Signatures.*]

Procès-verbal constatant une vente à faux poids.

L'an mil huit cent..., le..., à... heure du..., nous, maire
ou adjoint de la commune d..., sur la déclaration à nous
faite par le sieur... (*prénoms, nom, profession et domicile*), qu'il
avait acheté chez le sieur..., boulanger en cette commune,
du pain qui n'avait pas le poids fixé, voulant nous assurer
du fait, nous nous sommes transporté chez ledit sieur...,
où étant, nous avons fait peser en notre présence plusieurs

des pains qui se trouvaient dans sa boutique, et parmi lesquels nous avons trouvé (*le nombre*) qui, au lieu de peser...., ainsi qu'il est déterminé par les règlements, ne pesaient que... En conséquence, nous avons constaté cette contravention aux règlements par la rédaction du présent, et nous lui avons déclaré la saisie du pain qui n'avait pas le poids légal, et qu'il serait procédé contre lui conformément à la loi.

Fait à..., lesdits jour, mois et an.

[*Signature.*]

CHAPITRE IV

DES CERTIFICATS

---

319. Les municipalités sont très souvent appelées à délivrer aux citoyens des certificats. Voici ceux qui servent le plus fréquemment.

Certificat d'apposition d'affiches.

Nous, maire de la commune de..., certifions que l'affiche, qui nous a été adressée le..., par monsieur le préfet du département d..., ayant pour but d'annoncer..., a été apposée en cette commune, aux lieux accoutumés et aux époques fixées.

En foi de quoi le présent certificat a été délivré.

Fait à..., à la mairie, ce....

[Signature du maire.]

Certificat de bonnes vie et mœurs.

Nous, maire de la commune de..., certifions que M..., né à..., département de..., domicilié à..., est de bonnes vie et mœurs. En foi de quoi nous lui avons délivré le présent certificat.

Fait à..., le....

[Signature du maire.]

Certificat de bonne conduite pour un militaire.

Le maire de la commune de... certifie et atteste que le sieur... a tenu une bonne conduite en cette ville lors de son passage, ou pendant le congé limité qui lui a été accordé; en foi de quoi le présent certificat lui a été délivré.

A..., le... 18....

[Signature du maire.]

Certificat de carence pour un individu détenu à raison d'une amende non payée.

Nous, maire de la commune de..., certifions que le sieur (*nom, prénoms et profession du redevable*), demeurant en cette commune, est indigent, et qu'il ne possède aucun bien meuble ni immeuble saisissable dont la valeur puisse couvrir les frais des poursuites qu'il y a eu lieu d'intenter contre lui, à fin de recouvrement de l'amende qu'il a encourue pour... En foi de quoi nous avons délivré le présent certificat pour servir et valoir ce que de droit.

Fait à..., ce... 18...

[*Signature du maire.*]

Certificat d'insolvabilité pour obtenir décharge d'une condamnation forestière à l'amende.

Nous, maire de la commune d..., soussigné, certifions, sous notre responsabilité personnelle, que le sieur..., domicilié en cette commune, n'y possède aucune propriété foncière et n'y exerce aucune profession industrielle ; que l'état d'insolvabilité dans lequel il se trouve le met dans l'absolue impossibilité d'acquitter la somme de... francs... centimes, à laquelle il a été condamné par jugement en date du..., pour délit forestier.

En foi de quoi le présent a été délivré pour lui servir et valoir ce que de raison, après avoir été transcrit au livre des actes de la mairie, à la date de ce jour.

Fait à..., ce... 18....

[*Sceau de la commune.*] Le Maire.

Certificat d'indigence.

Nous, maire de la commune d..., canton de..., département d..., certifions que le nommé..., habitant le chef-lieu de la commune, rue..., n°..., est dans un état complet d'indigence, ne possédant aucune propriété mobilière ou immobilière de quelque valeur que ce soit ; de plus, que ledit..., vu son état d'indigence, ne figure pas au rôle des contributions directes, et qu'il se trouve, ainsi que sa famille, composée de..., presque entièrement à la charge de la commune, ne pouvant travailler à cause de... (*âge ou infirmités*).

Fait à..., le... du mois d... 18..

[*Signature et légalisation.*]

Certificat à un propriétaire pour obtenir un permis de port d'armes de chasse.

SIGNALEMENT.

né à
domicilié à
âgé de
profession de
taille de 1 m... millim.
cheveux
front
sourcils
yeux
nez
bouche
barbe
menton
visage
teint
marques particulières

(Sur papier timbré.)

Le maire de la commune de... atteste que M..., domicilié à..., ayant des propriétés rurales dans la commune de..., est de bonnes vie et mœurs, et qu'il a les qualités requises pour obtenir un permis de port d'armes de chasse.

Fait à..., le.... 18.

LE MAIRE,

Même certificat pour un non-propriétaire.

(Le signalement comme à la formule précédente.)

(Sur papier timbré.)

Le maire de la commune de... atteste que M..., domicilié à..., inscrit au rôle de ladite commune, est de bonnes vie et mœurs, et a les qualités requises pour obtenir un permis de port d'armes de chasse.

Fait à..., le.... 18.

LE MAIRE.

Certificat de libération de journées de travail pour la réparation des chemins vicinaux.

Je soussigné, maire de la commune de..., certifie que le sieur N..., demeurant à..., a exécuté (*ou fait exécuter*) pour son compte, la totalité des journées de travail pour lesquelles ledit contribuable est porté au rôle pour l'année 18....

Fait à..., le..., du mois de.... 18....

LE MAIRE.

*Certificat d'indigence à des parents qui veulent retirer leur enfant
d'un hospice.*

Nous, maire de la commune de..., certifions que (*prénoms, nom, profession*) en ladite commune, est dans l'impossibilité d'acquitter la somme demandée par l'hospice pour
frais de layette et mois de nourrice de son enfant, qu'il a
l'intention de retirer dudit hospice; mais que ses ressources
sont néanmoins suffisantes pour subvenir aux frais de
nourriture et d'apprentissage de cet enfant.

Fait à..., le.... du mois de.... 18....

(Signature.)

*Certificat à délivrer aux personnes qui veulent reconnaître un enfant
abandonné ou trouvé.*

L'an mil huit cent..., le.... du mois de..., devant nous,
maire de la commune d..., s'est présenté le nommé.... (*ou
la nommée*), âgé de..., profession de..., demeurant à..., lequel
(*ou laquelle*) nous a déclaré vouloir reconnaître pour son fils
(*ou sa fille*) l'enfant de l'hospice de..., exposé le..., et portant les noms de....

En conséquence, nous, soussigné, certifions que le réclamant (*ou la réclamante*) est de bonnes vie et mœurs; qu'il
(*ou qu'elle*) a les moyens d'élever son enfant, et qu'il y a lieu
de le lui remettre

Fait à la mairie de..., le.... 18....

(*Sceau de la commune.*)   LE MAIRE.

*Certificat aux personnes qui veulent se charger gratuitement
d'un enfant trouvé ou abandonné.*

Nous, soussigné, maire de la commune de..., certifions
que (*nom et prénoms du déclarant*), qui a déclaré vouloir se
charger *gratuitement*, conformément à l'arrêté de monsieur
le préfet de..., de l'enfant..., appartenant à l'hospice de...,
est de bonnes vie et mœurs, et qu'.... a les moyens nécessaires d'élever cet enfant,

En foi de quoi nous lui avons délivré le présent, qui restera annexé à l'acte de retrait.

Fait à..., le.... 18....

[*Sceau de la mairie.*]   LE MAIRE.

Certificat d'existence d'un enfant trouvé mis en nourrice.

Le maire de la commune de…. certifie que…, enfant trouvé, dépendant de l'hospice d…, placé en nourrice chez…. de ladite commune, était existant à l'époque du….

Fait à…, le…. du mois de…. 18….

    [*Sceau de la mairie.*]   [*Signature du maire.*]

Certificat de présence des instituteurs dispensés du service militaire.

Je soussigné, maire de la commune d…, certifie que le sieur (*nom et prénoms de l'instituteur*), instituteur primaire, dispensé en cette qualité du service militaire, continue à exercer ses fonctions dans ladite commune, et remplit ainsi les conditions de son engagement décennal contracté devant le recteur le….

Fait à…, le…. 18…

                        Le Maire,

Vu pour légalisation de la signature du maire. de la commune de…,

    A…, le….

            Le Préfet ou le Sous-Préfet,

Transmis à M. le président du comité.

    Le…. 18…

                        Le Maire,

Certificat aux individus qui se présentent pour servir dans les armées comme engagés volontaires.

Nous soussigné, maire de la commune d…, département d….

Attestons :

1° Que le sieur (*nom et prénoms*), fils de…. et de…, domiciliés à…, canton d…, département d…, né le…, à…, canton d…, département d…, ainsi qu'il résulte de son acte de naissance dûment légalisé; cheveux…, sourcils…, yeux…, front…, nez…. bouche…, menton…, visage…, teint…, marques particulières…, taille d'un mètre…. millimètres; est ou a été domicilié dans ladite commune d…, depuis le (*date en toutes lettres*) jusqu'à (*date en toutes lettres*);

2° Qu'il jouit de ses droits civils;

3° Qu'il n'a jamais été condamné à une peine correctionnelle pour vol, escroquerie, abus de confiance ou attentats aux mœurs.

En foi de quoi nous lui avons délivré le présent certificat.

Fait à...., le (*date en toutes lettres*).

[*Signature et légalisation.*]

Certificat de trois pères de famille domiciliés dans le canton, pour établir les droits d'un jeune homme à l'exemption du service militaire.

Ces certificats n'émanent pas des maires ; mais ces fonctionnaires ou les secrétaires des mairies peuvent aider les citoyens dans la rédaction, qui se fait dans la forme suivante :

Nous soussignés (*noms, prénoms et domicile des trois pères de famille*), pères de jeunes gens soumis à l'appel ou ayant été appelés ;

Certifions que le nommé (*nom et prénoms du réclamant*), né le (*date de sa naissance*), fils de.... (*prénoms du père du déclarant*), inscrit sur la liste du tirage sous le n° (*indiquer le numéro du tirage*), et désigné par le sort pour concourir à la formation du contingent de la classe de 18.....

(*Mentionner ici le fait sur lequel, d'après la loi, repose la demande d'exemption.*)

Et que, pour ces motifs, ledit (*nom et prénoms du réclamant*) a droit à l'exemption accordée par l'article.... de la loi du 27 juillet 1872.

Fait à (*nom de la commune ou ville où le certificat est délivré*), le (*date du jour où le certificat est délivré*).

(*Signature des trois pères de famille, ou déclaration qu'ils ne savent signer.*)

Approuvé par nous, maire de la commune du déclarant.

A...., le.... 18....

[*Signature du maire.*]

Vu par le sous-préfet de l'arrondissement d.....

Certificat de résidence.

Nous soussigné, maire (*ou adjoint*) de la commune de...., certifions, sur l'attestation des sieurs...., tous domiciliés dans la commune, que le sieur...., âgé de.... ans, du métier

de..., réside ou a résidé sans interruption à... depuis le...
jusqu'au...

Fait à..., le... du mois de...

[*Signat. du certifié.*] [*Signat. des assistants.*] [*L'officier municipal.*]

Certificat de vie pour toucher les pensions et rentes viagères.

Nous, maire de la commune de..., canton de..., arrondissement de..., sur l'attestation des sieurs (*noms, prénoms,
demeure des deux témoins*), et que nous déclarons bien connaître, certifions que le sieur..., demeurant à..., né à..., le...
du mois de..., an..., pensionnaire ou rentier viager, est vivant, pour s'être présenté aujourd'hui devant nous.

Nous a déclaré ledit... n'avoir joui depuis le... d'aucune
autre pension ni d'aucun traitement d'activité (*ou qu'il a joui
d'un traitement de...*), et qu'il n'a recueilli aucune succession.
En foi de quoi nous avons délivré le présent certificat.

Fait à..., le.... l'an 18...

[*Signature du requérant.*]   [*Témoins.*]   [*L'officier municipal.*]

*Certificat au propriétaire d'une bête à cornes abattue par ordre de l'autorité publique par suite du typhus contagieux (loi du 30 juin 1866,
décret du 30 septembre 1871.)*

Nous soussigné, maire de la commune de... certifions :

1° Que, sur la déclaration à nous faite par le sieur X...
qu'un de ses bœufs de labour paraissait atteint du typhus
contagieux, et sur le rapport du sieur Z..., vétérinaire par
nous commis, nous avons donné l'ordre d'abattre l'animal
malade, et que cet ordre a été exécuté;

2° Que le sieur X s'est conformé aux lois et règlements de
police sanitaire, notamment quant à la déclaration de la
maladie de l'animal dès que cette maladie s'est produite.

En foi de quoi, nous lui avons délivré le présent certificat
pour valoir ce que de droit.

Fait à... le... 18..

[*Signature du certifié.*]   [*L'officier municipal.*]

CHAPITRE V

Déclarations.

320. Dans une foule de circonstances, les lois exigent que les citoyens fassent des déclarations préalables à la mairie ; les maires doivent recevoir ces déclarations et en donner acte.

Déclaration à faire par les étrangers qui demandent des lettres de naturalisation.

L'an..., et le.... du mois de..., à.... heures du..., devant nous, maire (*ou adjoint*) de la commune de... canton de..., département de..., s'est présenté le sieur.... (*prénoms et nom*), né le.... du mois de.... de l'année..., à...; ledit comparant demeurant dans notre commune et y exerçant la profession de..., lequel nous a dit et déclaré qu'il est venu se fixer en France le..., qu'il a l'intention de s'y établir définitivement, et qu'il fait la présente déclaration à l'effet d'obtenir des lettres de naturalité et la jouissance de la qualité et des droits de Français, se soumettant à toutes les charges communales, et promettant d'observer les lois et décrets de la République.

De tout quoi il a requis acte, à lui octroyé, et avons rédigé la présente déclaration, que le comparant a signée (*faire mention s'il sait ou non signer*), et qui a été inscrite sur le registre de cette commune, pour y avoir recours au besoin et en être délivré expédition à qui de droit.

Fait à...., les jour, mois et an que dessus, et a signé avec nous.

[*Signature.*]

Déclaration à faire pour réclamer la qualité d'étranger par les individus nés en France d'étrangers qui eux-mêmes y sont nés (loi du 16 décembre 1874, art. 1er.)

L'an..., et le.... du mois de..., à.... heures du..., devant nous, maire (*ou adjoint*) de la commune de..., canton de..., département de..., s'est présenté le sieur.... (*prénoms et nom*), demeurant dans notre commune..., lequel nous a déclaré qu'il est né en France, à..., le..., du sieur..., citoyen.... ou sujet..., né lui-même en France, à..., et que, étant dans l'année de sa majorité, il réclame la qualité d'étranger, et, à l'appui de la présente déclaration faite en conformité de la loi du 16 décembre 1874, le sieur X,... nous a déposé pour justifier qu'il avait conservé sa nationalité d'origine une attestation de son gouvernement qu'il a déclaré être en due forme et qui est demeurée annexée à ladite déclaration.

De tout quoi il a requis acte à lui octroyé, et avons rédigé la présente déclaration, que le comparant a signée (*faire mention s'il sait ou non signer*) et qui a été inscrite sur le registre de cette commune pour y avoir recours au besoin et en être délivré expédition à qui de droit.

Fait à...., les jour, mois et an que dessus, et a signé avec nous.

Déclaration à faire pour renoncer à réclamer la qualité d'étranger (loi du 16 décembre 1874, art. 2).

L'an..., et le.... du mois de..., à.... heure de..., devant nous, maire (*ou adjoint*) de la commune de..., canton de..., département de..., s'est présenté le sieur X... (*prénoms et nom*), demeurant dans la commune..., lequel nous a déclaré qu'il est né en France, le..., du sieur..., citoyen.... ou sujet..., né lui-même en France le..., et que dûment autorisé par (*son père, ou sa mère, ou son conseil de famille*), il déclare renoncer à réclamer la qualité d'étranger dans l'année qui suivra sa majorité, et fait la présente déclaration en conformité de l'article 2 de la loi du 16 décembre 1874, pour s'engager volontairement dans l'armée de...., ou pour contracter l'engagement conditionnel d'un an conformément à la loi du 27 juillet 1872, ou pour entrer à l'École de....

A l'appui de la présente déclaration, le sieur X... nous a justifié : 1° du consentement de....; 2° de son admission par l'autorité militaire à contracter un engagement ou de son admission à l'École de..., etc. (*mentionner l'annexe des pièces relatives à ces justifications*).

De tout quoi il a requis acte à lui octroyé, et avons rédigé la présente déclaration que le comparant a signée avec nous et qui a été inscrite sur le régistre de cette commune pour y avoir recours au besoin et en être délivré expédition à qui de droit.

Fait à...., les jour, mois et an que dessus, et a signé avec nous.

Déclarations de changement de domicile.

Le changement de domicile s'établit par une déclaration à la municipalité du lieu qu'on quitte et à celle du lieu où l'on va résider (Code civil, art. 104).

L'an...., le.... du mois de..., le sieur (*prénoms, nom, profession*) a déclaré que depuis.... (*ou dès à présent*) il a transféré (*ou transfère*) son domicile de la ville (*ou commune*) de.... en la ville (*ou commune*) de..., où il entend jouir des droits et supporter les charges attachés à la qualité d'habitant.

                    [*Signatures du déclarant et du maire.*]

Déclaration à la mairie du lieu du nouveau domicile.

L'an mil huit cent...., et le.... du mois de..., devant nous, maire de la commune de..., canton de..., département de..., s'est présenté le sieur...., lequel nous a déclaré qu'il a fait le.... à la mairie de..., canton de..., département de..., sa déclaration sur l'intention qu'il avait de transporter et fixer son domicile dans la commune de..., persistant dans son intention; examen fait des papiers dont il était porteur, nous lui avons donné acte de sa déclaration, et l'avons inscrit, en sa présence, à la suite du tableau des habitants de cette commune, et a ledit sieur signé avec nous après lecture faite.

Fait à...., le.... du mois de..., an 18....

                    [*Signatures.*]

Déclaration pour exercer les fonctions d'instituteur primaire.

Aux termes de l'article 27 de la loi du 15 mars 1850, celui qui se propose d'exercer les fonctions d'instituteur doit en faire la déclaration au maire de la commune ; voici la forme de l'extrait du registre où est consignée la déclaration.

Le.... du mois d...., an mil huit cent...., s'est présenté devant nous, maire de la commune d...., arrondissement d...., département d.....

Le sieur..., né à...., arrondissement d...., département d...., le.... mil huit cent....

Lequel nous a produit :

1° Son acte de naissance dûment légalisé ;

2° Un brevet de capacité pour l'enseignement primaire.... à lui délivré sous la date d.... 18....

Et nous a déclaré qu'il avait l'intention d'ouvrir une école primaire dans la commune, qu'il avait loué à cet effet un local sis.... et que depuis dix ans il avait résidé à...., où il exerçait la profession de....

De laquelle déclaration nous avons dressé le présent acte, que le déclarant a signé avec nous, et lui en avons délivré récépissé.

Pour extrait conforme :
LE MAIRE de la commune de....

Déclarations pour l'exercice de certaines professions.

En général, l'industrie et l'exercice des professions sont entièrement libres ; seulement il y a certaines professions qui ne peuvent être exercées qu'après une déclaration faite à l'autorité municipale : telles sont celles d'aubergiste ou hôtelier, de boucher, d'afficheur, etc.

Par-devant nous, maire (*ou adjoint*)...., est comparu le sieur (*nom et prénoms du déclarant*), lequel nous a déclaré être dans l'intention de tenir (*dès à présent, ou à partir de telle époque*) auberge *ou* hôtellerie dans la rue...., n°...., à l'enseigne d...., de laquelle déclaration ledit sieur (*le déclarant*) a requis acte que nous lui avons octroyé, sous la promesse par lui faite de se conformer, en tout ce qui pourra concerner sa profession, aux lois et aux règlements de police, et notamment à la loi des 19-22 juillet 1791.

Fait à.... ce...., et à ledit sieur (*le déclarant*) signé avec nous, après lecture faite.

L'officier public,
Le déclarant.

Une déclaration est également nécessaire pour la profession de boulanger ; mais, dans la plupart des villes, cette profession est assujettie à des règlements particuliers : le plus souvent, on exige une permission du maire, une déclaration du boulanger qui veut quitter son état ou changer de domicile. Dans chaque mairie, on devra se conformer, pour les actes ou procès-verbaux à rédiger, aux dispositions du règlement local.

Les professions qui sont soumises à patente donnent lieu à l'inscription sur les registres de la mairie, à une déclaration particulière, ainsi conçue :

Le..., du mois de... mil huit cent..., le sieur (*nom, prénoms et demeure du déclarant*), a déclaré que, depuis *telle* époque (*ou dès à présent, ou à partir de telle époque*), il exerce ou veut exercer la profession d..., rue..., n°....

[Signature du déclarant.]   *[Signature du maire.]*

Débits de boissons (loi du 17 juillet 1880).

Toute personne qui voudra ouvrir un café, cabaret ou autre débit de boissons à consommer sur place, sera tenue de faire quinze jours au moins à l'avance, et par écrit, une déclaration indiquant :

1° Les nom, prénoms, lieu de naissance, profession et domicile ;

2° La situation du débit ;

3° A quel titre elle doit gérer le débit et les noms, prénoms, profession et domicile du propriétaire s'il y a lieu.

Cette déclaration sera faite à la mairie de la commune où le débit doit être établi et remise en double exemplaire :

« 1° Une déclaration sur timbre à 60 centimes ;

« 2° Une déclaration sur papier libre.

Modèle de déclaration.

Je soussigné..., natif de..., profession de..., demeurant à..., ai l'honneur de déclarer, conformément à la loi, que mon intention est d'ouvrir ou de succéder au débit de boissons à consommer sur place rue...

[Signature.]

Récépissé de déclaration.

Le maire de..., reconnaît avoir reçu de M..., né à..., la déclaration qu'... est dans l'intention d... un débit de boissons, rue...

En foi de quoi récépissé est délivré à M..., conformément aux dispositions de la loi du 17 juillet 1880.

Le... 18...

LE MAIRE de...

Ce reçu se remet au commissaire central, qui le remet lui-même à l'intéressé.

Colportage et vente de journaux.

Tout individu ayant l'intention de colporter et vendre des journaux doit en faire sa déclaration sur papier libre et y joindre une feuille de timbre à 60 centimes pour le récépissé de la mairie.

Formule de récépissé.

Le maire de... reconnaît avoir reçu de..., demeurant en cette ville ou commune..., la déclaration qu'... est dans l'intention de vendre et de colporter des journaux.

En foi de quoi le présent récépissé est délivré conformément aux dispositions de l'article 1er de la loi du 9 mars 1878, pour être représenté à toute réquisition.

A..., le... 18...

LE MAIRE.

Le tableau suivant est tenu dans les mairies pour le colportage :

NOM	PRÉNOMS	DOMICILE	LIEU de naissance	DATE de la déclaration	DÉCLARATION que l'on n'est pas privé de ses droits civils et politiques.

Déclaration d'animaux malades de maladies contagieuses.

Les personnes qui possèdent des animaux affectés ou soupçonnés de maladies contagieuses doivent en avertir sur-le-champ, et par écrit, le maire ou adjoint dans les communes rurales, le commissaire de police dans les villes où il y en a. Le maire doit recevoir cette déclaration et en donner acte dans la forme suivante :

L'an mil huit cent..., le... du mois d..., heure d..., par-devant nous, maire de la commune d...., est comparu le sieur...., lequel nous a dit que ses (*telles bêtes*), au nombre de...., sont atteintes de... ; qu'il nous en fait la déclaration, conformément à la loi. De quoi il nous a requis acte, que nous lui avons octroyé, et il a signé avec nous, les jour, mois et an que dessus.

[*Signatures.*]

Déclaration faite par le propriétaire fermier, etc., qu'il a constaté la présence du doryphora dans un champ qu'il cultive, etc. (loi du 15 juillet 1878).

L'an... le...'du mois de...., à... heure d...., par-devant nous, maire (ou adjoint) de la commune de..., s'est présenté le sieur...., demeurant à...., lequel nous a déclaré que dans un champ sis à...., dont il est propriétaire (ou qu'il cultive à titre de fermier, métayer ou colon), il a constaté la présence du Doryphora, et qu'il nous fait la présente déclaration, conformément à la loi du 15 juillet 1878, afin qu'après vérification du fait nous en informions sans retard le sous-préfet de l'arrondissement et que les mesures nécessaires soient prises pour combattre la propagation du Doryphora.

De laquelle déclaration il a requis acte à lui octroyé et a signé avec nous (ou a déclaré ne savoir signer).

Fait à...., les jour, mois et an comme ci-dessus.

Déclaration en cas de perte du certificat d'inscription d'une pension.

L'an...., le.... du mois de...., par-devant nous, maire de la ville d...., s'est présenté le sieur...., né à...., département d..., le...., demeurant en cette ville, rue...., n°...., jouissant

d'une pension militaire (*ou civile, ou ecclésiastique*) de....
francs, inscrite sous le n°..., volume,...

Lequel nous a déclaré, en présence des deux témoins
soussignés, ayant les qualités requises, que le certificat de
ladite pension est adiré; qu'il est dans l'intention d'en demander un duplicata à monsier le ministre des finances
pour lui tenir lieu de la première expédition qu'il a perdue,
et que, dans le cas où cette première expédition viendrait
à se retrouver, il s'oblige à la renvoyer au Trésor public
pour être annulée.

Nous a en outre déclaré le sieur.... qu'il a touché le
montant des termes échus de sa pension, jusqu'à et compris le.... trimestre 18..., et qu'elle a cessé de lui être payée
depuis cette époque, ayant perdu son certificat d'inscription
dans le courant du mois d....

Fait à..., le.... 18..., en présence do..., tous deux majeurs, demeurant en cette ville, témoins qui ont signé avec
le déclarant et nous.

[Les témoins, — le déclarant, — le maire.]
[Sceau de la mairie.]

Permission.

321. Dans plusieurs circonstances, les lois soumettent la faculté d'agir à une permission qu'il faut obtenir de la municipalité. Nous allons en donner des
exemples qui ne sont pas les seuls où une autorisation du maire soit nécessaire.

Permission pour l'exercice de la profession de boulanger
dans les communes où un règlement de police prescrit cette condition.

Nous, maire (*ou adjoint*) de la commune d..., vu la demande du sieur..., boulanger, tendant à obtenir la permission d'exercer sa profession dans ladite commune d...;

Vu les renseignements qui ont été transmis, desquels il
résulte que cet établissement peut être utile pour la commune;

Vu les pièces produites par le sieur..., constatant qu'il est
de bonnes vie et mœurs, qu'il connaît suffisamment son état
pour exercer ladite profession;

Permettons audit sieur.... d'exercer la profession de boulanger en ladite commune d..., aux conditions suivantes,....

Le tout à peine de voir la présente suspendue ou révoquée, sans préjudice des autres mesures de police administrative et des poursuites devant les tribunaux.

La présente permission est valable seulement pour la personne y dénommée.

Fait à..., le.... du mois d.... 18....

[*Signature du maire.*]

Je soussigné.... m'engage à remplir toutes les clauses et conditions prescrites par l'autorisation ci-dessus, et particulièrement à tenir constamment mes magasins fournis d'une suffisante quantité de farine.

Fait à..., le.... du mois d.... 18....

[*Signature.*]

Permission pour la pose d'une enseigne ou d'un autre objet faisant saillie sur la voie publique.

L'an mil huit cent..., le.... du mois d...., devant nous, maire (*ou adjoint*) de la ville *ou* commune d..., s'est présenté le sieur..., épicier en cette ville, rue..., n°..., à l'effet d'obtenir la permission de placer une enseigne au-dessus de la porte de..., ayant pris l'avis de l'architecte voyer (*dans les communes où il y a un*), nous avons accordé audit sieur.... sa demande, sous la condition :

1° De placer la susdite enseigne à.... mètres du pavé;

2° Que sa saillie n'excédera pas.... du mur;

3° Qu'elle sera solidement fixée au mur par des crampons.

Ce à quoi il s'est engagé, et a signé avec nous, les jour, mois et an susdits.

[*Signature.*]

Actes divers d'administration municipale.

322. 1° *Arrêté ou règlement de police.* — Les maires ont le droit, et c'est une des parties les plus importantes et les plus difficiles de leurs attributions, de faire des règlements de police sur tous les objets que la loi du 16 août 1790 a confiés à leur vigilance. Les dispositions de chaque règlement dépendent de la nature de leur objet; il faut les rédiger avec clarté, sans les surcharger de détails oiseux, mais aussi sans rien négliger des précautions qui peuvent

maintenir l'ordre ou assurer l'exécution de l'arrêté. Les formes de ces règlements, toujours précédés de l'indication des lois, ordonnances, actes administratifs sur lesquels ils reposent, sont ainsi qu'il suit :

Nous (*nom et prénoms du maire*), maire de la commune de..., vu l'article 3 du titre XI de la loi du 24 août 1790, qui nous confie le soin de..., ou *tel* n° de l'article 471 du Code pénal;

Considérant qu'il est urgent de remédier à *tel* abus qui s'est introduit dans la commune, *ou* de prévenir *tel* danger qui devient imminent;

Arrêtons : (*Suivent les dispositions*).

Sera le présent arrêté publié au son du tambour et affiché dans toute l'étendue de la municipalité, afin qu'aucun n'en prétende cause d'ignorance.

Fait à la mairie de..., le.... du mois d..., an 18....

Le Maire,

323. 2° *Passeports*. — Les maires doivent examiner avec soin les cas où ils peuvent en accorder et ceux où ils doivent les refuser. Dans le premier cas, ils délivrent un bon, que l'impétrant présente au percepteur, lequel lui remet un passeport, dont le coût est de 2 francs.

324. 3° *Recensement de la population*. — Tous les cinq ans, le Gouvernement publie des tableaux officiels de la population de la France : ce travail est le résultat de celui des préfets, lesquels n'opèrent eux-mêmes que sur l'envoi des états de population de chaque commune. Les maires reçoivent des cadres, qu'ils n'ont qu'à remplir; pour réunir les éléments nécessaires à cette opération, la méthode qui facilite le plus est celle des bulletins individuels. On consacre un bulletin particulier et séparé à chaque individu; puis on classe tous les bulletins par ordre alphabétique. Si une des personnes recensées vient à mourir, on enlève son bulletin, et on le place dans la collection des bulletins de décès. S'il y a, au contraire, naissance, le maire dresse un nouveau bul-

letin et le place à son rang. On peut ensuite faire
diverses classes de bulletins, par exemple, les élec-
teurs, etc. Tous les ans, au mois de janvier, les
maires font parvenir au préfet du département le
relevé du mouvement de la population pendant l'année précédente.

325. 4° *Impositions*. — Ce sont les maires que la
loi charge de publier les rôles des contributions
directes et des patentes, et de les mettre en recouvrement; ils publient, à ce sujet, chaque année, un
arrêté ainsi conçu :

Le maire de la commune de..., vu la loi du..., vu l'arrêté
de monsieur le préfet de.... du.... de ce mois;
Donne avis que les rôles des contributions foncières, personnelle-mobilière, des portes et fenêtres, et des patentes,
pour l'exercice 18..., sont en recouvrement.
En conséquence, les contribuables sont invités à se présenter au bureau du percepteur de leur arrondissement
respectif pour acquitter les termes échus de ces contributions.
En exécution de l'art.... de l'arrêté précité, le délai de
trois mois accordé par la loi aux contribuables, pour la présentation de leurs demandes en décharge ou réduction par
suite des rôles de l'exercice 18..., est fixé du..., présent
mois, au.... prochain.
Toute réclamation qui serait produite après l'expiration
de ce délai, qui est de rigueur, sera rejetée.
Les patentables qui seront compris sur des rôles supplémentaires devront également présenter leurs réclamations
dans le délai de trois mois, à dater de la publication desdits rôles.
Les demandes en remises et modérations pour causes de
pertes et accidents imprévus devront être présentées dans
le délai d'un mois après que les pertes ou accidents auront
eu lieu.
Les demandes en décharge, réduction ou réparation
d'omission de cotes seront adressées au préfet.
Ces demandes, qui devront être rédigées à mi-marges et
sur papier du timbre de 60 cent., lorsque la cote excédera
30 fr., ne seront reçues qu'autant qu'on y aura joint l'avertissement ou bordereau que le percepteur aura fait parvenir

au contribuable, ainsi que la quittance du payement des termes échus de sa cotisation, sans pouvoir, sous prétexte de réclamation, différer le payement des termes qui viendront à échoir pendant les trois mois qui suivront la réclamation, dans lesquels elle devra être jugée définitivement.

Les pétitions ne pourront avoir pour objet qu'une seule nature de contributions. Le contribuable qui aurait à réclamer en même temps sur sa cotisation foncière et sur celle des portes et fenêtres, ou personnelle-mobilière, ou de patente, devra présenter séparément une pétition pour chaque contribution, et joindra un extrait du rôle qui lui sera délivré par le percepteur.

Conformément au paragraphe 3 de l'article 28 de la loi du 21 avril 1832, les réclamations ayant pour objet une cotisation aux rôles moindre de 30 fr. ne seront pas assujetties au droit de timbre.

La formalité du timbre ne sera pas non plus exigée pour les demandes qui auraient pour objet des rectifications de matière cadastrale.

Fait à..., le... du mois de... 18...

LE MAIRE,

326. 5° *Armée. Tableaux de recensement.* — Les maires dressent ces tableaux, chaque année, au commencement du mois de janvier. Les jeunes gens y sont classés par ordre alphabétique. Les tableaux, rédigés en double expédition et conformes au modèle donné par le ministre de la guerre, sont ensuite publiés et affichés dans chaque commune, en suivant les formalités prescrites pour les publications de mariage. (Voyez-en la formule, chap. II, § 7, nos 204 et suiv.)

Actes d'engagement volontaire. — Ils sont reçus par les maires et doivent être faits sur les modèles joints aux décrets qui règlent la matière, modèles dont les mairies reçoivent des formules toutes imprimées, mais à la minute de l'acte d'engagement doit être annexée une déclaration écrite et signée par le contractant en présence du maire et de deux témoins remplissant les conditions exigées par le Code civil (art. 37) par laquelle il déclare : 1° qu'il n'est marié ni veuf avec enfants; 2° qu'il n'est lié au service de terre ou de mer, ni comme engagé volontaire ou rengagé, ni comme appelé, ni comme inscrit maritime.

327. 6° *Réquisitions à la force armée.* — Les maires ont le droit de requérir la force armée pour le maintien de l'ordre ou l'exécution des actes de l'autorité.

Réquisition de la gendarmerie.

De par la loi, en vertu des lois et ordonnances sur le service de la gendarmerie, nous, maire de la commune d..., ayant été informé qu'un (*spécifier le délit*) a été commis aujourd'hui au domicile du sieur.... et que..., prévenu d'en être l'auteur, s'est réfugié à..., requérons le maréchal des logis *ou* brigadier commandant la gendarmerie d... de commander deux hommes de son corps pour arrêter et conduire devant le procureur de la République ledit..., prévenu de.... crime (*ou délit*) prévu par l'art..., du Code pénal.

Fait à...., le... 18...

Le Maire,

Réquisition à la troupe de ligne ou aux sapeurs-pompiers.

De par la loi, nous, maire de la commune d......, requérons le commandant des sapeurs-pompiers *ou* des troupes cantonnées (*ou en garnison*) en cette commune, de fournir à l'instant le nombre de sapeurs ou de militaires nécessaire pour (*spécifier l'objet de la réquisition*), par exemple pour dissiper l'attroupement sur la place d...., aussitôt que les sommations voulues par la loi auront été faites par nous ou par le commissaire de police.

Fait à...., le...

Le Maire,

328. 7° *Aliénés. Demande de placement dans un établissement.* — D'après l'article 8 de la loi du 30 juin 1838, les maires reçoivent les demandes des personnes qui ne savent pas écrire, ayant pour objet le placement volontaire d'un individu dans un établissement d'aliénés.

L'an..., le... du mois de..., à... heure du..., par-devant nous (*prénoms et nom*), maire de la commune de..., canton de..., département de..., s'est présenté (*prénoms, nom, âge, profession et domicile du déclarant*), lequel (*ou laquelle*) nous a déclaré que, ne sachant écrire, il nous requérait, conformément à la loi du 30 juin 1838, article 8, de recevoir la demande qu'il adresse par ce présent acte au directeur de l'établissement d'aliénés, situé..., afin d'obtenir l'admission, dans ledit établissement, de (*prénoms, nom, âge, profession et domicile*), atteint d'aliénation mentale, et dont le déclarant a dit être (*indiquer la parenté ou les relations existantes entre le déclarant et la personne aliénée*). Desquelles déclarations et demande il nous a demandé acte, que nous lui avons octroyé; et a signé avec nous, les jour, mois et an que dessus.

[*Signatures, ou mention si le déclarant ne sait signer.*]

Ordre de sursis provisoire à la sortie d'un aliéné. (Art. 14 de la loi du 30 juin 1838.)

Nous (*nom et prénoms*), maire de la commune de..., vu l'attestation donnée par le sieur... (*prénoms et nom*), médecin de l'établissement de..., et à nous transmise par M..., chef dudit établissement; attendu qu'il en résulte que l'état mental de... (*désigner la personne*), enfermé dans cet établissement pourrait compromettre l'ordre et la sûreté des personnes, avons ordonné et ordonnons qu'il sera sursis provisoirement à la sortie dudit... jusqu'à décision de M. le préfet du département de..., auquel nous en avons immédiatement référé.

Fait à..., à la mairie, le...

[*Signature du maire.*]

Délivrance de livrets pour les enfants employés dans l'industrie.

Aux termes de la loi du 19 mai 1874, les enfants employés dans l'industrie doivent être pourvus d'un livret, qui leur est délivré par le maire sur un certificat attestant que l'enfant a reçu l'instruction primaire.

Certificat.

Nous, maire de la commune de..., arrondissement de...,
département de..., certifions, en exécution de la loi du 19
mai 1874, sur le travail des enfants et des filles mineures,
qu'il résulte du registre de l'état civil de cette commune,
que l... nommé... est né dans la susdite commune, le... 18...

En foi de quoi nous avons délivré le présent certificat.

A... le... 18...

[Cachet.]

> LE MAIRE,
> [Signature.]

Le maire soussigné certifie que le titulaire du présent
livret a suivi l'école primaire à... depuis le... jusqu'à...

Fait à..., le...

[Cachet.]

> LE MAIRE,
> [Signature.]

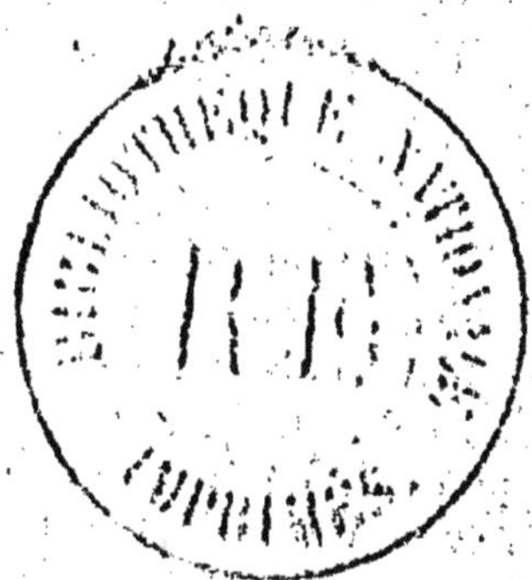

FIN.

TABLE DES MATIÈRES

TABLE DES CHAPITRES

COULOMMIERS. — Typ. PAUL BRODARD.